Der Europäische AI Act: Competence & Compliance

Grundlagen für die sichere Anwendung von
Künstlicher Intelligenz im Unternehmen

MARKUS M. KIRCHMAIR

März 2025, Hall in Tirol

Auflage 1

Verlag: BoD · Books on Demand GmbH,
Überseering 33, 22297 Hamburg, bod@bod.de
Druck: Libri Plureos GmbH,
Friedensallee 273, 22763 Hamburg

ISBN: 978-3-8423-2517-3

WWW.AI-ACT-BUCH.COM

INHALT

VORWORT

Willkommen zu **Der Europäische AI Act: Competence + Compliance.**

Ich freue mich, Sie durch die spannende Welt der Künstlichen Intelligenz zu begleiten – eine Welt, die durch den europäischen AI Act neue Regeln und Chancen erhält. Dieses Buch richtet sich an Unternehmer, Angestellte, Führungskräfte und Personalentwickler – an alle, die verstehen möchten, wie KI unser Arbeitsleben prägt und was wir jetzt tun müssen, um die Zukunft aktiv zu gestalten.

Mein Ziel ist es, die komplexen Anforderungen des AI Acts, der am 1. August 2024 in Kraft getreten ist, verständlich zu erklären und Ihnen praktische Lösungen an die Hand zu geben. Dieser Meilenstein der EU-Regulierung verpflichtet Unternehmen und Organisationen, ihre Teams für den KI-Einsatz fit zu machen – ein Schritt, der nicht nur gesetzliche Vorgaben erfüllt, sondern auch enormes Innovationspotenzial freisetzt.

Ich zeige Ihnen, wie Sie die rechtlichen Anforderungen meistern, Ihre Teams vorbereiten und die Möglichkeiten der Technologie nutzen können.

Aufbau des Buches

Das Buch ist so gestaltet, dass es sowohl Einsteiger als auch Fortgeschrittene anspricht. Die Kapitel 1 bis 5 bieten allen Lesern eine Grundlage: Sie erläutern die Chancen und Herausforderungen der KI, die Inhalte des AI Acts sowie rechtliche, ethische und sicherheitsrelevante Aspekte. Diese Basis zeigt, warum der AI Act nicht nur eine Pflicht, sondern auch eine Chance ist.

Kapitel 6 richtet sich besonders an Führungskräfte und Personalverantwortliche. Es beschreibt, wie Sie KI-Kompetenzen aufbauen – mit einem Stufenmodell, Best Practices und Lösungen für typische Hürden. Kapitel 7 spricht IT- und Projektverantwortliche an und stellt Erfolgsfaktoren für KI-Projekte vor – von der Systemauswahl bis zur Skalierung.

Ein persönliches Highlight ist Kapitel 8 über **Generative KI**. Über die möglichst allgemeingültig und zeitlos gestalteten Anfangs- und Hauptkapitel hinaus erkunde ich hier mit Ihnen die Welt der Text-, Bild- und Musikgenerierung und stelle die besten Tools vor. Anschließend werfen wir in Kapitel 9 einen Blick auf aktuelle und absehbare Trends – beispielsweise autonome KI-Agenten oder die Idee einer Artificial General Intelligence (AGI).

> Im Anhang gebe ich Ihnen noch ein paar praktische Arbeitsunterlagen zur Hand, die Sie bei der Umsetzung entsprechender Maßnahmen inspirieren und unterstützen: Checklisten, Vorlagen und ein kompaktes KI-Glossar für den Berufsalltag.

Ich habe das Buch so strukturiert, dass Sie jederzeit gezielt darin nachschlagen können. Dazu werden wichtige Konzepte und Herausforderungen nach Möglichkeit immer im Kontext des jeweiligen Abschnittes ausgeführt. Wo sinnvoll verweise ich für weiterführende Informationen auf andere Abschnitte.

Ihr Nutzen

Dieses Buch soll fundiertes Wissen praxisnah vermitteln und Lust darauf machen, KI zu erkunden. Der AI Act ist eine Verpflichtung, aber auch eine Einladung, Ihre Organisation zukunftssicher zu machen. Wenn Sie verstehen, wie Sie die Vorgaben erfüllen und Ihre Teams schulen, öffnen sich Türen zu Innovation und Wachstum.

Lassen Sie sich inspirieren – dieses Werk ist Ihr Werkzeugkasten, um die KI-Revolution mitzugestalten!

Ihr

Markus M. Kirchmair

1 EINLEITUNG

Künstliche Intelligenz optimiert Abläufe, steigert Effizienz, ermöglicht präzisere Diagnosen und schafft kreative Inhalte, deren Qualität uns immer wieder überrascht. Gleichzeitig stellt sie uns aber auch vor fundamentale Herausforderungen und wirft komplexe ethische Fragen auf: Wie können wir beispielsweise verhindern, dass Algorithmen bestehende Vorurteile verstärken oder uns mit neuen Risiken wie Deepfakes in die Irre führen?

Die **Geschwindigkeit**, mit der sich Künstliche Intelligenz entwickelt, fasziniert – und zugleich fordert sie unsere gesellschaftlichen und rechtlichen Systeme heraus. Denn wie reguliert man verantwortungsvoll eine Technologie, deren Innovationszyklen schneller verlaufen als politische Entscheidungsprozesse?

Genau auf diese Herausforderung reagiert die Europäische Union mit dem AI Act. Diese Verordnung trat am 1. August 2024 in Kraft und verfolgt einen risikobasierten Ansatz. Der AI Act soll Grundrechte, Sicherheit und ethische Standards gewährleisten und dabei gleichzeitig Innovationskraft bewahren.

Im Zentrum stehen nicht nur technische Vorschriften zu Dokumentation, Transparenz und Sicherheit, sondern insbesondere auch die Pflicht, den **Aufbau von KI-Kompetenzen** im Unternehmen sicherzustellen. KI-Systeme verantwortungsvoll einzusetzen bedeutet für die Europäische Union, sie zunächst umfassend zu verstehen.

Im ersten Kapitel verschaffen wir uns zunächst einen **kompakten Überblick** über die zentralen Chancen, Risiken und Herausforderungen von KI. Wir sehen uns an, wie der AI Act diese grundsätzlich adressiert – bevor wir dann in den nachfolgenden Kapiteln tiefer in konkrete Funktionsweisen, Vorschriften, sowie ihre praktischen Auswirkungen und mögliche Lösungswege eintauchen.

Künstliche Intelligenz (KI) revolutioniert zahlreiche Lebensbereiche, indem sie Fähigkeiten wie Lernen, Problemlösen und Entscheiden aus der menschlichen Domäne in die Technologie überträgt. Sie prägt Wirtschaft, Wissenschaft und Alltag und bringt eine Vielzahl an technischen, ethischen und gesellschaftlichen Herausforderungen mit sich.

Die Chancen der KI: Innovation und Erkenntnisgewinn

Künstliche Intelligenz analysiert große Datenmengen, löst komplexe Probleme und revolutioniert zahlreiche Branchen.

In der Industrie optimiert sie Produktionsprozesse, während sie in der Medizin durch präzise Bildauswertung Krankheiten frühzeitig erkennt. Im Mobilitätssektor verbessern KI-gestützte Assistenzsysteme die Sicherheit, indem sie Sensordaten in Echtzeit verarbeiten und sich über drahtlose Updates kontinuierlich weiterentwickeln. Auch in der Logistik zeigt KI ihr Potenzial: Algorithmen optimieren Transportwege, während autonome Systeme Lieferketten effizient steuern, indem sie Lagerbestände, Wetter- und Verkehrsdaten intelligent integrieren.

Generative KI transformiert kreative Bereiche – von der Content-Erstellung im Marketing bis hin zum Design realistischer Produkte. Unternehmen profitieren zudem von KI-gestützten, personalisierten Dienstleistungen, die neue Märkte erschließen und Kundenloyalität stärken.

KI-Systeme erschließen Erkenntnisse aus Daten, die bislang verborgen blieben: In der Forschung ermöglichen komplexe Analysen Durchbrüche.

Der International AI Safety Report 2025[1] beschreibt die beispiellose Dynamik dieses Wandels als **exponentielle Skalierung** – angetrieben durch Rechenleistung, die sich seit 2012 alle sechs Monate verdoppelt, sowie durch größere Datenmengen und optimierte Algorithmen. Deep Learning und Transformermodelle liefern kontextbezogene Antworten, generieren realistische Designs oder schreiben Programmcode – eine Entwicklung, die Effizienz steigert und völlig neue Anwendungsfelder eröffnet.

---

[1] Vgl. https://www.gov.uk/government/publications/international-ai-safety-report-2025

Technische Grenzen und gesellschaftliche Herausforderungen

Trotz ihres enormen Potenzials ist Künstliche Intelligenz kein Allheilmittel. Ihre Leistungsfähigkeit hängt stark von der **Qualität und Menge verfügbarer Daten** ab. Fehlerhafte oder unvollständige Daten können zu verzerrten oder diskriminierenden Ergebnissen führen, beispielsweise bei KI-gestützter Kreditvergabe. KI-Systeme sind zudem nicht objektiv, sondern spiegeln oft menschliche Vorurteile und Fehler wider.

Technische Risiken entstehen durch die Empfindlichkeit von KI gegenüber Änderungen der Datenbasis. Unvorhersehbare Veränderungen können autonome Fahrzeuge oder Drohnen instabil machen und kritische Fehlentscheidungen verursachen. Hinzu kommt die mangelnde Transparenz vieler moderner KI-Modelle („Black Boxes"), wodurch Entscheidungen besonders in sensiblen Bereichen wie Gesundheitswesen oder Justiz nicht nachvollziehbar sind.

Sozio-ökologische Risiken entstehen durch absehbare Veränderungen in der Arbeitswelt infolge zunehmender Automatisierung. Zudem verursachen energieintensive KI-Rechenzentren erhebliche Umweltbelastungen.

Sicherheitsrisiken betreffen realistische Manipulationen („Deepfakes"), die Kriminellen neue Möglichkeiten bieten. Autonome Systeme könnten außerdem militärisch missbraucht werden. Auch die Glaubwürdigkeit öffentlicher Diskurse wird durch manipulierte Medien zunehmend bedroht.

Weitere Risiken liegen in der Abhängigkeit von KI-Systemen, was kritische Infrastrukturen anfälliger für Cyberangriffe macht. Hinzu kommen ethische Herausforderungen durch KI-gestützte Überwachung und Entscheidungsfindung.

Die rasante Entwicklung der KI droht, bestehende Regulierungsmechanismen zu überfordern. Daher stellen sich wichtige **ethische Fragen**: Wer trägt Verantwortung für Fehler autonomer Systeme? Wie lassen sich soziale Ungleichheiten durch Automatisierung vermeiden?

Die vielen Chancen und Herausforderungen machen deutlich, dass der Einsatz von KI einen nachhaltig verantwortungsvollen Umgang erfordert.

Mit ihren enormen Chancen und Risiken stellt die künstliche Intelligenz Gesellschaften und Regulierungsbehörden vor komplexe Aufgaben. Um diesen Herausforderungen effektiv zu begegnen, hat die Europäische Union den AI Act eingeführt – offiziell **EU-Verordnung 2024/1689** bzw. „Verordnung über Künstliche Intelligenz". Diese Verordnung trat am 1. August 2024 in Kraft und ist das weltweit erste umfassende Gesetz zur Regulierung von KI.

Ziel des AI Acts ist es, die Entwicklung und Nutzung von KI-Systemen so zu regulieren, dass Innovation gefördert und gleichzeitig Grundrechte und ethische Standards geschützt werden.

Dabei verfolgt die Europäische Union einen **risikobasierten Ansatz**, der KI-Systeme in vier Kategorien einteilt, um jeweils angemessene regulatorische Anforderungen festzulegen:

1. **Unannehmbares Risiko**
   Bestimmte KI-Systeme wie Social Scoring oder flächendeckende biometrische Echtzeitüberwachung sind grundsätzlich verboten, da sie fundamentale Grundrechte erheblich gefährden könnten. Lediglich in klar definierten Ausnahmefällen, etwa zur Terrorismusbekämpfung, sind Sonderregelungen vorgesehen.

2. **Hochrisiko-Systeme**
   Anwendungen mit erheblichem Einfluss auf Sicherheit und individuelle Rechte, wie etwa medizinische Diagnosetools, KI-gestützte Personalauswahlverfahren oder autonome Fahrzeuge, unterliegen strengen Anforderungen hinsichtlich Dokumentation, Transparenz und Sicherheit.

3. **Begrenztes Risiko**
   Systeme, bei denen das Risiko überschaubar ist – beispielsweise Chatbots – müssen lediglich transparent kommunizieren, dass sie auf KI basieren, um eine Täuschung von Nutzern zu verhindern.

4. **Minimales Risiko**
   KI-Anwendungen, die kaum kritische Auswirkungen haben, etwa Spielempfehlungen oder einfache Tools zur persönlichen Unterhaltung, bleiben weitestgehend unreguliert.

Durch diesen risikobasierten Ansatz will die Europäische Union Innovationspotenziale fördern und das **Vertrauen in KI-Systeme stärken**, indem klare Anforderungen bezüglich Nachvollziehbarkeit, Sicherheit und ethischer Verantwortung geschaffen werden. Verstöße gegen diese Anforderungen können empfindliche Sanktionen nach sich ziehen, darunter erhebliche Bußgelder.

Gleichzeitig verfolgt die EU mit dem AI Act auch strategische Ziele: Ähnlich der Datenschutz-Grundverordnung (DSGVO) sollen durch einheitliche regulatorische Standards für KI-Technologien **Wettbewerbsfähigkeit und Innovationskraft** in Europa gestärkt werden.

Für Unternehmen soll das KI-Gesetz damit **Planungssicherheit** schaffen. Es bringt aber auch viele Verpflichtungen mit sich: Sie müssen nicht nur gewährleisten, dass ihre KI-Systeme fair, sicher und nachvollziehbar sind, sondern auch sicherstellen, dass ihre Mitarbeitenden angemessen geschult sind.

Tipp 1   Führen Sie so früh wie möglich eine Risikobewertung Ihrer KI-Systeme durch, um deren Klassifizierung zu bestimmen und die fristgerechte Umsetzung von Compliance-Maßnahmen zu planen.

Mit dem AI Act gibt die Europäische Union eine klare regulatorische Antwort auf die Chancen und Herausforderungen der KI-Technologie und versucht dabei, einen ausgewogenen Weg zwischen Fortschritt und Schutz der Grundrechte zu finden. Dieser **Balanceakt zwischen Innovation und Schutz** ist ein zentrales Thema und wird in Kapitel 3 ausführlich behandelt.

Neben den risikospezifischen regulatorischen Maßnahmen sieht der AI Act explizit vor, dass Anbieter, Betreiber und Nutzer von KI-Systemen angemessene **KI-Kompetenzen aufbauen** und etablieren müssen. Warum diese Kompetenzpflicht strategisch relevant ist und wie Unternehmen diese Pflicht erfüllen können, sehen wir uns im folgenden Abschnitt näher an.

Die EU-Kommission betrachtet die Anwendung von Künstlicher Intelligenz nicht als isolierte Aufgabe der IT-Abteilung, sondern als zentrale, **organisationsübergreifende Verantwortung**. Ein wesentliches Element des AI Acts ist die in Artikel 4 festgelegte Pflicht, dass alle Personen, die KI-Systeme entwickeln, betreiben oder anwenden, über angemessene KI-Kompetenzen verfügen müssen.

Das Ziel dieser Regelung besteht darin, KI-Anwendungen **sicher und effektiv zu steuern**, Innovation zu fördern und gleichzeitig ethische Werte und Grundrechte umfassend zu schützen. Für Unternehmen eröffnet dies die Chance, im Rahmen der Digitalisierung technologische Potenziale verantwortungsvoll auszuschöpfen und gleichzeitig Risiken gezielt zu minimieren. Im Wesentlichen lassen sich die regulatorischen Ambitionen wie folgt zusammenfassen:

- **Beherrschbarkeit der KI-Komplexität**
  KI-Systeme sind oft komplex und schwer durchschaubar. Mitarbeitende mit fundiertem KI-Wissen sind entscheidend, um Systeme transparent zu gestalten, Entscheidungen kritisch zu prüfen und so Risiken frühzeitig zu erkennen.

- **Förderung von Innovation und Wettbewerbsfähigkeit**
  Investitionen in KI-Kompetenzen helfen Unternehmen, neue Anwendungen schneller zu entwickeln, die technologische Flexibilität zu erhöhen und Wettbewerbsvorteile zu sichern.

- **Schutz von Grundrechten und ethischen Werten**
  KI beeinflusst sensible Bereiche wie Datenschutz oder automatisierte Entscheidungsprozesse erheblich. Qualifizierte Mitarbeiter können Verstöße gegen ethische und rechtliche Standards erkennen und verhindern.

- **Effektive Risikominimierung**
  Schulungen verringern das Risiko von Fehlentscheidungen oder unsachgemäßem Einsatz von KI, welche rechtliche Konsequenzen oder Schäden für die Reputation des Unternehmens zur Folge haben könnten.

- **Nachhaltige Digitalisierung**
  Eine breit verankerte KI-Kompetenz ist essenziell, um Digitalisierung langfristig sicher, effizient und zukunftsfähig zu gestalten.

Konkret bedeutet diese Kompetenzpflicht, dass sämtliche Mitarbeitende, die KI-Systeme nutzen, über ein grundlegendes Verständnis der Funktionsweise verfügen müssen. Dazu zählt die Fähigkeit, Fehlerquellen rechtzeitig zu erkennen sowie ethische und rechtliche Konsequenzen von KI-gestützten Entscheidungen zu beurteilen.

Um diese Ziele effektiv zu erreichen, empfiehlt sich eine systematische und differenzierte Vorgehensweise:

1. **Grundlegende Schulungen für Alle**
   Alle Beschäftigten, die mit KI-Systemen in Berührung kommen, benötigen grundlegende Schulungen, die Funktionsweisen, Risiken und ethische Rahmenbedingungen vermitteln, einschließlich grundlegender Kenntnisse zur DSGVO und zum AI Act.

2. **Vertiefte, spezialisierte Schulungen**
   In besonders sensiblen Einsatzbereichen von KI-Systemen, beispielsweise in Medizin, Finanzen oder Recht, sind vertiefte Kenntnisse notwendig. Diese Mitarbeitenden sollten regulatorische Anforderungen, Sicherheitsstandards sowie die Funktionsweise und Entscheidungsprozesse der KI-Systeme umfassend verstehen und nachvollziehen können (siehe 3.6).

3. **Kontinuierlicher und dokumentierter Lernprozess**
   Aufgrund der raschen technologischen Weiterentwicklung ist eine kontinuierliche Aktualisierung und Dokumentation der Schulungsinhalte entscheidend. Dies gewährleistet, dass alle Mitarbeitenden auf dem neuesten Stand bleiben und die gesetzlichen Anforderungen dauerhaft erfüllt werden können.

Tipp 2   Dokumentieren Sie die Planung und Durchführung von Schulungsmaßnahmen sorgfältig. Dies unterstützt Sie bei der internen Qualitätskontrolle und erleichtert die Einhaltung gesetzlicher Vorgaben.

Für eine effektive Umsetzung empfiehlt sich ein ganzheitliches Schulungskonzept, das alle relevanten Abteilungen einbindet. In Kapitel 6 widmen wir uns deshalb ausführlich, wie der systematische Aufbau von KI-Kompetenzen im Unternehmen gelingen kann.

2 GRUNDLAGEN KÜNSTLICHE INTELLIGENZ

Künstliche Intelligenz ist ein Begriff, der die Fantasie beflügelt und gleichzeitig kontroverse Debatten auslöst – von futuristischen Robotern, die eigenständig denken, bis hin zu alltäglichen Helfern wie Sprachassistenten auf unseren Smartphones. Schon heute prägt KI unseren Alltag, und morgen wird sie womöglich unsere gesamte Gesellschaft verändern. Doch was steckt tatsächlich hinter diesen Vorstellungen? Und wie viel davon ist bereits Realität?

In diesem Kapitel erkunden wir gemeinsam die Welt der Künstlichen Intelligenz: Wir definieren ihre **technischen Grundlagen**, zeichnen ihre Entwicklung von den ersten Ideen bis zu modernen Durchbrüchen nach.

Schritt für Schritt klären wir zentrale Fragen: Was macht KI eigentlich besonders und wie unterscheidet sie sich von klassischer Software? Welche Arten von KI-Systemen existieren und welchen begegnen Sie möglicherweise täglich, ohne es zu merken? Wir schauen hinter die Kulissen und lernen die entscheidenden Bausteine kennen, die jede KI zum Leben erwecken – **Algorithmen für maschinelles Lernen und Daten**.

Wie erkennt ein KI-System aus riesigen Datenmengen Muster, um Prognosen oder Entscheidungen zu treffen? Wie funktionieren neuronale Netze und moderne KI-Modelle wie Transformer, die beispielsweise Texte schreiben oder Bilder erschaffen? Ob Gesichtserkennung auf Fotos, Optimierung von Lieferketten oder Unterstützung von Ärzten bei Diagnosen – Daten sind der unsichtbare Treibstoff hinter diesen Fähigkeiten.

Mein Ziel ist es, Ihnen praxisnah zu zeigen, wie spannend, verständlich und zugänglich die Welt der KI ist. Die nachfolgenden Seiten bilden das Fundament dafür, KI nicht nur besser zu verstehen, sondern sie auch strategisch und verantwortungsvoll einzusetzen.

Künstliche Intelligenz beschreibt Technologien und Systeme, die Aufgaben übernehmen, welche traditionell als Ausdruck menschlicher Intelligenz angesehen werden. Dazu gehört das **Lernen aus Erfahrung**, die **Erkennung komplexer Muster** sowie das eigenständige Treffen von **Entscheidungen**. Als zentraler Teilbereich der Informatik ist die KI darauf ausgerichtet, Systeme zu entwickeln, die intelligentes Verhalten simulieren oder automatisieren.

Die Ursprünge der Künstlichen Intelligenz reichen bis in die Mitte des 20. Jahrhunderts zurück. Bereits 1950 stellte Alan Turing mit seinem berühmten Turing-Test die grundlegende Frage, ob Maschinen das menschliche Verhalten so gut simulieren oder nachahmen können, dass es sich nicht von echten Menschen unterscheiden lässt.[1] Wenige Jahre später, auf der Dartmouth-Konferenz im Jahr 1956, prägte John McCarthy erstmals den Begriff „Artificial Intelligence" (AI), den er als die Wissenschaft und Technologie zur Entwicklung intelligenter Maschinen und Programme definierte.[2]

Frühe KI-Systeme basierten auf festgelegten Regeln und logischen Algorithmen. So erwiesen sich diese Ansätze bei komplexeren oder unvorhersehbaren Szenarien schnell als unflexibel. Erst mit der zunehmenden Verfügbarkeit großer Datenmengen und der rasanten Weiterentwicklung der Rechenleistung in den letzten Jahrzehnten gelang der KI der Durchbruch zu **flexiblen, selbstlernenden Systemen**.

Obwohl sich die Methoden seit damals deutlich verändert haben – von der regelbasierten, symbolischen KI bis hin zu datengetriebenen Ansätzen wie neuronalen Netzen und Deep Learning (siehe 2.6) – bleibt McCarthys grundlegende Definition bis heute relevant.[3]

Grundlegende Konzepte der KI

Die Funktionsweise von Künstlicher Intelligenz beruht im Wesentlichen auf vier grundlegenden Konzepten:

---

[1] Vgl. Turing, 1950, https://academic.oup.com/mind/article/LIX/236/433/986238
[2] Vgl. McCarthy, J., 1956, "A Proposal for the Dartmouth Summer Research Project on Artificial Intelligence", https://www-formal.stanford.edu/jmc/history/dartmouth/dartmouth.html
[3] Vgl. Russell, S., & Norvig, P., 2021, „Artificial Intelligence: A Modern Approach",
https://aima.cs.berkeley.edu/

1. **Intelligenz:**

   Intelligenz bedeutet hier die Fähigkeit, Informationen aufzunehmen, Muster darin zu erkennen und daraus sinnvolle Schlüsse oder Entscheidungen abzuleiten. KI-Systeme können somit komplexe Aufgaben automatisieren, etwa Mustererkennung oder Prognosen erstellen.

2. **Lernen:**

   Im Gegensatz zu traditioneller Software, die fix programmiert ist, basiert KI auf maschinellem Lernen (ML). Dabei erkennen Systeme durch die Auswertung von großen Datenmengen eigenständig Zusammenhänge, lernen Muster und verbessern ihre Leistung kontinuierlich.

3. **Problemlösung:**

   KI-Systeme wenden Verfahren wie heuristische Suchalgorithmen, logisches Schließen oder Optimierungsmethoden an, um komplexe Probleme zu lösen – wie etwa bei Schachcomputern, die neue Spielzüge eigenständig generieren.

4. **Entscheidungsfindung:**

   KI trifft Entscheidungen auf Grundlage von Daten und Algorithmen, indem sie Wahrscheinlichkeiten berechnet und Unsicherheiten systematisch berücksichtigt (probabilistische Modelle).

Abgrenzung zu traditioneller Software

Im Unterschied zu klassischer Software, die starre Regeln und vordefinierte Abläufe verwendet, zeichnet sich KI durch ihre Anpassungsfähigkeit und dynamische Lernfähigkeit aus:

- **Traditionelle Software** folgt fest vorgegebenen Regeln und liefert somit vorhersagbare Ergebnisse. Ändern sich äußere Bedingungen, etwa gesetzliche Vorgaben, müssen diese Systeme manuell angepasst werden.

  Beispiel 1: Eine klassische Buchhaltungsanwendung etwa berechnet den Gewinn, indem sie Einnahmen minus Ausgaben kalkuliert.

- **KI-Systeme** hingegen lernen autonom aus Daten und passen sich selbständig neuen Gegebenheiten an. So kann etwa ein KI-System zur Steuerprognose regionale Unterschiede oder gesetzliche Neuerungen automatisch berücksichtigen, ohne dass dafür neue Programmierungen erforderlich wären.

> *Beispiel 2:* Ein KI-System kann aus historischen Steuerdaten regionale Unterschiede, saisonale Schwankungen oder neue Gesetze selbstständig erkennen und Prognosen für künftige Steuerlasten erstellen – ohne Eingriff eines Programmierers.

Vielfältige Anwendungs- und Forschungsfelder

Die Einsatzgebiete der KI-Technologie sind äußerst breit gefächert, was ihre transformative Kraft in unterschiedlichsten Branchen zeigt:

- **Bildverarbeitung:** KI-Systeme lernen selbstständig, Objekte auf Bildern zu erkennen, wodurch sie etwa bei der Gesichtserkennung oder in der Sicherheitsüberwachung Anwendung finden.

- **Autonome Fahrzeuge:** KI verarbeitet Echtzeitdaten von Sensoren, um Entscheidungen zu treffen und Fahrzeuge sicher und effizient durch den Verkehr zu navigieren.

- **Spracherkennung:** Digitale Sprachassistenten analysieren gesprochene Befehle und verbessern ihre Leistung stetig durch maschinelles Lernen.

- **Medizinische Diagnosesysteme:** KI analysiert komplexe medizinische Daten, erkennt subtile Krankheitsmuster und unterstützt Ärzte bei präziseren Diagnosen und Therapieentscheidungen.

- **Marketing:** Unternehmen nutzen KI zur Erstellung personalisierter Werbekampagnen, die basierend auf Kundenverhalten und Präferenzen maßgeschneiderte Inhalte anbieten.

Die laufende KI-Forschung konzentriert sich unter anderem auf die weitere Optimierung von maschinellem Lernen, natürliche Sprachverarbeitung (NLP) und erklärbare KI für mehr Transparenz. Immer mehr rücken dabei auch ethische und ökologische Fragen, wie der hohe Ressourcenverbrauch, in den Mittelpunkt.

Weitere spannende Entwicklungen und einen Ausblick in die Zukunft der KI finden Sie in Kapitel 9.

Artikel 3(1) des europäischen AI Acts definiert ein KI-System als

> „ein maschinengestütztes System, das für einen in unterschiedlichem Grade autonomen Betrieb ausgelegt ist und das nach seiner Betriebsaufnahme anpassungsfähig sein kann und das aus den erhaltenen Eingaben für explizite oder implizite Ziele ableitet, wie Ausgaben wie etwa Vorhersagen, Inhalte, Empfehlungen oder Entscheidungen erstellt werden, die physische oder virtuelle Umgebungen beeinflussen können."[1]

Diese Definition grenzt den Geltungsbereich des AI Acts klar und praxisnah ab. Sie hebt sich bewusst von akademischen Definitionen ab, indem sie den Fokus auf konkrete Merkmale mit regulatorischer Relevanz legt.

Für Unternehmen ist das Verständnis dieser Definition von entscheidender Bedeutung: Nur, wenn ein eingesetztes System diese Kriterien erfüllt, greifen die entsprechenden regulatorischen Anforderungen bezüglich Dokumentation, Transparenz und Sicherheit.

Eine falsche Interpretation könnte dazu führen, dass Unternehmen KI-Systeme möglicherweise nicht angemessen regulieren und somit erhebliche rechtliche Konsequenzen riskieren (siehe 3.7).

Zur besseren Verständlichkeit sind die wichtigsten Aspekte der Definition hier einzeln erläutert:

1. **Maschinengestütztes System**
   KI-Systeme basieren stets auf physischer oder virtueller Infrastruktur, wie etwa Servern, Cloud-Diensten oder Sensoren. Damit sind rein manuelle Prozesse ausgeschlossen. Zum Beispiel fällt eine softwarebasierte Qualitätskontrolle mittels Kamera und KI-Analyse unter den AI Act, wohingegen papierbasierte Checklisten nicht betroffen sind.

2. **Unterschiedliche Autonomiegrade**
   Die Definition umfasst sowohl Systeme mit geringer Autonomie, etwa einfache Chatbots mit vordefinierten Antworten, als auch solche mit ho-

---

[1] Vgl. https://eur-lex.europa.eu/legal-content/DE/TXT/HTML/?uri=OJ:L_202401689

her Autonomie, wie selbstfahrende Fahrzeuge, die eigenständig komplexe Entscheidungen treffen können. Der Autonomiegrad kann dabei entscheidend für die Einstufung in Risikoklassen sein. Hochautonome Systeme gelten typischerweise als Hochrisiko-KI.

3. **Anpassungsfähigkeit nach Bereitstellung**
   Ein wesentliches Merkmal von KI-Systemen ist ihre Fähigkeit, nach der Bereitstellung eigenständig weiter zu lernen und sich an veränderte Umstände anzupassen. Ein typisches Beispiel ist ein Spam-Filter, der neue Phishing-Methoden automatisch erkennt und sein Verhalten entsprechend anpasst.

4. **Ableitung aus expliziten oder impliziten Eingaben**
   KI-Systeme erzeugen ihre Ergebnisse nicht auf Basis vorgegebener, fixer Anweisungen, sondern generieren Ausgaben, indem sie Eingabedaten analysieren und daraus Schlüsse ziehen. So verwendet etwa eine KI zur Wetterprognose Temperatur-, Luftfeuchtigkeits- und Winddaten, um Vorhersagen eigenständig abzuleiten.

5. **Erstellung von Ausgaben oder Entscheidungen**
   Die Systeme liefern spezifische Ergebnisse wie Prognosen (z. B. Verkaufsprognosen), generierte Inhalte (z. B. Texte), Empfehlungen oder automatisierte Entscheidungen (z. B. Kreditfreigaben). Dies verdeutlicht die große Bandbreite potenziell regulierter Anwendungen.

6. **Einfluss auf physische oder virtuelle Umgebungen**
   KI-Systeme beeinflussen aktiv ihre Einsatzumgebung – etwa indem ein Roboterarm Objekte bewegt oder eine Webseite personalisierte Inhalte anzeigt. Diese Einflussnahme macht KI sowohl regulatorisch als auch ethisch besonders relevant.

Abgrenzung von KI-Systemen aus regulatorischer Sicht

Im Gegensatz zur akademischen Definition von KI nach John McCarthy, die vor allem auf die Schaffung intelligenter Maschinen fokussierte, bietet der AI Act eine praxisorientierte und regulatorisch spezifische Perspektive.

Während traditionelle Software auf festen, programmierten Regeln basiert, zeichnen sich KI-Systeme durch ihre Lern- und Anpassungsfähigkeit aus.

Traditionelle Software wie ein Taschenrechner fällt nicht unter die KI-Definition des AI Acts, da sie keine Lernfähigkeit besitzt. Auch statische Expertensysteme mit festen „Wenn-Dann"-Regeln sind von dieser KI-Definition ausgenommen, auch wenn sie an der Oberfläche womöglich „intelligent" wirken.

Nachfolgende Tabelle fasst die Unterschiede zusammen:

Kriterium	KI-System (AI Act)	Traditionelle Software
Grundlage	Datengetrieben, lernt aus Eingaben	Feste Regeln, vorprogrammiert
Anpassungs-Fähigkeit	Dynamisch nach Bereitstellung	Statisch, keine Lernfähigkeit
Ausgaben	Vorhersagen, Entscheidungen etc.	Berechnungen, feste Ergebnisse
Regulierung	Unterliegt AI Act (je nach Risiko)	Meist nicht reguliert durch AI Act

Zur besseren Einschätzung, ob eingesetzte Systeme unter den AI Act fallen, empfiehlt es sich, drei zentrale Fragen zu beantworten:

1. **Lernt das System eigenständig aus Daten?**
2. **Passt es sich nach der Bereitstellung selbstständig an?**
3. **Hat es aktive Auswirkungen auf seine Umgebung?**

Beispiele:

- Ein ERP-System, das Lagerbestände mit festen Regeln berechnet, fällt nicht unter den AI Act.

- Eine KI-basierte Lagerverwaltung, die Bestellhistorien analysiert und Lagerbestände dynamisch vorhersagt, unterliegt mindestens einer Einstufung als minimales Risiko.

- Ein einfacher Chatbot mit festen Antwortregeln ist keine KI. Wenn er jedoch lernende Komponenten enthält, fällt er unter die KI-Regulierung.

Tipp 3   Führen Sie frühzeitig eine systematische Risikoanalyse durch, um regulatorische Anforderungen umfassend zu erfüllen. (siehe 5.8)

KI-Systeme unterscheiden sich grundlegend in ihrer Funktionsweise, ihrer Einsatzfähigkeit und ihrem Grad an Intelligenz. Dieses Verständnis ist wesentlich, um geeignete KI-Technologien für spezifische Unternehmensanforderungen auszuwählen und gleichzeitig regulatorische Vorgaben wie den AI Act effektiv umzusetzen. In diesem Abschnitt erfahren Sie, wie sich KI-Systeme unterscheiden lassen, welche praktischen Einsatzbeispiele es gibt und welche rechtlichen Anforderungen daraus entstehen.

Unterscheidung nach Intelligenzgrad

Der Intelligenzgrad beschreibt die Leistungsfähigkeit und den Anwendungsumfang der KI:

- **Schwache KI (Narrow AI)**
  Narrow AI beschreibt spezialisierte Systeme, die spezifische Aufgaben effizient und präzise erledigen können. Sie besitzen keine generelle Intelligenz, sondern sind auf einen definierten Bereich beschränkt. Beispiele dafür sind Empfehlungssysteme wie Netflix oder Qualitätssicherungssysteme in der Produktion. Ihre Stärke liegt in der gezielten Anwendung, die jedoch klar definierte Ziele und hochwertige Daten erfordert.

  Beispiel 3: Ein Unternehmen nutzt eine spezialisierte KI zur Qualitätsprüfung in der Fertigung, um Bauteile anhand vorgegebener Bilddaten auf Fehler zu überprüfen.

- **Starke KI (General AI, AGI)**
  General AI bezeichnet eine theoretische Form von KI, die menschliche Intelligenz und Anpassungsfähigkeit über viele verschiedene Bereiche hinweg nachbilden könnte. AGI ist aktuell eine Zukunftsvision und wirft erhebliche ethische sowie regulatorische Herausforderungen auf.

  Viele Experten erwarten eine praktische Realisierung von AGI erst in Jahrzehnten. Für Unternehmen sind also zunächst die als Narrow-AI definierten KI-Systeme relevant. Gleichzeitig lohnt es sich, etwaige Entwicklungen in Richtung AGI langfristig zu beobachten (siehe auch 9.2).

Unterscheidung nach Funktionsweise und Entscheidungsprozess

KI-Systeme unterscheiden sich auch darin, wie sie arbeiten und Entscheidungen treffen:

- **Regelbasierte Systeme (Symbolische KI)** nutzen fest programmierte Regeln und logische Strukturen, um Entscheidungen zu treffen. Dadurch sind sie transparent, vorhersehbar und gut kontrollierbar, allerdings wenig flexibel bei unbekannten Situationen oder neuen Daten.

  Beispiel 4: Ein Kundenservice-Chatbot, der Beschwerden erkennt und automatisch zur richtigen Abteilung weiterleitet, basiert auf vordefinierten Schlüsselwörtern und Regeln.

- **Lernende Systeme (Maschinelles Lernen)** passen sich dynamisch an, indem sie aus Daten lernen und Muster eigenständig erkennen. Dies macht sie flexibel und leistungsstark, jedoch häufig schwer nachvollziehbar ("Black Box"). Dies führt zu regulatorischen Herausforderungen bezüglich Transparenz und Nachvollziehbarkeit.

  Beispiel 5: Ein KI-System, das Verkaufsdaten analysiert, erkennt eigenständig saisonale Trends und erstellt automatisierte Prognosen für zukünftige Absatzmengen.

- **Hybride Systeme** kombinieren symbolische Logik und statistische Lernverfahren. Diese Systeme sind besonders für hochregulierte Bereiche geeignet, da sie sowohl Anpassungsfähigkeit als auch Transparenz bieten.

  Beispiel 6: Medizinische Diagnosesysteme, die sowohl Muster in Patientendaten erkennen als auch regelbasierte Diagnoseschritte transparent dokumentieren.

Unterscheidung nach Anwendungsbereich

Die Anwendungsgebiete der KI zeigen ihre Vielseitigkeit und Relevanz für verschiedene Branchen:

- **Generative KI:** Erzeugt eigenständig Inhalte wie Texte, Bilder oder Videos und wird häufig im Marketing und kreativen Bereich eingesetzt. Aufgrund ihrer kreativen Freiheit bestehen spezifische regulatorische Herausforderungen (siehe Kapitel 8).

- **Natürliche Sprachverarbeitung (NLP):** Systeme wie Chatbots oder Übersetzungsprogramme analysieren und generieren menschliche Sprache, unterstützen Kommunikation und werden im AI Act oft mit begrenztem Risiko eingestuft (siehe Abschnitt 3.4).

- **Computer Vision:** Bildverarbeitungssysteme analysieren visuelle Daten und werden beispielsweise zur Qualitätskontrolle oder Verkehrsüberwachung eingesetzt. Aufgrund ihrer potenziellen Auswirkungen auf die Sicherheit werden sie häufig als Hochrisiko-Systeme klassifiziert.

- **Robotik:** In Robotern verbundene KI-Systeme nutzen Sensordaten, um physische Aufgaben wie Lagerarbeiten oder chirurgische Eingriffe zu unterstützen. Auch sie gelten aufgrund ihrer Sicherheitsrelevanz oft als Hochrisiko-Systeme.

- **Autonome Systeme:** Selbstfahrende Autos oder Drohnen treffen eigenständig Entscheidungen auf Basis von Echtzeitdaten. Diese Systeme unterliegen strengen regulatorischen Anforderungen und werden typischerweise als Hochrisiko eingestuft (siehe Abschnitt 3.3).

Jeder dieser Anwendungsbereiche erfordert spezifische Datenquellen, technische Umsetzungen sowie gezielte Compliance-Maßnahmen gemäß den Anforderungen des AI Acts.

Tipp 4   Wählen Sie die richtige Art von KI-Systemen basierend auf Ihrer Aufgabenstellung. Setzen Sie auf regelbasierte KI für einfache, transparente Prozesse und auf lernende KI für komplexe Prognosen.

Daten sind das Fundament jeder Künstlichen Intelligenz. Ohne hochwertige Daten wären KI-Systeme ähnlich nutzlos wie ein Motor ohne Treibstoff. Insbesondere für datengetriebene KI-Methoden wie maschinelles Lernen (siehe Abschnitt 2.5) sind Daten entscheidend, da sie die Basis für Lernen, Anpassung und Bewertung der Systeme darstellen.

KI-Systeme lernen durch das Erkennen von Mustern in Daten. Die Qualität und Quantität der Daten bestimmen maßgeblich den Erfolg eines KI-Systems: **Je umfassender und hochwertiger diese Datengrundlage ist, desto präziser und zuverlässiger sind die Ergebnisse.**

- **Datenqualität**
  Hochwertige Daten müssen akkurat, vollständig, aktuell und repräsentativ sein. Fehlerhafte oder unrepräsentative Daten führen zu verzerrten Ergebnissen und ineffizienten KI-Modellen.

- **Datenquantität**
  KI-Modelle benötigen oft große Datenmengen, um effektiv zu sein. Gleichzeitig sollte vermieden werden, dass unnötige oder irrelevante Daten („Datenmüll") den Prozess verlangsamen.

Moderne KI-Modelle, wie beispielsweise GPT (siehe 8.3), werden mit riesigen Mengen von Datenpunkten trainiert, um komplexe Aufgaben wie die Generierung natürlicher Sprache zu meistern.

> *Beispiel 7:* Wenn ein Einzelhändler eine KI nur mit städtischen Daten trainiert, versagt das Modell möglicherweise bei Vorhersagen für ländliche Filialen.

Über den KI-Lebenszyklus hinweg kommen Daten unterschiedliche Rollen zu:

- **Trainingsdaten** sind die Basis: Sie werden genutzt, um ein Modell zu entwickeln – beispielsweise Verkaufsdaten, die eine KI zur Prognose zukünftiger Umsätze trainieren.

- **Validierungsdaten** helfen, das Modell während des Trainings zu optimieren, indem sie überprüfen, ob es nicht nur die Trainingsdaten auswendig lernt (Overfitting).

- **Testdaten** schließlich bewerten die finale Leistung anhand neuer, unbekannter Daten – ein entscheidender Schritt, um Robustheit sicherzustellen.

> *Beispiel 8:* Ein Logistikunternehmen nutzt Sensordaten (Fahrgeschwindigkeit, Kraftstoffverbrauch, Verkehr) und historische Lieferzeiten, um Routen zu optimieren. Das Modell wird mit diesen Daten trainiert und anschließend mit neuen Daten getestet, um seine Genauigkeit zu validieren.

Jede dieser Datenarten muss sorgfältig ausgewählt und gepflegt werden, denn Fehler hier wirken sich direkt auf die Ergebnisse aus.

Im praktischen Einsatz kommen zusätzlich **Echtzeitdaten** ins Spiel, die das System kontinuierlich verbessern – denken Sie an einen Chatbot, der aus Kundenanfragen lernt.

Datenarten

Daten kommen in verschiedenen Formen und Formaten vor und erfordern eine unterschiedliche Verarbeitung. Unterschieden wird im Wesentlichen zwischen:

- **Strukturierte Daten:**
  Diese sind klar organisiert, wie etwa Tabellen mit Verkaufszahlen oder Kundendaten. Sie sind leicht analysierbar und eignen sich ideal für KI-Anwendungen in Vertrieb oder Finanzprognosen.

- **Unstrukturierte Daten:**
  Texte, Bilder, Audio- und Videodaten sind komplexer, bieten aber häufig tiefere und umfangreichere Erkenntnisse, etwa bei der Sentiment-Analyse von Kundenbewertungen.

> *Beispiel 9:* Ein Autohersteller kombiniert strukturierte Sensordaten (z.B. Geschwindigkeit) mit unstrukturierten Kamerabildern, um Fahrassistenzsysteme umfassend zu trainieren. Diese Kombination erhöht die Robustheit des KI-Systems.

Datensammlung und -verarbeitung

Die sorgfältige Erhebung und Verarbeitung von Daten sind von grundlegender Bedeutung:

- **Datensammlung**
  Strategisch ausgewählte Datenquellen garantieren Repräsentativität. Rohdaten aus CRM-Systemen, IoT-Geräten (Internet of Things / Internet der Dinge) oder öffentlichen Datensätzen bilden oft die Basis.

- **Datenannotation bzw. Kennzeichnung**
  Besonders bei Bildern oder beispielsweise medizinischen Daten müssen Daten sorgfältig manuell oder halbautomatisch gekennzeichnet werden.

  Beispiel 10: Ein Diagnosemodell benötigt annotierte Bilder zur präzisen Unterscheidung zwischen gutartigen und bösartigen Hautveränderungen.

- **Datenverarbeitung**
  Dabei werden Rohdaten aufbereitet, um nutzbar zu sein

  - **Bereinigung** von Duplikaten oder Fehlern

  - **Normalisierung** (z.B. Umrechnung für einheitliche Skala)

  - **Feature Engineering** zur Extraktion relevanter Merkmale (z.B. Berechnung eines durchschnittlichen Bestellwertes)

Herausforderungen bei der Datennutzung

Die Verarbeitung und Nutzung von Daten ist mit mehreren Herausforderungen verbunden. Hierzu zählen insbesondere:

- **Bias:** Verzerrungen entstehen, wenn Daten nicht repräsentativ sind und führen zu ungleichen oder diskriminierenden Ergebnissen.

- **Datenschutz:** Besonders beim Einsatz personenbezogener Daten sind strenge regulatorische Vorgaben wie DSGVO oder AI Act zu beachten.

Der AI Act stellt deshalb rechtliche Anforderungen an die **Datenqualität, Repräsentativität und Dokumentation**, insbesondere bei Hochrisiko-KI.

Tipp 5   Führen Sie eine systematische Dateninventur durch und prüfen Sie
die Datenschutzkonformität bevor Sie mit dem Projekt starten.

Synthetische Daten

Um mehrere Herausforderungen hinsichtlich Datenverfügbarkeit und Datenschutz zu überwinden, gewinnen synthetische Daten – künstlich generierte, rea-
litätsnahe Datensätze – zunehmend an Bedeutung. Sie ermöglichen es, komplexe
Analysen und Modelle zu trainieren, ohne dabei auf sensible persönliche Daten
angewiesen zu sein. Zudem bieten synthetische Daten eine flexible Lösung, um
Datenlücken zu schließen und die Entwicklung innovativer Technologien voran-
zutreiben.

> *Beispiel 11:* Entwickler von autonomen Fahrzeugen nutzen syntheti-
> sche Daten, um ihre selbstfahrende KI zu trainieren, indem sie
> künstliche Verkehrssituationen erstellen, die in der Realität selten
> vorkommen oder schwer zu testen sind. Diese Daten helfen der KI,
> sicherer zu fahren, da sie auch ungewöhnliche Szenarien wie plötzli-
> che Hindernisse oder extremes Wetter üben kann. So lassen sich
> mit synthetischen Daten auch sehr viel Zeit und Kosten sparen,
> weil weniger echte Testfahrten nötig sind.

Datenmanagement

Ein systematisches Datenmanagement organisiert Daten über ihren gesamten Le-
benszyklus – von der Erfassung über die Speicherung in skalierbaren Cloud-Lösungen bis zur Sicherstellung ihrer Aktualität und Integrität. Es umfasst die Verwaltung von Trainings-, Validierungs-, Test- und Echtzeitdaten sowie deren Bereitstellung für Analysen und Modelle.

Effektives Datenmanagement nutzt Tools wie Datenkataloge, um Zugriff und
Konsistenz zu gewährleisten und adressiert Herausforderungen wie Datenverfügbarkeit. Es steigert die Nachhaltigkeit und ermöglicht eine langfristige Nutzung von KI-Systemen.

Tipp 6   Sorgen Sie durch eine klar strukturierte Datenstrategie dafür, dass
Ihre Daten vollständig, repräsentativ und rechtlich einwandfrei sind.
Dies sichert langfristig den Erfolg Ihrer KI-Initiativen.

Maschinelles Lernen (ML) bildet den Kern moderner Künstlicher Intelligenz und befähigt Systeme, eigenständig aus Daten zu lernen, sich anzupassen und Prognosen oder Entscheidungen zu treffen. Es ist das entscheidende Element, das KI-Systeme von traditioneller Software unterscheidet, indem es diesen erlaubt, aus Erfahrung zu lernen und kontinuierlich neue Erkenntnisse zu gewinnen.

Die zentrale Stärke von ML liegt darin, **Muster in großen Datenmengen zu erkennen** und daraus **neue Erkenntnisse abzuleiten**. Je umfangreicher und relevanter die Datenbasis ist, desto genauer und vielseitiger sind die Ergebnisse.

> *Beispiel 12:* Ein ML-System für den Einzelhandel erkennt saisonale Kauftrends, indem es historische Verkaufsdaten, Wetterinformationen und regionale Besonderheiten eigenständig analysiert – eine Fähigkeit, die klassische Software nicht besitzt.

Grundprinzipien von ML-Algorithmen

Maschinelle Lernalgorithmen sind methodische Verfahren, die Daten analysieren, Muster identifizieren und daraus Prognosen oder Klassifikationen ableiten. Die Komplexität dieser Algorithmen variiert dabei erheblich – von einfachen Entscheidungsbäumen bis hin zu tiefen neuronalen Netzwerken.

Während klassische Software festen Vorgaben folgt und festgelegte Ergebnisse produziert, entwickeln ML-Systeme eigenständig neue Muster und passen ihre Entscheidungslogik kontinuierlich an (siehe 2.1).

Kategorien von maschinellem Lernen

Es gibt mehrere grundlegende Ansätze des maschinellen Lernens:

- **Überwachtes Lernen (Supervised Learning)**
  Diese Methode verwendet gekennzeichnete Daten („gelabelte Daten"), um Modelle gezielt zu trainieren, sodass sie präzise Vorhersagen treffen können. Typische Anwendungen sind Spam-Erkennung oder Preisprognosen.

  > *Beispiel 13:* Eine KI zur Qualitätskontrolle erkennt defekte Produkte, nachdem sie anhand von Bildern mit den Labels „fehlerhaft" und „einwandfrei" trainiert wurde.

- **Unüberwachtes Lernen (Unsupervised Learning)**
  Systeme lernen eigenständig Strukturen aus nicht-gekennzeichneten Daten zu erkennen, etwa zur Segmentierung von Kundengruppen oder zur Identifikation von Anomalien.

  Beispiel 14: Eine Marketing-KI identifiziert Kundensegmente eigenständig durch Analyse von Kaufverhalten, ohne vorgegebene Kategorien.

- **Verstärkendes Lernen (Reinforcement Learning)**
  Hier lernt eine KI eigenständig durch Interaktion mit ihrer Umgebung, indem sie Aktionen durch Versuch und Irrtum bewertet. Besonders geeignet ist diese Methode für Entscheidungsprozesse in dynamischen Umgebungen.

  Beispiel 15: AlphaGo, das den weltbesten Go-Spieler schlug, lernte aus Millionen simulierten Spielen und passte Strategien durch kontinuierliches Feedback selbstständig an.

Darüber hinaus finden in der Praxis auch spezielle Mischformen Anwendung:

- **Self-Supervised Learning** nutzt automatisch generierte Labels aus den Daten selbst, um Trainingsprozesse zu vereinfachen und zu beschleunigen.

  Beispiel 16: Sprachmodelle lernen fehlende Wörter eigenständig vorherzusagen, ohne manuelle Beschriftung der Trainingsdaten.

- **Teilüberwachtes Lernen (Semi-Supervised Learning)** kombiniert wenige manuell beschriftete Daten mit vielen unbeschrifteten Daten, um die Trainingsgenauigkeit effizient zu erhöhen.

  Beispiel 17: Eine medizinische KI lernt anhand einer geringen Anzahl ärztlich geprüfter Bilder, typische Muster einer Erkrankung eigenständig in großen Datensätzen zu erkennen.

Prozess des maschinellen Lernens

Ein Projekt im Bereich des maschinellen Lernens durchläuft typischerweise mehrere klar definierte Phasen, die sorgfältig aufeinander abgestimmt werden müssen.

Eine strukturierte Vorgehensweise trägt maßgeblich dazu bei, Fehler frühzeitig zu erkennen und die Effizienz sowie Genauigkeit des Endergebnisses zu erhöhen. Die einzelnen Schritte sind:

1. **Datenvorbereitung**
   Sammeln, Bereinigen und Strukturieren relevanter Daten sowie deren Unterteilung in Trainings-, Validierungs- und Testdatensätze.

2. **Modellauswahl**
   Auswahl eines geeigneten maschinellen Lernalgorithmus entsprechend der spezifischen Problemstellung (z. B. Entscheidungsbaum, neuronales Netz oder Random Forest).

3. **Training**
   Das ausgewählte Modell lernt anhand der Trainingsdaten, Muster zu erkennen, um zuverlässige Vorhersagen oder Entscheidungen treffen zu können.

4. **Validierung und Optimierung**
   Das trainierte Modell wird anhand von Validierungsdaten überprüft, um Überanpassung („Overfitting") zu vermeiden, und anschließend durch Anpassung der Hyperparameter optimiert.

5. **Testing**
   Die finale Qualität des Modells wird mit unabhängigen Testdaten evaluiert, um sicherzustellen, dass es auch bei unbekannten Daten zuverlässig arbeitet.

6. **Deployment (Bereitstellung) und kontinuierliche Anpassung**
   Nach erfolgreichem Test erfolgt die Implementierung des Modells in der Praxis. Durch fortlaufende Optimierungen und Aktualisierungen mittels neuer Daten wird das Modell kontinuierlich verbessert.

Technische Herausforderungen und Lösungen

In der Praxis ergeben sich beim Maschinellen Lernen insbesondere Herausforderungen hinsichtlich Datenqualität, Skalierbarkeit und Interpretierbarkeit:

- **Datenqualität**
  Unvollständige oder voreingenommene Daten können zu verzerrten Ergebnissen führen.

- **Overfitting**
  Wenn das Modell Trainingsdaten zu genau abbildet, scheitert es bei neuen Daten – wie ein Schüler, der auswendig lernt, aber nicht versteht. Das Gegenteil dieses Phänomens ist Underfitting (siehe 5.2).

- **Skalierbarkeit**
  Große ML-Modelle benötigen leistungsstarke Hardware und effiziente Datenmanagement-Strategien.

- **Transparenz und Interpretierbarkeit**
  Die Komplexität von KI-Entscheidungen („Black Box"-Problematik) erschwert das Vertrauen und die Einhaltung regulatorischer Anforderungen.

Lösungen wie Explainable AI (XAI), federated Learning oder Data-Augmentation-Methoden erhöhen Transparenz, Datenschutz und Effizienz. Deshalb erfordert der Einsatz von ML neben technischer Kompetenz auch eine strategische Planung.

Ein systematisches Vorgehen und umfassendes Datenmanagement bilden die Grundlage für nachhaltigen Erfolg.

Tipp 7   Beginnen Sie mit überwachtem Lernen für klar definierte Anwendungsfälle und validieren Sie regelmäßig.

Deep Learning (DL) ist eine fortschrittliche Form des maschinellen Lernens, bei der künstliche neuronale Netze genutzt werden, um komplexe Muster aus großen und oft unstrukturierten Datenmengen eigenständig zu erkennen und zu verarbeiten. Inspiriert vom Aufbau und der Funktionsweise des menschlichen Gehirns, hat Deep Learning die Möglichkeiten der Künstlichen Intelligenz in den letzten Jahren stark erweitert und revolutioniert.

Deep-Learning-Modelle unterscheiden sich grundlegend von traditionellen ML-Verfahren, da sie selbstständig relevante Merkmale aus Rohdaten extrahieren können, ohne dass manuelle Vorgaben erforderlich sind. Diese Fähigkeit zur automatischen Feature-Extraktion macht DL besonders leistungsfähig für komplexe Aufgaben, wie die Analyse von Bildern oder natürlicher Sprache.

Typische Anwendungsgebiete von Deep Learning:

- **Bilderkennung:** Automatische Identifikation von Gesichtern, Objekten oder Anomalien in Fotos und Videos, etwa zur Gesichtserkennung bei Smartphones oder in Sicherheitssystemen.

- **Medizinische Diagnostik:** Analyse von Röntgen- oder MRT-Bildern zur Früherkennung von Krankheiten wie Krebs oder Lungenerkrankungen.

- **Sprachanalyse und -verarbeitung:** Erkennen von Emotionen oder Stimmungen aus menschlicher Sprache, etwa für automatisierte Kundendienstsysteme oder Sprachassistenten.

Beispiel 18: Ein Automobilhersteller nutzt Deep Learning, um autonome Fahrzeugsysteme zu trainieren, indem Millionen von Fahrstunden mit Sensor- und Kameradaten analysiert werden, um eigenständig Muster für sichere Fahrentscheidungen abzuleiten.

Struktur und Funktionsweise neuronaler Netze

Neuronale Netze (Artificial Neural Networks, ANNs) bilden die zentrale Architektur des Deep Learnings und ermöglichen KI-Systemen, komplexe Muster und Zusammenhänge in umfangreichen Datenmengen eigenständig zu erkennen. Inspiriert vom Aufbau des menschlichen Gehirns bestehen neuronale Netze aus mehreren miteinander vernetzten Schichten, die Informationen schrittweise verarbeiten und interpretieren.

Neuronale Netze bestehen aus mehreren Schichten von Neuronen, welche spezifische Aufgaben innerhalb des Lernprozesses erfüllen:

1. **Eingabeschicht (Input Layer)**
   Diese Schicht empfängt Rohdaten – beispielsweise Pixelwerte eines Bildes oder Wörter eines Textes – und gibt diese Informationen an die tieferen Schichten weiter.

2. **Verborgene Schichten (Hidden Layers)**
   Hier findet die wesentliche Verarbeitung statt. Diese Schichten analysieren und transformieren Daten, indem sie Muster schrittweise identifizieren.

   - **Frühe verborgene Schichten** erkennen grundlegende Merkmale wie Linien, Kanten oder Farbunterschiede.

   - **Spätere verborgene Schichten** erfassen komplexere Muster und Strukturen wie Formen, Texturen oder Objekte.

   Diese schrittweise Verarbeitung komplexer Muster definiert den Begriff „Deep Learning".

3. **Ausgabeschicht (Output Layer)**
   Die letzte Schicht aggregiert alle Erkenntnisse aus den vorherigen Schichten und liefert ein finales Ergebnis, etwa eine Klassifikation (z. B. Hund oder Katze) oder eine Vorhersage (z. B. Umsatzprognosen).

Funktionsweise der Neuronen

Jedes Neuron innerhalb eines neuronalen Netzes funktioniert nach einem klar definierten Prinzip:

- Ein Neuron erhält mehrere Eingabewerte von der vorherigen Schicht.

- Diese Eingaben werden mit spezifischen **Gewichten** multipliziert, die während des Lernprozesses angepasst werden.

- Die gewichteten Eingaben werden summiert und anschließend einer **Ak-**

tivierungsfunktion zugeführt, die entscheidet, ob und wie stark ein Signal weitergegeben wird.

Durch die Verwendung nicht-linearer Aktivierungsfunktionen kann das Netz komplexe Zusammenhänge erfassen und modellieren, was einfache lineare Modelle nicht leisten können.

> *Beispiel 19:* Bei der Hautkrebsdiagnose analysiert ein neuronales Netz Hautbilder, indem die Eingabeschicht zunächst Pixelwerte des Bildes erfasst. Verborgene Schichten erkennen Linien, Formen und komplexere Texturen (z.B. unregelmäßige Flecken). Die Ausgabeschicht aggregiert diese Informationen schließlich zu einer Diagnose, z.B. „gutartig" oder „bösartig".

Backpropagation: Der zentrale Lernmechanismus

Backpropagation, oder auf Deutsch „Rückwärtspropagation", ist der zentrale Mechanismus, durch den ein neuronales Netz lernt, besser zu werden – vergleichbar mit einem Kind, das durch Ausprobieren und Korrigieren dazulernt.

Stellen Sie sich vor, dieses neuronale Netz ist ein Schüler, der raten soll, ob ein Bild einen Hund oder eine Katze zeigt. Sie sind der Lehrer, der ihm Schritt für Schritt hilft, die richtige Antwort zu finden. Das funktioniert so:

Zuerst macht das Netz eine **Voraussage**: Das Bild – genauer gesagt seine Pixelwerte – wird durch das Netz geschickt, Schicht für Schicht. Jede Schicht besteht aus kleinen Einheiten, den Neuronen, die zusammenarbeiten, um das Bild zu „verstehen".

- In einem **Convolutional Neural Network (CNN)**, das für Bilder entwickelt wurde, schauen die ersten Schichten nach einfachen Dingen wie Kanten oder Farbunterschieden, während spätere Schichten komplexere Merkmale wie Ohren oder Schnurrhaare erkennen – so kommt das Netz am Ende vielleicht auf „Hund".

- Ein **Recurrent Neural Network (RNN)**, das für Texte oder Sprache gedacht ist, arbeitet anders: Es „erinnert" sich an frühere Wörter, um den Kontext zu verstehen, z. B. um das nächste Wort in einem Satz wie „Der Hund…" zu erraten, vielleicht „bellt".

Nach der Voraussage wird verglichen: War „Hund" richtig? Wenn nicht – sagen wir, es war eine Katze – wird der Fehler berechnet. Das ist, als würde man dem Schüler sagen: „Du hast 30 % falsch geraten."

Nun soll der Schüler besser werden: Dafür geht der Fehler rückwärts durch das Netz – daher „Rückwärtspropagation". **Für jede Schicht und jedes Neuron wird betrachtet, wie stark es zur falschen Antwort beigetragen hat.** Dies geschieht mit einer Art mathematischer „Landkarte", den Gradienten. Sie zeigen, an welchen Stellschrauben gedreht werden muss, um den Fehler zu verringern.

Diese Regler sind die Gewichte. Sie bestimmen, wie stark ein Neuron auf ein Detail achtet – etwa auf die Form eines Ohrs.

Jetzt kommt der **Gradientenabstieg**: Stellen Sie sich vor, der Fehler ist ein Hügel – und das Ziel ist es, ins Tal zu kommen, wo der Fehler am kleinsten ist. Die Gradienten zeigen Ihnen den Weg bergab, und Sie machen kleine Schritte in diese Richtung. Wichtig ist dabei die Größe der Schritte, die sogenannte Lernrate: Zu große Schritte, und Sie überschießen das Tal; zu kleine, und es dauert sehr lange.

Dieser Prozess wird mit großen Mengen an Bildern oder Sätzen wiederholt – oft Millionen, wie bei einer KI, die Verkehrsregeln für ein Auto lernt. Dafür braucht es viel Rechenkraft, aber so wird das Netz immer besser – ob CNN für Bilder oder RNN für Sprache.

Fassen wir den Prozess also zusammen:

1. **Vorhersage:** Das Netz trifft zunächst eine Entscheidung (bei einer Bilderkennung z.B. „Hund" oder „Katze").

2. **Fehlerermittlung:** Diese Vorhersage wird mit der tatsächlichen Antwort verglichen, um den Fehler zu berechnen (z.B. wie stark sich die Vorhersage von der richtigen Antwort unterscheidet).

3. **Fehler-Rückführung:** Der berechnete Fehler wird rückwärts durch das Netz propagiert. Dabei wird ermittelt, wie stark jedes Neuron zu dieser Fehlentscheidung beigetragen hat.

4. **Anpassung der Gewichte:** Basierend auf diesen Erkenntnissen werden die Gewichte der Neuronen angepasst. Ziel ist es, die zukünftigen Fehler zu minimieren (Gradientenabstieg).

Dieser iterative Vorgang erfolgt kontinuierlich, bis die Fehlerquote auf ein Minimum reduziert ist. Dabei ist die Wahl der richtigen Lernrate (Schrittgröße beim Gradientenabstieg) entscheidend, um effizient und präzise zum optimalen Ergebnis zu gelangen.

Technische Herausforderungen und Lösungen

Trotz ihrer beeindruckenden Leistungsfähigkeit bringen neuronale Netze spezifische Herausforderungen mit sich. Das Training großer neuronaler Netze erfordert erhebliche Ressourcen, was sowohl ökologische als auch ökonomische Fragen aufwirft.

Zudem erschwert ihre komplexe Struktur häufig die Nachvollziehbarkeit von Entscheidungsprozesse, was als sogenanntes **„Black-Box"-Problem** bezeichnet wird. Darüber hinaus sind umfangreiche und hochwertige Datenmengen erforderlich, um die Effektivität neuronaler Netze zu gewährleisten.

Um diesen Herausforderungen zu begegnen, werden innovative Lösungen eingesetzt. Dazu gehören beispielsweise **Explainable AI (XAI)**, um die Entscheidungsfindung transparenter zu gestalten (siehe 9.3), sowie effiziente Netzwerkarchitekturen, die den Ressourcenbedarf reduzieren. Ergänzend dazu verbessern Methoden der Datenaugmentation und -optimierung die Verfügbarkeit und Qualität notwendiger Trainingsdaten.

Insbesondere für Hochrisiko-Anwendungen können hybride oder einfachere Modelle sinnvoller sein, um regulatorische Anforderungen sicher zu erfüllen und gleichzeitig hohe Leistung und Nachvollziehbarkeit zu gewährleisten.

Tipp 8 Nutzen Sie zunächst vortrainierte neuronale Netze und prüfen Sie deren Leistung und Transparenz.

Neuronale Netze liefern beeindruckende Ergebnisse bei der Datenverarbeitung, stoßen jedoch bei komplexen Aufgaben wie der Erkennung von Zusammenhängen über lange Distanzen oft an ihre Grenzen. Die traditionelle sequenzielle Verarbeitung von Daten ist zeitaufwendig und ineffizient, besonders wenn es darum geht, Kontexte zu erfassen.

> Stellen Sie sich vor, Sie lesen einen langen Text und müssen jedes Wort nacheinander analysieren, ohne sofort das große Ganze zu sehen – das wäre mühsam und langsam.

Genau hier setzen Transformermodelle an. Transformer stellen eine innovative Weiterentwicklung neuronaler Netze im Deep Learning dar und lösen diese Herausforderung durch eine neue Architektur, die Daten nicht mehr sequenziell, sondern parallel verarbeitet. Diese parallele Verarbeitung macht sie deutlich **schneller und präziser**.

Transformer wurden erstmals 2017 in der wegweisenden Veröffentlichung „Attention is All You Need" vorgestellt.[1] Seitdem haben sie die KI-Forschung maßgeblich beeinflusst und neue Standards gesetzt – insbesondere in Bereichen wie der automatischen Übersetzung und Textgenerierung.

Die Architektur hinter Large Language Models (LLMs)

Ein entscheidendes Einsatzgebiet der Transformer-Architektur sind Large Language Models (LLMs). Diese **großen Sprachmodelle** werden auf enormen Mengen an Textdaten trainiert, um natürliche Sprache nicht nur zu verstehen, sondern auch eigenständig zu generieren.

LLMs profitieren besonders von den Stärken der Transformer-Technologie und bewältigen komplexe sprachliche Aufgaben wie Übersetzungen, Textproduktion oder automatisierte Dialoge mit hoher Genauigkeit.

Im Gegensatz zu älteren Modellen wie RNNs (siehe 2.6), die Daten nacheinander verarbeiten, arbeiten Transformer mit einer **parallelen Datenverarbeitung**. Das ist, als würden Sie einen Text nicht Wort für Wort lesen, sondern ihn auf einen Blick überfliegen und sofort die wichtigsten Informationen herausfiltern.

---

[1] Vgl. Vaswani et al (2017), https://arxiv.org/abs/1706.03762

Diese parallele Herangehensweise reduziert die Rechenzeit erheblich und macht Transformer besonders effektiv für anspruchsvolle Aufgaben.

Strukturell umfassen Transformer zwei Kernkomponenten:

1. **Encoder:** Dieser Teil analysiert und versteht die Eingabedaten. Er zerlegt beispielsweise einen Satz in seine Bestandteile und erkennt, wie einzelne Wörter miteinander in Beziehung stehen.

2. **Decoder:** Basierend auf den Ergebnissen des Encoders erzeugt der Decoder die gewünschte Ausgabe, etwa eine Übersetzung, eine Antwort auf eine gestellte Frage oder die Fortführung eines Textes.

Dank dieser effizienten und präzisen Architektur bilden Transformer heute die technologische Basis für eine Vielzahl moderner KI-Anwendungen – von Sprachassistenten und automatischen Übersetzern bis hin zu Systemen, die Texte und Bilder gleichzeitig interpretieren oder erzeugen können.

Ihre Fähigkeit, Kontext und Zusammenhänge zuverlässig zu erfassen, übertrifft ältere Modelle dabei deutlich.

Attention-Mechanismus

Der Attention-Mechanismus (Aufmerksamkeitsmechanismus) ist das Herzstück moderner Transformer-Modelle und insbesondere großer Sprachmodelle (Large Language Models, LLMs).

Er erlaubt es diesen Modellen, die Bedeutung einzelner Teile einer Eingabesequenz **dynamisch zu gewichten**, sodass sie **Kontext und Zusammenhänge besser erfassen** können.

> Stellen Sie sich vor, Sie hören den Satz: „Der Hund bellt laut, während die Katze ruhig auf dem Sofa liegt." Wenn Sie diesen Satz verstehen oder übersetzen wollen, konzentrieren Sie sich intuitiv auf zentrale Begriffe wie „Hund", „bellt", „Katze" oder „Sofa", statt jedes Wort gleichermaßen wichtig zu nehmen.

Genau diese **intuitive Priorisierung** bildet der Attention-Mechanismus technisch ab: Dazu wird jeder Datenpunkt (z.B. jedes Wort) einer Eingabesequenz in drei mathematische Vektoren zerlegt:

1. **Query (Abfrage):**
   Ermittelt, worauf sich das Modell konzentrieren sollte.

2. **Key (Schlüssel):**
   Stellt die verfügbaren Informationen in der Eingabe dar.

3. **Value (Wert):**
   Enthält die eigentlichen Inhalte, die das Modell bei seiner Entscheidung verwendet.

Das Transformer-Modell berechnet anschließend, wie ähnlich der Query-Vektor zu den Key-Vektoren der anderen Wörter ist. Daraus bestimmt es, wie stark der jeweilige Value-Vektor gewichtet wird. Dadurch konzentriert sich das Modell gezielt auf die **relevanten Teile** der Eingabe.

> *Beispiel 20:* Wenn ein Transformer den Satz „Der Hund bellt laut, während die Katze ruhig auf dem Sofa liegt" übersetzt, fokussiert er also automatisch auf Schlüsselbegriffe wie „Hund" und „bellt", während weniger wichtige Begriffe wie „der" oder „laut" geringer gewichtet werden. Das Ergebnis ist eine präzisere, kontextgenaue Übersetzung, etwa ins Englische: „The dog barks."

Die Fähigkeit, **Zusammenhänge über große Distanzen hinweg** zu erfassen, macht den Attention-Mechanismus besonders leistungsfähig für komplexe sprachliche Aufgaben. Transformer sind damit ideal geeignet für Anwendungen, in denen Kontextverständnis und Genauigkeit entscheidend sind.

Moderne Transformer Modelle bauen auf **Multi-Head Attention**. Dabei wird der Aufmerksamkeitsmechanismus erweitert, sodass mehrere Aufmerksamkeitsprozesse („Heads") parallel ausgeführt werden können.

Bekannte LLMs und weitere Architekturen

Große Sprachmodelle (Large Language Models, LLMs) sind beeindruckende Beispiele für die Leistungsfähigkeit der Transformer-Architektur und haben die Verarbeitung natürlicher Sprache auf eine neue Ebene gehoben. Diese Modelle sind auf riesigen Datenmengen trainiert und können Sprache nicht nur verstehen, sondern auch selbst generieren.

Ein besonders bekanntes Large Language Model ist **GPT (Generative Pre-trai-ned Transformer)** – insbesondere bekannt durch ChatGPT – von OpenAI. GPT zeichnet sich durch seine Fähigkeit aus, Texte kohärent fortzuführen, Fragen zu beantworten und sogar komplexe Texte zu erstellen.

> *Beispiel 21:* Beginnt ein Benutzer einen Satz mit „Der Hund bellt, weil…", ergänzt GPT den Satz sinnvoll, beispielsweise mit „...er einen Fremden sieht." Dank seines umfangreichen Trainingsmaterials kann GPT sogar längere Texte oder ganze Geschichten erstellen, wodurch es vielseitig in Anwendungen wie Chatbots oder automatisierter Texterstellung eingesetzt werden kann.

BERT (Bidirectional Encoder Representations from Transformers)[1] ist ein weiteres leistungsstarkes Modell, das insbesondere durch seine Fähigkeit beeindruckt, Sprache bidirektional – also sowohl vorwärts als auch rückwärts – zu analysieren. Im Gegensatz zu älteren Modellen, die Texte nur sequenziell in einer Richtung verarbeiten konnten, berücksichtigt BERT den gesamten Kontext eines Satzes gleichzeitig.

> *Beispiel 22:* BERT erkennt in dem Satz „Der Hund bellt laut, weil er einen Fremden sieht" Zusammenhänge sowohl von links nach rechts als auch umgekehrt. Dadurch versteht das Modell Kontext und Feinheiten wesentlich genauer – ideal für Aufgaben wie Übersetzungen, semantische Analysen oder Suchmaschinenoptimierung.

Multimodale Transformer-Modelle

Transformermodelle beschränken sich nicht auf Sprache allein, sondern können auch unterschiedliche Datentypen gleichzeitig verarbeiten:

- **CLIP (Contrastive Language-Image Pretraining)**[2] verknüpft Text und Bilder miteinander. Wenn Sie CLIP ein Foto eines Hundes im Park zeigen, könnte es die Beschreibung „Ein Hund im Park" liefern, weil es die visuellen Elemente mit sprachlichen Konzepten abgleicht.

---

[1] Vgl. https://h2o.ai/wiki/bert/
[2] Siehe https://openai.com/index/clip/

- **DALL-E**[1] geht noch weiter: Es nutzt Transformer, um aus reinen Text-beschreibungen Bilder zu erzeugen. Geben Sie „Ein Hund im Park" ein und DALL-E malt Ihnen ein passendes Bild.

Diese multimodalen Modelle zeigen, wie vielseitig Transformer sind, indem sie über den reinen Text hinaus auch visuelle Welten erschließen.

Anwendungen und Bedeutung

Die Vielseitigkeit und Präzision von Transformer-basierten Modellen ermöglichen ein breites Spektrum von Anwendungen:

- **Textverarbeitung:** Automatische Übersetzungen, Chatbots, automatische Textzusammenfassungen und Content-Erstellung.

- **Bild- und Videobearbeitung:** Automatische Generierung oder Interpretation visueller Inhalte aus Textbeschreibungen.

- **Multimodale Systeme:** Verknüpfung von Sprache und Bildern, etwa für individualisierte Produktempfehlungen, Content-Erstellung oder Marketingkampagnen.

Trotz ihrer zahlreichen Vorteile stellen Transformer-Modelle Unternehmen vor Herausforderungen: Auch hier sind Datenschutz und mangelnde Transparenz („Black-Box"-Effekte) kritische Faktoren, die beim Einsatz dieser Technologie berücksichtigt werden müssen.

Tipp 9   Beginnen Sie mit etablierten Open-Source-Modellen und testen Sie sie gründlich auf potenzielle Schwachstellen.

Darüber hinaus stellen die **enormen Anforderungen an Rechenleistung** einen bedeutenden wirtschaftlichen und ökologischen Faktor dar, dem wir uns im nächsten Abschnitt detailliert widmen.

---

[1] Siehe https://openai.com/index/dall-e-3/

Die Leistungsfähigkeit von KI-Systemen hängt maßgeblich von der eingesetzten Hardware und Infrastruktur ab. Um effiziente KI-Anwendungen bereitzustellen, ist eine abgestimmte Infrastruktur unerlässlich, da sie maßgeblich Einfluss auf Performance, Skalierbarkeit, Kosten und Nachhaltigkeit hat.

Hardware-Optionen

Die Wahl der passenden Hardware richtet sich nach der Art der Anwendung, dem Umfang der Daten und den Anforderungen an Verarbeitungsgeschwindigkeit und Effizienz. Dabei stehen folgende Hardware-Arten zur Verfügung:

- **CPU (Central Processing Unit)**
  CPUs sind universelle Prozessoren mit wenigen, leistungsstarken Kernen, die sequenzielle Berechnungen effizient ausführen. Sie eignen sich für einfache KI-Modelle wie lineare Regressionen, stoßen jedoch bei parallelen Aufgaben wie Deep Learning an ihre Grenzen. CPUs eignen sich ideal für Prototyping oder kleine Workloads, jedoch weniger für Anwendungen mit großen Datensätzen.

- **GPU (Graphics Processing Unit)**
  GPUs verfügen über Tausende kleiner Kerne und sind für parallele Berechnungen optimiert, was sie zur ersten Wahl für Deep Learning macht. Sie eignen sich für komplexe Modelle wie Bilderkennung oder NLP, verbrauchen jedoch viel Energie und sind kostenintensiv. Ihre Stärke in der parallelen Verarbeitung macht sie ideal für schnelles Training.

- **APU (Accelerated Processing Unit)**
  APUs kombinieren CPU und GPU auf einem Chip und bieten eine energieeffiziente Lösung für moderate parallele Aufgaben. Sie können eine gute und effiziente Lösung für Edge-KI sein, gelangen jedoch bei großen Modellen an ihre Grenzen.

- **NPU (Neural Processing Unit)**
  NPUs sind speziell für neuronale Netze optimierte Prozessoren, die KI-Workloads effizient bewältigen. Sie bieten hohe Leistung bei geringem Energieverbrauch und sind ideal für mobile Geräte, Edge-KI oder Echtzeitanwendungen wie Spracherkennung. Ihre Spezialisierung macht sie jedoch weniger flexibel als GPUs.

Neben diesen Standardlösungen gibt es spezialisierte Hardware. Sie glänzt in bestimmten Bereichen:

> **VPUs** (Vision Processing Units) eignen sich durch ihre hohe Energieeffizienz ideal für Bild- und Videoanalysen auf Edge-Geräten. **FPGAs** (Field Programmable Gate Arrays) punkten mit flexibler Anpassbarkeit für Forschung und Industrie, während **TPUs** (Tensor Processing Units) durch optimierte Tensor-Operationen Deep-Learning-Anwendungen deutlich beschleunigen.

Jede dieser Prozessor-Arten zeichnet sich durch spezifische Stärken aus, sei es hinsichtlich Energieeffizienz, Verarbeitungsgeschwindigkeit oder Anpassbarkeit an unterschiedliche Anforderungen. Gleichzeitig weisen alle Varianten individuelle Einschränkungen auf, etwa in Bezug auf Einsatzgebiete, Anschaffungskosten oder Abhängigkeit von proprietären Lösungen.

Cloud vs. On-Premise: Infrastrukturentscheidungen

Für den effektiven Einsatz von KI sind nicht nur die Prozessoren, sondern auch die Wahl der richtigen Infrastruktur entscheidend. Unternehmen können zwischen Cloud Computing, On-Premise und hybriden Ansätzen wählen, wobei jede Option spezifische Vor- und Nachteile bietet.

(1) Cloud Computing

Cloud Computing ermöglicht den Zugriff auf leistungsstarke Hardware über das Internet, ohne dass Unternehmen eigene Server betreiben müssen. Anbieter wie AWS, Microsoft Azure oder Google Cloud bieten skalierbare Rechenleistung, vortrainierte Modelle und Managed Services.

> *Beispiel 23:* Ein Start-up nutzt Google Cloud TPUs, um ein Sprachmodell zu trainieren – ohne Investitionen in eigene Server.

Zu den Vorteilen zählen die **hohe Flexibilität**, **geringe Anfangskosten** und der unkomplizierte Zugang zu **spezialisierten Ressourcen** wie TPUs. Rechenkapazitäten lassen sich bedarfsgerecht anpassen. Als mögliche Nachteile zu nennen sind die Abhängigkeit von Drittanbietern, potenziellen Datenschutzrisiken und – bei intensiver Nutzung – langfristig höheren Kosten.

Die Abrechnung von KI-Cloud-Computing erfolgt meist nach einem Pay-as-you-go-Modell, bei dem **Kosten für Rechenleistung** (z. B. CPUs, GPUs, TPUs) nach **Nutzungsdauer**, Speicher nach Datenvolumen und -zeit, sowie Datenverkehr nach übertragener Menge anfallen.

Die Nutzung von Managed Services, beispielsweise proprietären KI-Modellen, wird oft nach Anzahl der Anfragen über die jeweilige Schnittstelle abgerechnet.

(2) On-Premise

On-Premise bedeutet, dass Unternehmen eigene Hardware beschaffen und vor Ort betreiben. On-Premise-Lösungen bieten volle Kontrolle über Daten – entscheidend für Hochrisiko-Anwendungen wie medizinische Diagnosen – langfristige Kosteneffizienz bei hoher Nutzung und keine Abhängigkeit von externen Diensten.

> *Beispiel 24:* Ein Krankenhaus könnte eine Diagnose-KI On-Premise betreiben, um patientenbezogene Daten sicher lokal zu halten.

Als mögliche Nachteile sind hierbei insbesondere die notwendigen Anfangsinvestitionen, sowie die oft beschränkte Skalierbarkeit, zu nennen.

(3) Hybridstrategien

Hybridstrategien verbinden Cloud- und On-Premise-Lösungen, indem sensible oder kritische Daten lokal verarbeitet und weniger sensible oder rechenintensive Aufgaben in die Cloud ausgelagert werden. In der Praxis kann diese Kombination eine ausgewogene Balance aus Datenschutz, Skalierbarkeit und Kosteneffizienz bedeuten.

Nachhaltigkeit und Energieeffizienz

Der enorme Energieverbrauch moderner KI-Modelle stellt Unternehmen zunehmend vor Herausforderungen hinsichtlich Nachhaltigkeit und Umweltverträglichkeit. Das Training großer Modelle wie GPT kann Hunderte Tonnen CO_2 freisetzen und erhebliche Mengen an Energie verbrauchen.

Unternehmen stehen deshalb zunehmend in der Verantwortung, nachhaltige Strategien umzusetzen und ihren ökologischen Fußabdruck transparent in ESG-Berichten offenzulegen.

Um diesen Anforderungen gerecht zu werden, setzen sie auf verschiedene Maßnahmen:

- **Energieeffiziente Hardware:**
  Der Einsatz spezialisierter Hardwarelösungen wie VPUs oder FPGAs ermöglicht eine deutliche Reduzierung des Energieverbrauchs, indem sie gezielt für bestimmte Aufgaben optimiert werden.

- **Nachhaltige Cloud-Infrastrukturen:**
  Viele Unternehmen greifen auf Cloud-Anbieter zurück, deren Rechenzentren zu 100 % mit erneuerbaren Energien betrieben werden.

- **Modelloptimierung:**
  Techniken wie Pruning oder Parameter-Effizienz helfen, den Rechenaufwand zu minimieren, ohne die Leistung wesentlich zu beeinträchtigen.

Neben diesen technologischen Ansätzen spielt auch der **Standort der Rechenkapazitäten bzw. des Rechenzentrums** eine zentrale Rolle für die Wirtschaftlichkeit der KI-Infrastruktur.

Aufgrund des enormen Energieverbrauchs können die **lokalen Strompreise** ein entscheidender Faktor bei der Standortwahl sein. Regionen mit günstigeren und nachhaltigen Energiequellen bieten hierbei sowohl wirtschaftliche als auch ökologische Vorteile.

Diese Maßnahmen helfen Unternehmen, ökologische und ökonomische Interessen in Einklang zu bringen und die langfristige Nachhaltigkeit von KI-Anwendungen sicherzustellen.

Tipp 10 Evaluieren Sie eine Hybridstrategie und halten Sie kritische Daten
und Funktionen nach Möglichkeit lokal.

---

3 DER EUROPÄISCHE AI ACT

Mit zunehmender Verbreitung mächtiger KI-Technologien steigt auch die Notwendigkeit einer klaren Regulierung. Genau hier setzt die EU-Verordnung 2024/1689, besser bekannt als European AI Act, an. Diese Verordnung stellt erstmals europaweit verbindliche Rahmenbedingungen für den Einsatz von KI-Systemen auf. Die Europäische Kommission versucht damit, technischen Fortschritt mit gesellschaftlichen Interessen und ethischen Prinzipien zu vereinen.

Der AI Act betrifft KI-Systeme, die bereits heute weitreichenden Einfluss auf unser Leben haben – von Sprachmodellen, die täglich Unmengen an neuen Texten generieren, über autonome Fahrzeuge und Assistenzsysteme, die zunehmend den Verkehr prägen, bis hin zu intelligenten Diagnosesystemen im Gesundheitswesen. In diesem Kapitel sehen wir uns an, wie der AI Act angesichts der rasanten technologischen Entwicklungen versucht, rechtliche Orientierung zu geben, ohne dabei die wirtschaftliche Innovationskraft zu bremsen.

Entstehung und Zeitplan

Die Grundlagen für den AI Act wurden bereits 2018 gelegt, als die Europäische Kommission mit einer Expertengruppe erste Schritte zur Schaffung eines rechtlichen Rahmens für KI initiierte.[1] Im Februar 2020 folgte ein Whitepaper, das die Basis für öffentliche Konsultationen und Diskussionen bildete. Den konkreten Entwurf legte die Kommission am 21. April 2021 vor.[2]

Nach intensiven Verhandlungen stimmte das Europäische Parlament am 13. März 2024 zu und die Verordnung trat am 1. August 2024 in Kraft. Als EU-Verordnung ist dieses Gesetz **unmittelbar in allen Mitgliedstaaten verbindlich**, ohne dass nationale Umsetzungsgesetze erforderlich sind.

Die Umsetzung der enthaltenen Vorgaben erfolgt jedoch gestaffelt: Verbote von

---

[1] Vgl. https://ec.europa.eu/commission/presscorner/detail/en/ip_18_1381
[2] Vgl. https://digital-strategy.ec.europa.eu/de/policies/european-approach-artificial-intelligence

KI-Systemen mit unannehmbaren Risiken wurden etwa am 2. Februar 2025 wirksam. Für die neuen Bestimmungen hinsichtlich Hochrisiko-Systeme gelten hingegen längere Übergangsfristen (siehe 3.3).

Bedeutung für Wirtschaft und Gesellschaft

Der AI Act gilt als weltweit erstes umfassendes, risikobasiertes Regelwerk für KI und richtet sich an Unternehmen, Entwickler und Bürger. Er beabsichtigt, Innovationen zu fördern, **Grundrechte** zu schützen und den **EU-Binnenmarkt** zu **harmonisieren**. Für die Wirtschaft soll er **Planungssicherheit** durch einheitliche Standards schaffen, den Marktzugang erleichtern und bürokratische Hürden abbauen, wobei nationale Behörden die Umsetzung unterstützen sollen.

Zudem strebt der AI Act an, Risiken wie invasive Überwachung oder diskriminierende Algorithmen zu begrenzen und Vertrauen in KI-Technologien zu stärken. International will die EU mit dem AI Act – ähnlich wie mit der DSGVO – globale Standards setzen.

Der AI Act entstand inmitten globaler Debatten über KI-Regulierung. Während die USA freiwillige Standards verfolgen und China staatliche Kontrolle bevorzugt, will die EU verbindliche Regeln mit Innovationsförderung kombinieren. Dieser Ansatz soll **europäische Werte** wie Datenschutz, Freiheit und wirtschaftliche Stärke widerspiegeln.

Die Verordnung gilt somit nicht nur für lokale Akteure, sondern auch für internationale Unternehmen, deren KI-Systeme in der EU zum Einsatz kommen. So soll die globale Reichweite der Technologie berücksichtigt und die EU als attraktiver Markt positioniert werden.

Die wesentlichen Bestimmungen des AI Act entschlüsselt

Welche Ziele verfolgt der AI Act konkret und welche Auswirkungen hat dies auf Ihre Praxis? Welche KI-Anwendungen sind zukünftig verboten und wie erfolgt die Regulierung sogenannter Hochrisiko-Systeme?

In diesem Kapitel widmen wir uns dem AI Act im Detail. Sie erhalten das notwendige Wissen, um die komplexen Anforderungen zu überblicken und souverän umzusetzen. Sie erfahren, welche Fristen und Übergangsregelungen Sie unbedingt beachten müssen, wie nationale Behörden die Einhaltung kontrollieren und welche Sanktionen bei Verstößen drohen.

Als Gesetz zur Regulierung von KI in der Europäischen Union will der AI Act den technologischen Fortschritt mit gesellschaftlicher Verantwortung verbinden. Die Gesetzgeber verfolgen im Wesentlichen drei Hauptziele, die sowohl Wirtschaft als auch Bürger betreffen:

1. **Innovation und Planungssicherheit**
   Der AI Act definiert verbindliche und einheitliche Vorschriften im EU-Binnenmarkt, um Unternehmen Planungssicherheit zu bieten. Ziel ist es, regulatorische Unsicherheiten zu verringern und somit Investitionen in die Entwicklung und Skalierung von KI-Lösungen zu erleichtern.

2. **Schutz vor gesellschaftlichen Risiken**
   Der AI Act zielt darauf ab, zentrale Grundrechte wie Datenschutz, Privatsphäre und Nichtdiskriminierung gemäß der EU-Grundrechtecharta zu schützen.

   Systeme mit unvertretbarem Risiko, etwa Social Scoring, sollen verboten werden. Risikoreiche Anwendungen wie biometrische Überwachung, automatisierte Einstellungsverfahren oder KI-gestützte Kreditwürdigkeitsprüfungen sollen streng reguliert werden, um Diskriminierung, Manipulation und folgenschwere Fehlfunktionen zu verhindern.

   Ziel ist eine vertrauenswürdige und ethisch verantwortungsvolle Nutzung von KI, welche unsere demokratischen Grundwerte berücksichtigt.

3. **Förderung des Binnenmarktes und Wettbewerbsfähigkeit**
   Durch die Harmonisierung rechtlicher Rahmenbedingungen soll der AI Act den grenzüberschreitenden Handel erleichtern und regulatorische Barrieren innerhalb der EU abbauen. Ziel ist es, die Wettbewerbsfähigkeit europäischer Unternehmen zu stärken, indem sie ihre KI-Produkte ohne zusätzlichen regulatorischen Aufwand in allen Mitgliedstaaten anbieten können.

   Beispiel 25: Ein deutscher Anbieter von KI-Diagnosetools soll seine Lösungen problemlos in anderen EU-Ländern wie Frankreich oder Italien vertreiben können – ähnlich der Harmonisierung durch die DSGVO im Bereich Datenschutz.

Der AI Act stuft KI-Systeme in vier Kategorien ein:

Der europäische AI Act kategorisiert KI-Systeme nach ihrem Risiko für Grundrechte, Sicherheit und Gesellschaft. Ziel ist es, gefährliche Anwendungen zu regulieren oder zu verbieten, während Innovationen mit geringem Risiko gefördert werden. Die Verordnung unterscheidet vier Risikoklassen:

- **Unvertretbares Risiko**: KI-Systeme, die Grundrechte verletzen (z. B. Social Scoring), werden vollständig verboten (siehe 3.2).

- **Hohes Risiko**: Anwendungen in sensiblen Bereichen wie Gesundheit oder Justiz unterliegen strengen Auflagen und Prüfverfahren (siehe 3.3).

- **Begrenztes Risiko**: Systeme wie Chatbots im Kundenservice müssen Nutzer transparent auf ihre künstliche Natur hinweisen (siehe 3.4).

- **Minimales Risiko**: Harmlose Systeme, etwa KI für personalisierte Musikvorschläge, bleiben weitgehend unreguliert (siehe 3.5).

Dieser **risikobasierte Ansatz** soll sicherstellen, dass KI-Entwicklungen mit den demokratischen Werten der EU in Einklang stehen und gleichzeitig die wirtschaftliche Innovationskraft bewahren.

Tipp 11 Nutzen Sie Übergangsfristen für eine Bestandsaufnahme Ihrer KI-Systeme und beginnen Sie mit der Risikoklassifizierung.

Rechtlicher Rahmen und internationale Reichweite

Als Verordnung gilt der AI Act direkt in allen EU-Mitgliedstaaten, ohne dass es zur Umsetzung weitere nationale Gesetze bedarf. Dies erleichtert die einheitliche Anwendung und reduziert rechtliche Unsicherheiten.

Der AI Act adressiert Entwickler, Betreiber und Nutzer, unabhängig davon, ob sie in der EU ansässig sind, solange ihre Systeme hier genutzt werden.

Beispiel 26: Ein Unternehmen in Indien, das eine KI-App für Kunden innerhalb der EU anbietet, muss die Vorgaben des AI Acts genauso einhalten wie ein deutscher Mittelständler.

Einfluss auf die Praxis

Der AI Act soll eine Ära der Verantwortung einleiten: Unternehmen müssen ihre Systeme prüfen, um die Klassifizierungen zu erfüllen. Verstöße können unter anderem mit hohen Bußgeldern geahndet werden (siehe 3.7).

Die Regeln zielen darauf ab, KI ethisch und nachhaltig einzusetzen, indem sie Diskriminierung adressieren und gefährliche Anwendungen ausschließen. Dies soll die Wettbewerbsfähigkeit der EU stärken und internationale Akteure einbeziehen, die den EU-Markt bedienen.

> *Beispiel 27:* Ein Logistikunternehmen nutzt eine Routenoptimierungs-KI – als minimales Risiko kaum reguliert, aber potenziell wettbewerbsfördernd.

Im Vergleich zur DSGVO, die den Datenschutz revolutionierte, geht der AI Act noch einen Schritt weiter: Er regelt nicht nur Daten, sondern die gesamte Technologie – ein umfassenderer Ansatz, der die Komplexität von KI widerspiegelt.

Dabei konzentriert sich der AI Act insbesondere auf **Sicherheits- und Ethikfragen** – etwa die Manipulationsgefahr oder physische Risiken autonomer Systeme. Diese Bestimmungen sind mit den bestehenden Regeln der DSGVO zum Schutz personenbezogener Daten in Einklang zu bringen.

3.2 Verbotene KI-Systeme mit unannehmbarem Risiko

Artikel 5 des AI Acts untersagt den Einsatz von KI-Systemen, die ein unannehmbares Risiko darstellen. Darunter fallen sämtliche Praktiken, welche als unverhältnismäßig und mit den europäischen Werten unvereinbar gelten. Sie könnten die Grundrechte erheblich gefährden oder manipulative Wirkungen entfalten.

Ziel dieser Regelung ist es, die Bürgerinnen und Bürger der Europäischen Union **vor Überwachung, Diskriminierung und psychologischem Missbrauch zu schützen.** Sie setzt ein klares Zeichen gegen eine „Überwachungsgesellschaft" und schützt somit vor Technologien, die eine deutliche Gefahr für unsere Grundrechte darstellen.

Beispiele für verbotene Systeme

Folgende konkrete Beispiele für verbotene KI-Systeme verdeutlichen, wie diese Regelungen, welche Anwendungen in der Praxis als unzulässig einzustufen sind:

1. **Soziale Bewertung (Social Scoring)**

   Der Einsatz von KI-Systemen zur systematischen Bewertung des Alltagsverhaltens von Personen ist verboten. Damit sollen repressive Szenarien verhindert werden, in denen Bürgern mittels Punktesysteme Rechte oder der Zugang zu bestimmten Dienstleistungen entzogen wird.

   Beispiel 28: Eine Stadtverwaltung darf keine Kameras und KI einsetzen, um Einwohnerinnen und Einwohner basierend auf Verhaltensweisen wie Müllentsorgung oder Verstößen im Straßenverkehr systematisch zu bewerten und zu sanktionieren.

2. **Echtzeit-Biometrie im öffentlichen Raum**

   Der Einsatz von Echtzeit-Biometrie, wie etwa flächendeckende Gesichtserkennung zur Überwachung öffentlicher Bereiche, ist ebenfalls untersagt. Eine derartige Maßnahme würde die Privatsphäre der Bürgerinnen und Bürger unverhältnismäßig einschränken und steht daher im Widerspruch zu den europäischen Grundrechten.

   Ausnahmen: In begründeten Einzelfällen kann der Einsatz von Echtzeit-Biometrie zulässig sein, sofern er einem zwingenden, akuten und übergeordneten öffentlichen Interesse dient. Beispiele hierfür sind die Abwehr einer unmittelbaren terroristischen Bedrohung oder die Suche nach einer vermissten Person. Solche Ausnahmen unterliegen strengen Voraussetzungen: Sie müssen zeitlich begrenzt, verhältnismäßig und gerichtlich oder behördlich genehmigt sein. Eine dauerhafte oder unverhältnismäßige Überwachung ist ausdrücklich ausgeschlossen.

Beispiel 29: Ein zeitlich begrenzter Polizeieinsatz zur Identifikation eines konkreten Tatverdächtigen kann genehmigt werden, nicht jedoch eine permanente flächendeckende Überwachung. Diese Regelung schafft eine Balance zwischen Sicherheitsinteressen und dem Schutz individueller Freiheiten.

3. **Manipulation vulnerabler Gruppen**
   KI-Systeme, die darauf abzielen, vulnerable Gruppen – insbesondere Kinder – gezielt auszunutzen oder zu manipulieren, gelten ebenfalls als unvertretbares Risiko und sind verboten.

   Beispiel 30: Ein Spielwarenhändler darf keine KI einsetzen, um Kinder durch personalisierte, suggestive Angebote zu manipulieren und so ihr Kaufverhalten unzulässig zu beeinflussen. Ein solches Vorgehen würde gegen Artikel 5 des AI Acts verstoßen.

Tipp 12 Prüfen Sie Ihre Marketing-KI auf manipulative Elemente und entfernen Sie diese, um ethische und rechtliche Risiken zu vermeiden.

Praktische Auswirkungen

Das Verbot richtet sich an alle Akteure, die KI-Systeme mit unannehmbarem Risiko in der Europäischen Union **anbieten oder nutzen**. Die reine Entwicklung entsprechender KI-Systeme innerhalb der EU für den Einsatz in Drittstaaten ist hingegen nicht explizit untersagt. Sie könnte dementsprechend zulässig sein, solange sie in der EU nicht genutzt oder in Verkehr gebracht wird.

Ein europäisches Technologieunternehmen könnte also theoretisch ein Social-Scoring-System für einen nicht-europäischen Markt programmieren, sofern dies nicht durch weitere Regelungen wie Exportkontrollen eingeschränkt wird. Allerdings dürfen solche Systeme in der EU weder testweise noch produktiv eingesetzt werden.

In manchen Fällen erscheint die Abgrenzung zwischen erlaubtem und verbotenem Einsatz interpretationsbedürftig: So kann etwa eine KI zur Zutrittskontrolle in einem Bürogebäude zulässig sein, während der Einsatz derselben Technologie im öffentlichen Raum verboten ist.

Zusätzliche Unsicherheiten könnten sich aus der genauen Auslegung bestimmter Definitionen ergeben, die von künftiger Rechtsprechung oder Leitlinien der EU-Kommission abhängen: Wäre Social Scoring legal, wenn das vermeintlich intelligente System dahinter in Wahrheit auf statisch programmierten Logiken basiert, die nicht unter die Definition von KI-Systemen fallen? Und wo verläuft hierbei die Grenze zwischen öffentlichem, semi-öffentlichem (z. B. Einkaufszentren) und nicht-öffentlichem Raum?

Sanktionierung und Empfehlungen

Die Sanktionierung verdeutlich jedenfalls die Dringlichkeit, das Verbot von KI-Systemen mit unvertretbarem Risiko zu befolgen. Bei Verstößen drohen unter anderem Strafzahlungen von bis zu 35 Mio. Euro oder 7 % des weltweiten Unternehmensumsatzes (siehe 3.7).

Für Unternehmen empfiehlt sich somit unter anderem:

- **Analyse bestehender Systeme:**
  Überprüfen Sie, ob aktuelle KI-Anwendungen biometrische Daten, Scoring-Mechanismen oder manipulative Elemente nutzen. Ein Überwachungssystem, das Gesichter ohne spezifischen Anlass erkennt, müsste angepasst oder eingestellt werden.

- **Privacy by Design:**
  Entwickeln Sie KI-Lösungen von Anfang an so, dass riskante Funktionen vermieden werden. Dies kann durch technische Beschränkungen oder klare Nutzungsrichtlinien erreicht werden.

- **Rechtliche Beratung:**
  Ziehen Sie frühzeitig Experten hinzu, etwa Datenschutzbeauftragte, um Grauzonen zu klären und potenzielle Verstöße auszuschließen.

Tipp 13 Überprüfen Sie Ihre Systeme mit Fragen wie: „Nutzt es Echtzeit-Biometrie?" Konsultieren Sie Experten, um Verstöße zu vermeiden.

Hochrisiko-KI-Systeme, wie in Artikel 6 des EU AI Act definiert, sind Anwendungen, deren Einsatz potenziell **erhebliche Auswirkungen auf Sicherheit, Gesundheit, Grundrechte oder gesellschaftliche Stabilität** haben können. Ihre Regulierung ist zentral, da Fehler in diesen Bereichen nicht nur Einzelpersonen schaden, sondern auch das Vertrauen in Technologie und Institutionen untergraben könnten.

Die Klassifizierung als „Hochrisiko" erfolgt primär anhand des **Anwendungsbereichs** gemäß Anhang III[1] sowie der Funktion als **Sicherheitskomponente** in Produkten, die bestehenden EU-Rechtsvorschriften unterliegen (Anhang I), wie etwa der Maschinenrichtlinie oder der Medizinprodukteverordnung.

Definierte Hochrisiko-Bereiche und Funktionen

Konkret listet die EU in Anhang III der Verordnung die folgenden Kategorien von Hochrisiko-KI-Systemen:

- **Biometrische Systeme**
  KI zur Identifizierung oder Kategorisierung von Personen anhand biometrischer Merkmale wie Gesichtszüge, Stimme oder Emotionen (sofern nicht verboten): Diese Systeme könnten bei unzureichender Genauigkeit Privatsphäre verletzen oder Diskriminierung fördern – etwa durch fehlerhafte Gesichtserkennung in öffentlichen Räumen.

- **Kritische Infrastruktur**
  KI, die Sicherheitskomponenten in Bereichen wie Energieversorgung, Wasserwirtschaft oder Transport steuert: Ein Ausfall eines KI-gesteuerten Verkehrsmanagementsystems könnte Chaos oder Unfälle verursachen.

- **Bildung und Berufsausbildung**
  KI zur Bewertung von Bildungszugang, Prüfungsergebnissen oder Lernfortschritten: Ungenaue Algorithmen könnten Bildungschancen ungleich verteilen, etwa durch voreingenommene Notengebung.

- **Beschäftigung und Personalmanagement**

---

[1] Vgl. https://eur-lex.europa.eu/legal-content/DE/TXT/?uri=CELEX%3A32024R1689

KI für Recruiting, Mitarbeiterbewertung oder den Zugang zu selbststän-
diger Erwerbstätigkeit. Ein fehlerhaftes Recruiting-Tool könnte qualifizierte Bewerber aufgrund von Bias ausschließen.

- **Zugang zu wesentlichen Dienstleistungen**
  KI zur Bewertung von Kreditwürdigkeit, Sozialleistungen oder Versi-
  cherungsansprüchen: Fehler könnten finanzielle oder soziale Exklusion
  verursachen.

- **Strafverfolgung**
  KI für Risikoanalysen (z. B. Rückfallwahrscheinlichkeit) oder Beweismit-
  telprüfung: Ungenauigkeiten könnten zu unrechtmäßigen Verurteilun-
  gen oder Freiheitsentzug führen.

- **Migration, Asyl und Grenzverwaltung**
  KI für Visaentscheidungen, Asylprüfungen oder Grenzüberwachung:
  Fehlentscheidungen könnten Menschenrechte verletzen, etwa durch un-
  gerechtfertigte Abschiebungen.

- **Justizverwaltung und demokratische Prozesse**
  KI in der Rechtsprechung (z. B. Fallanalysen) oder zur Beeinflussung
  von Wahlen (z. B. Wählerprofilierung): Manipulationen könnten Gerechtigkeit oder Demokratie gefährden.

Zusätzlich fallen KI-Systeme unter die Hochrisiko-Kategorie, wenn sie **Sicherheitskomponenten** in regulierten Produkten wie Fahrzeugen (z. B. Notbrems-
systeme) oder medizinischen Geräten (z. B. Diagnose-KI) darstellen. Diese Vielfalt zeigt die Breite der potenziellen Risiken, die der EU AI Act adressiert.

Tipp 14 Prüfen Sie Ihren KI-Einsatz, um sicherzustellen, dass Sie Hochrisiko-
Systeme identifizieren und richtig behandeln.

Die Regulierung von Hochrisiko-KI-Systemen stützt sich im Wesentlichen auf
folgende Prinzipien:

Transparenz fördert Vertrauen und Kontrolle, **Rechenschaftspflicht**
klärt Verantwortung, **Sicherheit** schützt vor Manipulationen, **Fairness**
reduziert Diskriminierung durch repräsentative Daten. Eine **Menschen-
zentrierung** wahrt ethische Standards.

Anforderungen an KI-Systeme mit hohem Risiko

Der AI Act legt detaillierte Kernanforderungen fest, die Sicherheit, Fairness und Verantwortlichkeit gewährleisten sollen. Hierzu zählen unter anderem

- **Risiko- und Konformitätsbewertung**
  Vor Markteinführung müssen Anbieter eine umfassende Risikobewertung durchführen, die Diskriminierungsfreiheit, Robustheit gegen Manipulationen und Nachvollziehbarkeit prüft. Eine Konformitätsprüfung – oft durch unabhängige Organisationen – ist **obligatorisch und regelmäßig zu wiederholen.**

- **Transparenzpflichten**
  Systeme müssen so gestaltet sein, dass ihre Funktionsweise verständlich ist. Nutzer haben Anspruch auf Information über den KI-Einsatz (z. B. „Diese Entscheidung wurde durch KI unterstützt"). Im öffentlichen Sektor oder in sicherheitskritischen Bereichen sind grundlegende Algorithmen-Details offenzulegen, um Missbrauch oder Fehlinterpretationen zu vermeiden.

- **Technische Dokumentation und Protokollierung**
  Anbieter müssen umfassende Dokumentationen über Modellarchitektur, Trainingsdaten und Validierung führen, ergänzt durch fortlaufende Protokolle der KI-Entscheidungen. Diese Unterlagen sind mindestens zehn Jahre aufzubewahren und Behörden auf Anfrage zugänglich zu machen, um Audits zu erleichtern.

- **Menschliche Aufsicht**
  Hochrisiko-KI darf ohne menschliche Aufsicht keine kritischen Entscheidungen treffen. Menschliche Kontrollelemente sind zwingend, insbesondere in sensiblen Bereichen wie Justiz (z. B. Richter prüfen KI-Empfehlungen) oder Gesundheit (z. B. Ärzte validieren Diagnosen), um das Risiko unverhältnismäßiger oder fehlerhafter Outputs zu reduzieren.

- **Datenschutz und Cybersicherheit**
  Da viele Systeme personenbezogene Daten verarbeiten, gelten strenge Datenschutzvorgaben (z. B. DSGVO-Konformität). KI muss datenschutzfreundlich konzipiert sein, mit Schutzmechanismen wie Ver-

schlüsselung oder Anomalieerkennung gegen Cyberangriffe. Regelmäßige Sicherheitsüberprüfungen sind vorgeschrieben, um Schwachstellen zu identifizieren.

In dem Zusammenhang sind auch die **Kompetenzpflichten** (siehe 3.6) besonders hervorzuheben. Sie sollen sicherstellen, dass die betroffenen Unternehmen über entsprechend geschultes Personal verfügen.

Konformität und Mechanismen

Die Umsetzung der regulatorischen Anforderungen stellt Betreiber vor erheblichen Aufwand – insbesondere durch regelmäßige Überprüfungen, Datenmanagement und technische Absicherungen. Dabei sind insbesondere folgende zentrale Mechanismen zu berücksichtigen:

1. Registrierungspflicht in EU-Datenbank für Hochrisiko-KI

Ein wesentlicher Bestandteil des AI Acts ist die verpflichtende Registrierung von Hochrisiko-KI-Systemen in einer EU-weiten Datenbank (Artikel 49). Dies ermöglicht Nachverfolgbarkeit und öffentliche Kontrolle. Besonders sensible Anwendungen, wie KI-Systeme in der Strafverfolgung, werden in einer geschützten Form erfasst, um Datenschutz und Sicherheit zu gewährleisten.

2. EU-Konformitätserklärung: Dokumentierte Verantwortung

In Artikel 47 wird die Notwendigkeit von EU-Konformitätserklärungen geregelt: Anbieter von Hochrisiko-KI-Systemen sind verpflichtet, eine maschinenlesbare Erklärung bereitzustellen, die die Einhaltung aller regulatorischen Vorgaben bestätigt. Diese Erklärung muss präzise, nachvollziehbar und über zehn Jahre verfügbar bleiben. Sie muss bei wesentlichen Änderungen **aktualisiert** werden.

3. CE-Kennzeichnung: Sichtbares Zeichen der Qualität

Zusätzlich zur Konformitätserklärung signalisiert die CE-Kennzeichnung gemäß Artikel 48, dass ein Hochrisiko-KI-System den strengen Anforderungen des EU AI Act entspricht. Dieses aus anderen regulierten Produktbereichen bekannte Zeichen steht für Sicherheit und Zuverlässigkeit und dient als öffentlich sichtbares Qualitätsmerkmal.

4. Qualitäts- und Risikomanagement

Neben externen Kontrollmechanismen fordert der EU AI Act auch eine interne **Selbstüberwachung** der Anbieter. Nach Artikel 17 sind sie verpflichtet, ein

Qualitätsmanagementsystem (QMS) zu implementieren, das kontinuierlich Risikomanagement, Datenqualität und die Einhaltung der Konformitätsvorgaben überwacht. **Geschultes Personal** spielt hierbei eine zentrale Rolle, da die Komplexität der Systeme fundiertes Wissen erfordert.

5. Meldepflicht für schwerwiegende Vorfälle

Kommt es zu schwerwiegenden Vorfällen, greift die Meldepflicht nach Artikel 73. In solchen Fällen – etwa durch eine fehlerhafte KI, die kritische Entscheidungen beeinflusst – müssen die zuständigen nationalen **Behörden umgehend informiert** werden.

Durchsetzung und Fristen

Der AI Act soll präventiv und korrigierend wirken. Zur Durchsetzung der Vorschriften wurden umfassende Marktüberwachungsmechanismen etabliert. Nationale Aufsichtsbehörden, in Kooperation mit europäischen Institutionen, verfügen über weitreichende Befugnisse:

- **Bußgelder:** Verstöße gegen die Regulierungs-Bestimmungen von Hochrisiko-KI-Systemen können mit Strafen von bis zu 15 Millionen Euro oder 3 % des weltweiten Jahresumsatzes geahndet werden, je nachdem, welcher Betrag höher ist. (Artikel 71)

- **Produktverbote:** Nicht konforme Systeme können vom Markt genommen werden, etwa bei unzureichendem Datenschutz.

- **Verpflichtende Nachbesserungen:** Behörden können Änderungen an Systemen anordnen, z. B. zur Verbesserung der Robustheit.

- **Regelmäßige Audits:** Verpflichtende Prüfungen stellen sicher, dass Systeme auch nach Markteinführung konform bleiben.

Zudem müssen betroffene Unternehmen damit rechnen, dass etwaige Verstöße eine Öffentlichkeit erlangen und damit auch ein Reputationsrisiko darstellen.

Die allgemeine Frist zur vollständigen Konformität läuft bis zum **2. August 2026**, was angesichts der umfassenden Vorgaben ein rasches Handeln erfordert.

Tipp 15 Nutzen Sie die Übergangsfristen und beginnen Sie rechtzeitig mit der Planung und Implementierung ihrer Compliance-Maßnahmen.

3.4 KI-SYSTEME MIT BEGRENZTEM RISIKO

Systeme mit „begrenztem Risiko" – definiert in Artikel 52 – **beeinflussen Nutzer, ohne unmittelbare Gefahren** wie bei Hochrisiko-KI zu bergen. Dazu zählen Chatbots, die mit Kunden interagieren, oder generative KI, die Inhalte wie Texte oder Bilder schafft – Anwendungen, die alltäglich sind, aber Transparenz erfordern, um Täuschungen oder Missverständnisse zu verhindern.

Ziel bei der Regulierung von Systemen mit begrenztem Risiko ist es, Nutzern Klarheit über ihre Interaktionen mit KI zu geben – eine Schutzmaßnahme, die Vertrauen schaffen soll, ohne dabei Innovation übermäßig einzuschränken.

Der AI Act verpflichtet also zu **Transparenz**: Nutzer müssen darüber informiert werden, dass sie mit einem KI-System interagieren oder KI-Inhalte konsumieren.

Die Anforderungen sind somit deutlich weniger streng als bei Hochrisiko-Systemen, wo Dokumentation und Sicherheitsprüfungen vorgeschrieben sind. Dennoch verlangen auch sie mitunter Anpassungen – etwa in Benutzeroberflächen, Handbüchern oder Marketingmaterialien.

Tipp 16 Stellen Sie sicher, dass Ihre Chatbots und KI-generierten Inhalte mit klar erkennbaren Hinweisen versehen sind.

Anwendungsfälle und Beispiele

KI-Systeme mit begrenztem Risiko sind oft in Bereichen wie Marketing, Kundenservice oder Unterhaltung zu finden – Bereiche, in denen der Einfluss auf Nutzer spürbar, aber nicht kritisch ist. Typische Beispiele sind:

- Ein Sprachassistent, der Waren empfiehlt, muss als KI-System erkennbar sein, beispielsweise zu Beginn mit „Hallo, ich bin ein KI-Assistent".

- Mittels KI generierte Inhalte wie Social-Media-Posts sollte ebenfalls gekennzeichnet werden – etwa mit „Erstellt von KI".

- Auch Deepfakes – etwa manipulierte Videos – unterliegen dieser Pflicht: Sie müssen als künstlich markiert werden, um Desinformation zu vermeiden – ein Punkt, der in Kapitel 5 vertieft wird.

Vorsicht bei der Einstufung

Chatbots können in vielen praktischen Anwendungsfällen als KI-System mit begrenztem Risiko eingestuft werden – dies trifft aber nicht generell zu.

Werden Chatbots in sensiblen Bereichen eingesetzt, wo seine Entscheidungen oder Antworten erhebliche Auswirkungen auf Menschen haben könnten, können sie per Definition ein KI-System mit hohem Risiko darstellen.

> *Beispiel 31:* Ein Chatbot, welcher im Gesundheitsbereich dafür eingesetzt wird, um Patienten – basierend auf ihren geschilderten Symptomen – eine erste Diagnose zu stellen, ist als Hochrisiko-KI einzustufen. (siehe 3.3)

Bedeutung für Nutzer und Unternehmen

Unternehmen profitieren hier von klaren, leicht umsetzbaren Regeln, die Spielraum für neue Funktionen lassen, ohne komplexe Audits zu erzwingen.

Die Kennzeichnungspflicht (Artikel 52) sorgt dafür, dass Nutzer KI-Interaktionen einordnen können. Dies soll eine etwaige Irreführung verhindern und die Akzeptanz stärken.

> *Beispiel 32:* Ein Chatbot, der sich als Mensch ausgibt, verstößt gegen den AI Act.

Eine Kennzeichnung von KI-generierten Inhalten kann in unterschiedlicher Form erfolgen. Entscheidend ist, dass sie so gestaltet ist, dass ein durchschnittlicher Nutzer die **künstliche Natur erkennt und nicht getäuscht wird**:

> Bei Inhalten, die offensichtlich künstlich sind (z. B. ein KI-generiertes Cartoon-Bild), besteht keine Gefahr einer Täuschung. Bei einem KI-Chatbot könnte eine Bezeichnung „Bot" im Namen zwar implizit auf die künstliche Natur hinweisen – um etwaigen Missverständnissen von vornherein auszuschließen, empfiehlt sich jedoch zur Sicherheit immer ein expliziter Hinweis.

Tipp 17 Etablieren Sie in Ihren Teams klare Regeln, in welcher Form KI-Systeme und KI-generierte Inhalte gekennzeichnet werden.

3.5 KI-Systeme mit minimalem Risiko

Systeme mit minimalem Risiko umfassen KI-Anwendungen, die keine bedeutenden Auswirkungen auf Grundrechte oder Sicherheit haben – etwa KI in Videospielen, Spam-Filtern oder Empfehlungssystemen für Unterhaltung.

Diese Systeme bleiben angesichts ihrer minimalen Risiken weitgehend unreguliert – ein Ansatz, der auch den administrativen Aufwand minimieren und Innovation fördern soll, ohne die übergeordneten Schutzziele des AI Acts zu kompromittieren.

Die Abgrenzung ist klar: Während Hochrisiko-KI Leben beeinflussen kann, sind diese Anwendungen **weitestgehend harmlos** – ein Unterschied, der Flexibilität schafft.

Beispiele und Einsatzbereiche

Die betroffenen Anwendungen sind alltäglich und in vielen Branchen und Funktionen verbreitet – von der Büroorganisation bis hin zur Unterhaltung.

- Ein Empfehlungssystem, das Filme auf Streaming-Plattformen wie Netflix vorschlägt, ist ein klassisches Beispiel – es beeinflusst Entscheidungen, aber ohne schwerwiegende Konsequenzen.

- Ein Spam-Filter, der E-Mails sortiert, fällt ebenso darunter.

- KI in Spielen, die Gegner steuert, oder einfache Analyse-Tools – etwa Verkaufsprognosen ohne rechtliche Relevanz – komplettieren die Liste.

Tipp 18 Experimentieren Sie mit solchen Systemen frei, um Ihre Produkte zu verbessern, ohne regulatorische Hürden zu befürchten.

Vorteile und Chancen

Die geringe Regulierung fördert eine **innovationsfreundliche Kultur** und gibt Unternehmen hierbei große Flexibilität. Sie ermöglicht das schnelle Experimentieren mit neuen Geschäftsideen und erleichtert eine zügige Markteinführung. So können beispielsweise Prototypen ohne aufwendige Audits oder umfangreiche Dokumentationen entwickelt werden – etwa eine KI zur personalisierten Musikempfehlung. Dies spart sowohl Zeit als auch Kosten.

Freiwillige Standards und Abgrenzung

Obwohl KI-Systeme mit minimalem Risiko keinen regulatorischen Pflichten gemäß dem AI Act unterliegen, sollten Unternehmen die Schaffung und Einhaltung von freiwilligen ethischen Standards in Betracht ziehen. Solche Maßnahmen stärken die Wahrnehmung als verantwortungsbewusstes Unternehmen. Eine transparente Kommunikation fördert zudem das Vertrauen der Nutzer sowie die langfristige Akzeptanz innovativer Technologien.

Beachten Sie, wann die Grenze zwischen KI-Systemen mit vermeintlich minimalem Risiko und begrenztem Risiko überschritten wird:

> Ein System mit minimalem Risiko wird zu einem System mit begrenztem Risiko, wenn es mit Nutzern interagiert und deren Entscheidungen oder Wahrnehmungen beeinflussen könnte. In solchen Fällen greifen dann entsprechende Transparenzpflichten. (siehe 3.4)
>
> *Beispiel 33:* Ein Empfehlungssystem, das detaillierte psychologische Profile erstellt und damit Nutzerentscheidungen gezielt beeinflussen könnte, gilt potenziell sogar als Hochrisiko-KI.

Obwohl keine Pflichten bestehen, empfiehlt sich also ein bewusster Umgang:

- **Ethische Leitlinien**
  Vermeiden Sie potenziell irreführende Anwendungen – auch wenn diese Ihnen erlaubt scheinen.

- **Freiwillige Maßnahmen**
  Eine Kennzeichnung wie beispielsweise „KI-unterstützt" kann Vertrauen schaffen, ohne vorgeschrieben zu sein.

- **Überwachung**
  Prüfen Sie, ob der Einsatz des KI-Systems die Risikoklasse verändert. Eine interne KI zur Verarbeitung von Kundendaten könnte beispielsweise DSGVO-Pflichten auslösen.

Tipp 19 Erstellen Sie eine Übersicht Ihrer minimalen Risiko-Systeme und prüfen Sie regelmäßig, ob der Einsatz harmlos bleibt oder sensible Daten einbezieht.

3.6 KOMPETENZPFLICHTEN: WISSEN ALS VORAUSSETZUNG

Gemäß Artikel 4 des AI Acts sind Anbieter und Betreiber von KI-Systemen ausdrücklich dazu verpflichtet, Maßnahmen zu ergreifen, um nach besten Kräften sicherzustellen, dass ihr Personal und andere Personen, die in ihrem Auftrag mit dem Betrieb und der Nutzung von KI-Systemen befasst sind, über ein ausreichendes Maß an KI-Kompetenz verfügen.

Diese Regelung stellt eine Neuheit in der europäischen Digitalgesetzgebung dar, da sie erstmals explizit Wissen und Kompetenzen als **unverzichtbare Grundvoraussetzung** für den Umgang mit einer Technologie festlegt. Diese Kompetenzpflicht gilt unabhängig davon, ob es sich um Systeme mit unvertretbarem, hohem, begrenztem oder minimalem Risiko handelt.

Die Verpflichtung zum Aufbau entsprechender KI-Kompetenzen ist als spezifische Sorgfaltspflicht zu verstehen.[1] Unternehmen müssen proaktiv sicherstellen, dass ihre **Mitarbeiter** über die notwendigen Kenntnisse verfügen, um Risiken effektiv zu minimieren und gesetzliche Vorgaben einzuhalten. Dies gilt ebenso für **externe Akteure wie Freelancer**, die im Auftrag des Unternehmens mit dem Betrieb oder der Nutzung von KI-Systemen befasst sind.

Dabei sind nicht nur **technische Kenntnisse, Erfahrung, Ausbildung** und **Schulung** der einzelnen Anwender relevant. Auch der **Anwendungskontext** und die **Zielgruppe**, für die die KI-Systeme eingesetzt werden, müssen beim Aufbau von KI-Kompetenzen berücksichtigt werden.

Diese Regelung bedeutet somit, dass Unternehmen nicht nur Schulungen anbieten sollen, sondern auch sicherstellen müssen, **dass diese Schulungen tatsächlich zum Erwerb des notwendigen Wissens führen** und dieses Wissen in der Praxis angewandt wird. Unternehmen tragen somit eine aktive Verantwortung, die über rein formale Maßnahmen hinausgeht.

Die Begründung für diese Regelung ergibt sich aus der Praxis: Ohne ausreichendes Verständnis der Funktionsweise, möglicher Risiken und des rechtlichen Rahmens von KI können weder technische Sicherheitsanforderungen erfüllt noch ethische Standards zuverlässig eingehalten werden.

---

[1] Vgl. Staffler, „KI-Verordnung und Schulungspflicht nach Art. 4",
https://lukasstaffler.com/ki-verordnung-und-schulungspflicht-nach-art-4/

Beispiel 34: Ein Team, das eine KI für die Kreditvergabe einsetzt, könnte ohne ausreichende Kenntnisse über mögliche Bias-Risiken versehentlich diskriminierende Entscheidungen treffen – ein Risiko, das durch gezielte und effektive Schulungen verhindert würde.

Die Pflicht zum Aufbau von KI-Kompetenzen soll sicherstellen, dass Unternehmen nicht nur reagieren, sondern präventiv handeln, um Verstöße gegen den AI Act zu vermeiden und die Technologie verantwortungsvoll zu nutzen.

Anforderungen an verschiedene Rollen

Die Kompetenzpflicht als spezifische Sorgfaltspflicht ist nicht uniform, sondern **variiert je nach Rolle und Verantwortungsbereich** innerhalb eines Unternehmens. Dabei lassen sich mehrere Ebenen unterscheiden, die unterschiedliche Anforderungen an Wissen und Fähigkeiten stellen:

1. Grundlegendes Verständnis

Alle Mitarbeiter – vom Entwickler über Führungskräfte bis hin zu Endnutzern – müssen über grundlegende Kenntnisse zur KI verfügen. Dazu können beispielsweise zentrale Fragestellungen wie diese gehören:

- Wie funktioniert KI grundsätzlich?
- Welche Risiken sind mit ihrem Einsatz verbunden, beispielsweise Verzerrungen (Bias) oder Datenschutzprobleme?
- Welche rechtlichen Vorgaben gelten, insbesondere gemäß AI Act und DSGVO?

Ein Mitarbeiter im Marketing muss beispielsweise wissen, dass generativ erstellte KI-Texte laut Artikel 52 explizit gekennzeichnet werden müssen (siehe 3.4). Führungskräfte wiederum sollten mit den unterschiedlichen Risikoklassen von KI-Systemen vertraut sein, um fundierte Entscheidungen zu treffen.

2. Spezialisierte Kenntnisse

Besonders in sensiblen Bereichen, die Hochrisiko-Systeme umfassen – etwa Gesundheit, Justiz oder kritische Infrastruktur (siehe 3.3) – sind vertiefte Fachkenntnisse erforderlich. Dazu gehören technisches Wissen über Sicherheitsstandards, die Qualität von Datensätzen und Bias-Mitigation sowie detaillierte Kenntnisse der spezifischen Anforderungen des AI Acts.

Ein Arzt, der KI-gestützte Diagnosetools nutzt, muss beispielsweise deren Grenzen kennen, um Fehldiagnosen zu verhindern. Ein Entwickler muss zudem wissen, wie die Anforderungen an Datenrepräsentativität und Sicherheitsprüfungen gemäß Artikel 10 konkret umzusetzen sind.

3. Kontinuierliches Lernen

Aufgrund der rasanten Entwicklung von KI-Technologien – beispielsweise durch neue Modelle wie Transformer-Architekturen (siehe 2.7) – müssen Schulungen regelmäßig aktualisiert werden.

Ein Entwickler, der 2020 geschult wurde, könnte beispielsweise nicht mit aktuellen Technologien – und damit ihren Vorzügen und Risiken – vertraut sein. Solche Wissenslücken müssen durch fortlaufende Weiterbildung geschlossen werden.

Bedeutung für Unternehmen

Die Kompetenzpflicht gemäß Artikel 4 des AI Acts ist für Unternehmen von zentraler Bedeutung, da sie Compliance sicherstellt, die verantwortungsvolle Nutzung von KI-Technologien fördert und eine strategische Herangehensweise erfordert. Sie ermöglicht **präventives Risikomanagement**, indem kompetente Mitarbeiter Risiken wie potenzielle Diskriminierungen durch KI frühzeitig erkennen und beheben, bevor rechtliche oder reputationsschädigende Folgen eintreten.

Ein tiefes KI-Verständnis unterstützt zudem innovative, rechtskonforme Anwendungen – etwa durch Marketingteams, die generative KI gemäß Artikel 52 korrekt einsetzen und kennzeichnen – und schafft eine proaktive Unternehmenskultur mit langfristigen Wettbewerbsvorteilen.

Die praktische Umsetzung erfordert gezielte Schulungen, die Basiswissen für alle sowie vertiefende Inhalte wie „Bias-Erkennung in Hochrisiko-KI" oder „Datenschutzanforderungen in medizinischen Anwendungen" für spezialisierte Rollen umfassen.

Die **fortlaufende Weiterbildung** ist essenziell, um mit der rasanten technologischen Entwicklung Schritt zu halten.

Beispiel 35: Ein Gesundheitsbetrieb könnte die Pflicht zum Kompetenzaufbau umsetzen, indem alle Mitarbeiter einen Basiskurs absolvieren und Ärzte vertiefend in der Nutzung von Diagnose-KI geschult werden.

Unternehmen stehen vor mehreren Herausforderungen

Umfassende Schulungen können sich insbesondere für kleine und mittlere Unternehmen als finanziell herausfordernd erweisen. Zudem erfordern unterschiedliche Vorkenntnisse der Mitarbeitenden und unterschiedliche Einsatzgebiete von KI auch individuelle und kontextrelevante Ansätze. Die Geschwindigkeit der technologischen Entwicklungen erfordert zudem eine regelmäßige Anpassung und Durchführung von Schulungen. Auch die Nachweisdokumentation bedeutet zusätzlichen organisatorischen Aufwand.

Zur Bewältigung empfiehlt sich eine strategische Herangehensweise mit modularen, anpassbaren Schulungskonzepten, digitalen Lernplattformen oder internen Experten, um Kosten zu senken.

Klare Dokumentationsprozesse und Anreizsysteme wie Zertifikate oder Prämien fördern eine Kultur des lebenslangen Lernens und erleichtern die nachhaltige Erfüllung der Kompetenzpflicht.

In Kapitel 6 werden wir uns umfassend damit befassen, wie der Aufbau von KI-Kompetenzen im Unternehmen gelingen kann – und werfen auch einen Blick darauf, wie andere Unternehmen diese Anforderung konkret lösen.

Tipp 20 Beginnen Sie mit einem Basiskurs (z. B. „KI für Einsteiger") und erweitern Sie schrittweise um technische, rechtliche und ethische Inhalte.

3.7 DURCHSETZUNG UND SANKTIONEN

Der EU AI Act ist ein umfassendes Regelwerk, das rechtliche Anforderungen mit einem präzise definierten Zeitrahmen (siehe 3.8) sowie wirksamen Durchsetzungs- und Sanktionsmechanismen verknüpft.

Die Einhaltung der Vorschriften wird durch ein duales Überwachungssystem sichergestellt, das nationale und europäische Instanzen kombiniert.

Nationale und europäische Aufsicht

Auf nationaler Ebene werden bis spätestens 2. August 2025 Aufsichtsbehörden ernannt, die mit umfassenden Kompetenzen ausgestattet sind: Dazu zählen die Durchführung von **Prüfungen**, der Zugriff auf technische **Dokumentationen** und Systeme, die **Anordnung von Abhilfemaßnahmen** sowie die Möglichkeit, den Betrieb eines KI-Systems zu **untersagen**.

Auf europäischer Ebene übernimmt die Europäische Kommission die Koordination bei grenzüberschreitenden Angelegenheiten, unterstützt vom Europäischen KI-Gremium (Artikel 56). Dieses Gremium entwickelt einheitliche Standards, klärt Konflikte – beispielsweise divergierende Risikoeinstufungen zwischen Mitgliedstaaten – und repräsentiert die EU in internationalen Foren.

> *Beispiel 36:* Wird eine KI-gestützte Diagnosesoftware in Deutschland als hochriskant klassifiziert, in Österreich jedoch nicht, sorgt das KI-Board für eine europaweit abgestimmte Entscheidung, um Wettbewerbsverzerrungen zu vermeiden.

Eigenständige Nachmarktüberwachung und Meldepflicht

Der AI Act sieht für Anbieter von Hochrisiko-KI-Systemen die Durchführung einer **fortlaufenden Nachmarktüberwachung** (Post-Market Monitoring) vor. Diese verpflichtet dazu, potenzielle Abweichungen wie Sicherheitsmängel, Fehlfunktionen oder unerwartete Verhaltensweisen auch nach der Markteinführung eines KI-Systems zu identifizieren und zu beheben.

Bei schwerwiegenden Zwischenfällen – etwa Datenverlusten, diskriminierenden Ergebnissen oder Manipulationen – sind umgehend die zuständigen nationalen Behörden zu informieren (Artikel 73), ähnlich den **Meldepflichten** der Datenschutz-Grundverordnung (DSGVO).

Sanktionen

Der AI Act sieht ein differenziertes Sanktionssystem vor. Dieses wird in Artikel 99 geregelt und zielt auf Abschreckung und Verhältnismäßigkeit ab. Die Strafen staffeln sich nach Art des Verstoßes, der Unternehmensgröße und den verursachten Auswirkungen:

- **Verstöße gegen unannehmbare Risiken**
  Verstöße gegen Verbote gemäß Artikel 5 – etwa Einsatz von Social Scoring oder ungenehmigter Echtzeit-Biometrie – führen zu Bußgeldern von bis zu 35 Millionen Euro oder 7 % des weltweiten Jahresumsatzes, je nachdem, welcher Betrag höher ist.

- **Verstöße gegen Hochrisiko- und andere spezifische Pflichten**
  Die Nichteinhaltung von Anforderungen wie beispielsweise Risikomanagement, Dokumentation oder Sicherheitsmaßnahmen, wird mit bis zu 15 Millionen Euro oder 3 % des weltweiten Jahresumsatzes geahndet.

- **Falschinformationen gegenüber Behörden**
  Für den Fall, dass Unternehmen falsche, unvollständige oder irreführende Informationen gegenüber Behörden auf deren Auskunftsersuchen hin übermitteln, drohen Strafen von bis zu 7,5 Millionen Euro oder 1 % des weltweiten Umsatzes.

Die Höhe der Sanktionen richtet sich nach der **Schwere des Verstoßes** und wird von nationalen Aufsichtsbehörden durchgesetzt, die den AI Act umsetzen.

Darüber hinaus können Behörden den **Betrieb eines Systems stoppen** oder die **Marktzulassung widerrufen**.

In Konsequenz könnten etwaige Verstöße, etwa durch behördliche Berichte oder öffentliche Diskussion, einer breiten Öffentlichkeit bekannt werden und die Reputation eines Unternehmens durch mangelnde AI-Compliance schädigen.

Tipp 21 Überprüfen Sie Ihre KI-Systeme frühzeitig auf Konformität, um die gesetzlichen Anforderungen fristgerecht und sicher zu erfüllen.

3.8 ZEITPLAN UND FRISTEN

Der EU AI Act legt mit seinem in Artikel 85 definierten Zeitplan und dem Inkrafttreten gemäß Artikel 113 einen Fahrplan für die Regulierung von Künstlicher Intelligenz vor.

Die gestaffelten Fristen des EU AI Acts bieten eine klare Struktur, um die Herausforderungen der KI-Regulierung zu meistern – von sofortigen Verboten bis hin zu langfristigen Anpassungen. Betroffene Unternehmen, Organisationen und öffentliche Einrichtungen sollten diese Zeitfenster aktiv nutzen und frühzeitig mit der Umsetzung von Compliance-Maßnahmen beginnen.

1. August 2024
Inkrafttreten des AI Acts

Der AI Act trat am 1. August 2024 in Kraft, exakt 20 Tage nach seiner Veröffentlichung im Amtsblatt. Dieser Zeitpunkt markiert den Beginn der Übergangsperiode und den Ausgangspunkt für alle weiteren Fristen, wie in Artikel 85(1) ff. festgelegt.

2. Februar 2025
Verbot von KI mit unannehmbarem Risiko und Schulungspflichten für KI-Nutzer

---

Sechs Monate nach Inkrafttreten, am 2. Februar 2025, trat das Verbot von KI-Systemen mit unannehmbaren Risiken in Kraft.

Mit diesem Verbot gewinnt gleichzeitig auch die Pflicht für Anbieter und Betreiber von KI-Systemen, nach besten Kräften die KI-Kompetenz ihres Personals sicherzustellen, an praktischer Bedeutung (Artikel 4).

2. Mai 2025
Leitlinien für allgemeine KI-Systeme (General Purpose AI)

Neun Monate nach Inkrafttreten des EU AI Acts, sollen freiwillige Verhaltenskodizes für KI-Systeme mit allgemeinem Verwendungszweck (General Purpose AI), wie etwa generative Modelle, vorgelegt werden. Sie sollen Anbieter bei der Vorbereitung von Compliance-Maßnahmen hinsichtlich der ab 2. August 2025 durchsetzbaren Transparenzpflichten unterstützen.

2. August 2025
Verpflichtende Transparenz für allgemeine KI-Modelle (GPAI)

Zwölf Monate nach Inkrafttreten des AI Acts, am 2. August 2025, gelten die Transparenzanforderungen für Anbieter von KI-Modellen mit allgemeinem Verwendungszweck (Artikel 53). Anbieter müssen die Funktionsweise ihrer Modelle dokumentieren und offenlegen.

Gleichzeitig werden erste Sanktionsregelungen aktiviert und die nationalen Behörden der Mitgliedsstaaten beginnen mit der Durchsetzung.

2. August 2026
Vollständige Regulierung von Hochrisiko-KI-Systemen

Zwei Jahre nach Inkrafttreten müssen Anbieter von Hochrisiko-KI-Systemen die umfassenden Anforderungen des AI Acts erfüllen, darunter die Einrichtung von Risikomanagement- und Qualitätsmanagementsystemen, sowie eine detaillierte Dokumentation der Systeme und Prozesse (siehe 3.3).

2. August 2027
Übergangsfrist für bestehende allgemeine KI-Modelle

Drei Jahre nach Start müssen allgemeine KI-Modelle, die vor dem 2. August 2025 auf den Markt gebracht wurden, den Anforderungen des AI Acts entsprechen.

Diese Übergangsfrist soll Anbietern ausreichend Zeit geben, um bestehende Systeme – etwa ältere Sprachmodelle oder Bildgeneratoren – an die Transparenz- und Sicherheitsstandards anzupassen, ohne zuvor ihren Betrieb einstellen zu müssen.

2. August 2030
Anpassungsfrist für öffentliche und EU-weite Systeme

Sechs Jahre nach Inkrafttreten, am 2. August 2030, endet die Übergangsfrist für hochriskante KI-Systeme, die vor dem 2. August 2026 von öffentlichen Stellen oder in großen EU-Systemen (z. B. Schengener Informationssystem) eingesetzt wurden.

Tipp 22   Erstellen Sie eine Roadmap für die genannten Fristen und etablieren Sie ein systematisches Monitoring mit regelmäßigen internen Audits.

Der europäische AI Act ist ein EU-Gesetz mit Auswirkungen, die weit über den Binnenmarkt hinausgehen. Er betrifft globale Unternehmen, die mit europäischen Partnern zusammenarbeiten, ihre Produkte in der EU anbieten oder deren Ergebnisse dort genutzt werden. Diese extraterritoriale Reichweite prägt internationale Standards und stellt Firmen weltweit vor neue Herausforderungen.

Der Geltungsbereich des AI Act wird in Artikel 2 definiert:

- **EU-interne Akteure:** Entwickler, Anbieter und Nutzer von KI-Systemen innerhalb der EU – ob Start-ups oder Großkonzerne – unterliegen dem AI Act.

- **Drittstaaten-Anbieter:** Firmen außerhalb der EU, die KI-Systeme auf dem europäischen Markt bereitstellen oder deren Ergebnisse dort verwendet werden, müssen ebenfalls die Vorgaben einhalten. Beispielsweise unterliegt ein japanischer Entwickler einer Gesichtserkennungs-KI, die für europäische Kunden bestimmt ist, den Hochrisiko-Anforderungen (Artikel 6–15). Ebenso muss ein US-Anbieter einer generativen KI, die Texte für die EU produziert, die Transparenzpflichten erfüllen.

Wie bereits bei der DSGVO könnte der AI Act einen „Brüssel-Effekt" hervorrufen: Internationale Unternehmen passen ihre Systeme an EU-Standards an, um den Zugang zum bedeutenden europäischen Markt mit etwa 450 Millionen Verbrauchern nicht zu verlieren.

Vergleich mit internationalen Ansätzen

Die EU positioniert sich mit dem AI Act als globaler Vorreiter eines verbindlichen, risikobasierten Regulierungsrahmens, der globale Maßstäbe setzen könnte. In vielen Ländern der Welt entwickeln sich aktuell unterschiedliche Ansätze:

- **USA:** Der Schwerpunkt liegt auf Flexibilität und Innovation. Das freiwillige NIST AI Risk Management Framework (2023) enthält keine rechtliche Bindung, was zwar schnelle Entwicklung fördert, jedoch oft zu mangelndem Schutz von Grundrechten und regulatorischer Uneinheitlichkeit zwischen Bundesstaaten führt.

- **China:** Staatlich kontrollierte KI priorisiert technologische Entwicklung und Sicherheit über individuelle Rechte. Die „Interim Measures for Generative AI" (2023) erlauben zum Beispiel Überwachungspraktiken, die der AI Act explizit verbietet (Artikel 5).

- **Andere Länder:** Kanada entwickelt einen risikobasierten Ansatz – ähnlich dem europäischen AI Act. Großbritannien und Australien bevorzugen sektorspezifische Regelungen, beispielsweise für Finanzwesen und Gesundheit. Singapur verfolgt eine Politik der minimalen Regulierung, um die KI-Entwicklung zu beschleunigen. Japan setzt auf freiwillige, ethische Leitlinien ohne rechtlichen Zwang.

Praktische Auswirkungen

Die internationale Dimension des AI Acts bringt erhebliche praktische Konsequenzen für Unternehmen weltweit mit sich, insbesondere in den Bereichen Marktzugang, Datennutzung und Wettbewerbsposition:

- **Marktzugang**
  Nicht-EU-Anbieter müssen ihre Systeme erheblich anpassen, um auf dem europäischen Markt bleiben zu können. Insbesondere Hochrisiko-KI-Systeme, beispielsweise im Gesundheitswesen, erfordern umfangreiche Maßnahmen wie Dokumentation, Sicherheitsprüfungen und Qualitätssicherung (Artikel 8–15). Ohne diese Anpassungen droht ein Ausschluss vom europäischen Markt.

- **Datentransfer**
  KI-Systeme, die personenbezogene Daten aus der EU verarbeiten, unterliegen zusätzlich der DSGVO. Anbieter müssen daher robuste Datenschutzmaßnahmen wie Verschlüsselung und Privacy-by-Design-Prinzipien implementieren. Insbesondere Anbieter cloud-basierter Lösungen stehen vor zusätzlichen Herausforderungen durch grenzüberschreitende Datenverarbeitung.

- **Wettbewerbsvorteil**
  EU-Unternehmen könnten durch frühzeitige Anpassung an die strengen AI Act-Standards internationale Wettbewerbsvorteile erzielen. Ihre KI-Systeme könnten weltweit als besonders sicher und ethisch wahrgenommen werden, also wie eine Art Qualitätslabel wirken. Wettbewerber ohne AI-Act-Konformität riskieren hingegen den Verlust von Marktanteilen.

Herausforderungen und Lösungsansätze

Die internationale Wirkung des AI Acts bringt weltweit Herausforderungen mit sich, etwa regulatorische Vielfalt, finanzielle Belastungen und begrenzte Kapazitäten. Strategische Maßnahmen können diese Hürden überwinden:

- **Regulatorische Vielfalt**

  Unterschiedliche nationale Regelungen erschweren die Entwicklung einheitlicher KI-Systeme. Eine Lösung könnte eine detaillierte Matrix sein, die regulatorische Anforderungen wichtiger Märkte (EU, USA, Asien) abgleicht.

  Unternehmen könnten modulare KI-Systeme entwickeln, deren Funktionen je nach Region aktiviert oder deaktiviert werden können.

- **Finanzielle Belastung**

  Insbesondere kleinere Unternehmen könnten durch Anforderungen wie Dokumentation und Sicherheitsprüfungen finanziell überfordert sein.

  Kooperationen mit EU-Partnern durch Joint Ventures oder Beratungsverträge können dabei helfen, Compliance-Kosten zu senken und technisches Know-how effektiv zu nutzen.

- **Begrenzte Kapazitäten**

  Unternehmen mit begrenzten Ressourcen könnten Schwierigkeiten haben, die komplexen Anforderungen zu erfüllen.

  Eine Möglichkeit wäre, in einem EU-Testmarkt mit starker behördlicher Unterstützung Pilotprojekte durchzuführen, Erfahrungen zu sammeln und Kapazitäten durch lokale Experten und Schulungen aufzubauen.

Diese strategischen Maßnahmen ermöglichen es Unternehmen, die Anforderungen des AI Acts erfolgreich umzusetzen, den Zugang zum EU-Markt zu sichern und ihre Position im global regulierten Umfeld zu stärken.

Tipp 23 Klären Sie in einer individuellen Rechtsberatung, wo und in welchem Umfang Ihre KI-Systeme eingesetzt werden dürfen.

---

4 RECHTLICHE RAHMENBEDINGUNGEN

Künstliche Intelligenz bietet Ihrem Unternehmen enorme Chancen – doch haben Sie auch die rechtlichen Fallstricke im Blick? Stellen Sie sich einmal vor, Ihre KI trifft eine Fehlentscheidung: Wer haftet dann dafür? Oder wissen Sie genau, wie Sie sensible Kundendaten schützen müssen, wenn KI-Systeme sie in Sekundenschnelle analysieren?

In diesem Kapitel begleite ich Sie **über den AI Act hinaus** durch die komplexe Landschaft an rechtlichen Rahmenbedingungen, welche Sie für Ihren Einsatz von KI kennen sollten. Gemeinsam widmen wir uns zentralen Fragen wie:

- Welche **Datenschutzregeln** gelten speziell für KI?
- Was müssen Sie beachten, um **Haftungsrisiken** zu minimieren?
- Und welche **urheberrechtlichen Aspekte** sollten Sie kennen, wenn KI eigenständig kreative Inhalte generiert?

Mein Ziel ist es, Sie nicht mit abstrakten Vorschriften zu langweilen, sondern Ihnen einen grundlegenden Überblick zu geben, worauf Sie neben den Vorschriften des AI Acts noch besonders achten müssen. Dafür gebe ich Ihnen auch auf den nachfolgenden Abschnitten wieder zahlreiche Beispiele zur Hand. Denn nur, wer die wichtigsten rechtlichen Anforderungen und Stolpersteine kennt, kann die wirtschaftlichen Potenziale der KI voll ausschöpfen.

Sind Sie bereit, die rechtlichen Herausforderungen in Chancen zu verwandeln? Dann lassen Sie uns gemeinsam starten und dafür sorgen, dass Ihr KI-Einsatz nicht nur innovativ, sondern auch rechtssicher ist!

Tipp 24 Ziehen Sie bereits vor Planung und Umsetzung einen Rechtsberater hinzu, um die notwendigen Maßnahmen individuell abzustimmen und dabei auch aktuelle Entwicklungen zu berücksichtigen.

Wenn Sie Künstliche Intelligenz in Ihrem Unternehmen einsetzen, nutzen Sie große Datenmengen, um Prozesse zu verbessern und Wettbewerbsvorteile zu sichern. Oft stecken darin personenbezogene Informationen – von Kunden, Mitarbeitern oder Geschäftspartnern.

Diese Daten sind der Treibstoff Ihrer KI, bringen aber auch eine große Verantwortung mit sich. Sie müssen die Vorgaben der **Datenschutz-Grundverordnung (DSGVO)** und des AI Acts einhalten. Beide schützen die Privatsphäre und Rechte der Betroffenen. Verstöße können hohe Bußgelder und den Verlust von Vertrauen nach sich ziehen – eine sorgfältige Umsetzung ist daher ein Muss.

Ihr rechtlicher Rahmen: Die Grundlagen im Griff

Die DSGVO definiert personenbezogene Daten als alle Informationen, die eine identifizierte oder identifizierbare natürliche Person beziehen – etwa Namen, E-Mail-Adressen oder Verhaltensmuster (Artikel 4(1)). Sie legt fest, wie Sie diese Daten verarbeiten dürfen.

Der AI Act stellt zusätzliche Anforderungen an KI-Systeme, die mit der DSGVO Hand in Hand gehen – besonders bei „Hochrisiko"-Anwendungen wie Personalrekrutierung oder Gesundheitswesen.

Hier sind die zentralen Prinzipien, die Sie kennen und umsetzen sollten:

- **Rechtmäßigkeit**
  Jede Datenverarbeitung braucht eine gesetzliche Basis. Sie dürfen Bewerberdaten mit KI nur dann analysieren, wenn die Kandidaten zustimmen oder wenn es für einen Arbeitsvertrag nötig ist (Artikel 6(1)(a) und (b) DSGVO). Ohne solche Grundlage handeln Sie unrechtmäßig – prüfen Sie also vor jedem Projekt, worauf Sie sich stützen können.

- **Datenminimierung**
  Verwenden Sie nur die Daten, die Sie wirklich brauchen (Artikel 5(1)(c) DSGVO). Für Umsatzprognosen reichen oft anonymisierte Verkaufsdaten – detaillierte Kundenprofile mit Alter oder Adresse sind meist überflüssig und erhöhen Ihr Risiko. Weniger Daten können Ihr Risiko reduzieren.

- **Transparenz**

  Ihre Kunden, Mitarbeiter oder Partner haben ein Recht darauf, zu erfahren, ob und wie ihre Daten mit KI verarbeitet werden (Artikel 13-14 DSGVO und Artikel 13 AI Act). Informieren Sie entsprechend klar – etwa mit „Wir nutzen KI, um Ihre Erfahrung zu optimieren" in Ihrer Datenschutzerklärung.

- **Datenqualität**

  Die DSGVO verlangt korrekte und zweckgebundene Daten (Artikel 5). Der AI Act fordert bei Hochrisiko-KI Trainingsdaten, die vollständig und repräsentativ sind, um Verzerrungen oder Diskriminierung zu vermeiden (Artikel 10).

  Beispiel 37: Bei einer Kredit-KI müssen die Daten z. B. verschiedene Personengruppen abbilden, damit niemand benachteiligt wird.

Die Rechte Ihrer Betroffenen: Pflicht und Möglichkeit zugleich

Ihre Kunden, Mitarbeiter und Partner – die Betroffenen – haben laut DSGVO Rechte, die Sie einhalten müssen, auch wenn das Ihre KI technisch herausfordert. Diese Pflichten sind auch eine Chance, Verantwortung zu zeigen.

Hier sind die wichtigsten Punkte und wie Sie sie meistern:

1. **Auskunfts- und Löschungsrechte**

   Betroffene haben das Recht zu erfahren, welche Daten Sie über sie gespeichert haben (Artikel 15 DSGVO) und können deren Löschung verlangen (Artikel 17). Und das stellt mitunter eine größere Herausforderung dar:

   Ein trainiertes KI-Modell kann einzelne Datensätze in der Regel nicht einfach „vergessen" (Machine Unlearning). Gleichzeitig könnten etwaige Veränderungen am trainierten Modell seine Genauigkeit beeinträchtigen – was wiederum in Konflikt mit den Datenvorgaben des AI Acts geraten kann.

Tipp 25 Speichern Sie Daten so, dass sie bei Bedarf getrennt werden können, z. B. durch segmentierte Datenbanken.

2. Erklärbarkeit

Wenn Ihre KI folgenreiche Entscheidungen trifft, müssen Sie erklären können, wie sie zustande kommen (Artikel 22 DSGVO). Viele KI-Systeme, etwa Deep Learning, sind jedoch schwer nachvollziehbar – eine „Black Box".

Tipp 26 Explainable AI (XAI) und Reasoning-Modelle (siehe 9.3), helfen intern dabei, wichtige Faktoren aufzuzeigen. Machen Sie automatisierte Entscheidungen auch für Betroffene transparent, z. B. „Ihr Kredit wurde abgelehnt wegen niedriger Einkommensdaten."

3. Zweckbindung

Daten dürfen nur für den ursprünglichen Zweck genutzt werden (Artikel 5(1)(b) DSGVO). Haben Sie Kundendaten für Bestellungen erhoben, können Sie sie nicht ohne neue Zustimmung für KI-Marketing nutzen. Planen Sie Ihre Zwecke genau und holen Sie bei Änderungen Einwilligungen ein.

Diese Rechte sind technisch anspruchsvoll, aber auch eine Gelegenheit: Eine klare Antwort auf eine Datenanfrage zeigt Kompetenz und baut Vertrauen auf.

Tipp 27 Führen Sie eine DPIA (Data Protection Impact Assessment / Datenschutz-Folgenabschätzung) für jede KI-Anwendung mit personenbezogenen Daten durch.

Ihr praktischer Fahrplan: Datenschutz sicher umsetzen

Wie bringen Sie das alles unter einen Hut? Hier ist Ihr Plan, um Datenschutz und KI-Nutzung zu vereinen und Ihre Ziele zu erreichen:

1. Rechtsgrundlage klären

Starten Sie jedes KI-Projekt mit einer klaren Basis. Holen Sie Einwilligungen – z. B. „Ich stimme der KI-Analyse meiner Daten zu" – oder prüfen Sie, ob ein Vertrag (Artikel 6(1)(b)) oder ein berechtigtes Interesse wie Betrugsprävention (Artikel 6(1)(f)) vorliegt.

Tipp 28 Dokumentieren Sie die Zustimmung der betroffenen Personen sehr sorgfältig, damit Sie diese auch jederzeit belegen können.

2. **Daten reduzieren**

   Nutzen Sie nur das Nötigste. Für Prognosen reichen oft anonymisierte Daten – also wirklich nicht identifizierbar – statt persönlicher Profile. Fragen Sie sich immer: „Brauche ich diesen Datensatz tatsächlich?"

3. **Transparenz schaffen**

   Kommunizieren Sie klar, wie Sie KI einsetzen – etwa „Unsere Empfehlungen kommen von KI-Analysen Ihrer Einkäufe" – in Ihrer Datenschutzerklärung oder bei der Datenerhebung. Machen Sie diese Informationen verständlich und einfach auffindbar, z. B. auf Ihrer Website.

4. **Datenqualität sichern**

   Prüfen Sie Ihre Trainingsdaten auf Vielfalt und Vollständigkeit. Bei einer Personal-KI sollten diese Daten verschiedene Geschlechter, Altersgruppen und Hintergründe abdecken. Nutzen Sie Analysen oder Audits, um Fehler früh zu erkennen.

5. **Rechte ermöglichen**

   Richten Sie Prozesse für Auskunfts- und Löschungsanfragen ein, z. B. eine Datenbank, die einzelne Datensätze isolieren kann. Für Erklärbarkeit setzen Sie auf XAI-Tools (siehe 9.3), die zeigen, warum welche Entscheidungen getroffen wurden.

   Beispiel 38: Ein Krankenhaus pseudonymisiert Patientendaten – ersetzt also Namen durch Codes – bevor sie in eine Diagnose-KI fließen und dokumentiert jeden Schritt. Das schützt die Privatsphäre und unterstützt die Einhaltung von DSGVO und AI Act.

Mit diesen Schritten schützen Sie Daten und Ihr Unternehmen gleichermaßen. Sie vermeiden Bußgelder, stärken das Vertrauen Ihrer Kunden und positionieren sich als verantwortungsvoll. Stellen Sie sich vor, ein Kunde lobt Ihre schnelle, klare Antwort auf eine Datenanfrage – das ist der Ruf, den Sie wollen.

Mit diesem Ansatz nutzen Sie KI effizient und verantwortungsvoll – zum Vorteil Ihres Unternehmens und Ihrer Stakeholder.

Tipp 29 Lassen Sie von Experten individuell und kontextbezogen prüfen, wie Sie Transparenz und Schutz Ihrer Geheimnisse vereinen.

4.2 URHEBERRECHT UND GEISTIGES EIGENTUM

Wenn Sie Künstliche Intelligenz in Ihrem Unternehmen nutzen, betreten Sie ein spannendes, aber rechtlich kniffliges Feld: das Urheberrecht und geistiges Eigentum (IP bzw. Intellectual Property). Generative KI-Systeme können Texte, Bilder oder Musik erschaffen, die oft täuschend echt wirken (siehe Kapitel 8).

Doch wer besitzt die Rechte an diesen Inhalten? Und was passiert, wenn Ihre KI mit geschütztem Material trainiert wurde?

Diese Fragen sind nicht nur theoretisch. Sie können Ihre Geschäftsstrategie direkt beeinflussen, indem sie rechtliche Risiken oder Wettbewerbsnachteile mit sich bringen.

Schutzfähigkeit Ihrer KI-generierten Inhalte

Stellen Sie sich vor, Ihre KI erstellt ein Werbeplakat für Ihre nächste Kampagne – ein kreatives Werk, das aus einer einfachen Textanweisung entsteht. Können Sie dieses Plakat rechtlich schützen?

In der Europäischen Union gilt nach der Rechtsprechung zur **InfoSoc-Richtlinie** (2001/29/EG), dass nur „persönliche geistige Schöpfungen" urheberrechtlichen Schutz genießen. Nationale Gesetze wie § 2 UrhG in Deutschland oder § 1 UrhG in Österreich verlangen ebenfalls eine „eigene geistige Schöpfung". Der urheberrechtliche Schutz setzt also eine **menschliche Kreativität** voraus.[1]

> *Beispiel 39:* Ein menschliches Gemälde oder Gedicht ist geschützt. Bei KI-generierten Werken ist die Lage jedoch unklar. Ein KI-generiertes Logo könnte möglicherweise ungeschützt bleiben.

Die EU-Kommission hat im Whitepaper zur Künstlichen Intelligenz[2] darauf hingewiesen, dass KI-Werke diesen Anforderungen möglicherweise nicht entsprechen, da ihnen eine menschliche Handschrift fehlt. Doch das Whitepaper ist kein Gesetz, sondern diente in der Vergangenheit lediglich als Diskussionsgrundlage.

Bisher gibt es in der EU keine einheitliche Rechtsprechung dazu, ob rein KI-generierte Inhalte geschützt werden können. Das bedeutet für Sie: Wenn Sie KI

---

[1] Siehe auch Infopaq (C-5/08, 2009) und Painer (C-145/10, 2011)
[2] Vgl. EU-Kommission, 2020, "White Paper on AI", https://commission.europa.eu/document/d2ec4039-c5be-423a-81ef-b9e44e79825b_de

für Marketing, Design oder Produktentwicklung einsetzen, könnten diese Werke **möglicherweise rechtlich ungeschützt** bleiben. Ihre Konkurrenten könnten sie kopieren, ohne dass Sie sich wehren können – ein Risiko für Ihre Investitionen in KI-Technologie.

Die Rechtslage entwickelt sich weiter und zukünftige Gerichtsentscheidungen könnten Klarheit schaffen. Bis dahin bewegen Sie sich auf unsicherem Terrain und sollten Ihre Strategie entsprechend ausrichten.

Trainingsdaten als Risiko: Woher kommen Ihre Daten?

Ein möglicherweise größeres Risiko liegt in den Daten, mit denen Ihre KI trainiert wird. Viele generative Modelle wurden mit riesigen Datensätzen gefüttert – Bücher, Artikel, Fotos oder Musik – deren Nutzung nicht immer rechtlich geklärt ist. Solche Datensätze sind weit verbreitet und werfen Fragen nach Recht und Ethik auf. Wenn Ihre KI nun Inhalte erzeugt, die einem bestehenden Werk ähneln – etwa einem Textabschnitt oder einem Bild – könnten die ursprünglichen Rechteinhaber versuchen, Ansprüche geltend zu machen.

In der EU schützt Artikel 3 der **InfoSoc-Richtlinie** das Vervielfältigungsrecht (§ 16 UrhG in Deutschland bzw. § 14 UrhG in Österreich). Eine ungenehmigte Nutzung geschützter Werke für Trainingsdaten könnte demnach eine Verletzung darstellen.

Es gibt jedoch eine Ausnahme: Die DSM-Richtlinie (2019/790, Artikel 4) erlaubt Text- und Data- (TDM) für Forschungszwecke oder wenn Rechteinhaber nicht ausdrücklich widersprechen (Opt-out). Ob diese Regelung auch für kommerzielle KI-Trainingsszenarien hält, ist rechtlich unsicher und hängt vom Einzelfall ab. In den USA haben Autoren Klagen erhoben, weil ihre Werke ohne Zustimmung verwendet wurden – ähnliche Streitigkeiten könnten in der EU folgen.

Selbst wenn Ihre KI nicht direkt kopiert, sondern nur Muster aus den Daten übernimmt, bleibt die **Rechtslage offen**: Manche Experten sehen darin eine unzulässige Bearbeitung (§ 23 UrhG DE), andere halten es für unbedenklich. Gerichte haben hierzu noch keine klare Linie gezogen.

Für Sie heißt das: Selbst kleine Ähnlichkeiten könnten Sie in kostspielige Rechtsstreitigkeiten verwickeln – mit potenziellen finanziellen und imageschädigenden Folgen. Ihr sicherster Weg ist, die Herkunft Ihrer Trainingsdaten genau zu prüfen und bei Zweifel rechtlichen Rat einzuholen.

Ihre eigenen KI-Entwicklungen schützen: Innovationen sichern

Neben KI-generierten Inhalten sollten Sie auch Ihre eigenen KI-Entwicklungen schützen – etwa Algorithmen, Modelle oder Trainingsdaten, die Ihr Unternehmen einzigartig machen. Diese können als **Geschäftsgeheimnisse** gelten, geschützt durch die EU-Richtlinie 2016/943 (vgl. GeschGehG für nationale Umsetzung). Wenn Ihre KI beispielsweise Produktionsprozesse optimiert, können Sie diese Innovation schützen und so Ihren Wettbewerbsvorteil bewahren.

Doch der AI Act stellt eine Herausforderung dar: Für Hochrisiko-Systeme – etwa in sicherheitskritischen Bereichen – verlangt die KI-Verordnung Transparenz über Datenquellen und Funktionsweise (siehe 3.3). Das bedeutet, dass Sie Details Ihrer KI offenlegen müssen, die Wettbewerber nutzen könnten.

Hier stehen Sie vor einem Dilemma: Sie müssen regulatorische Pflichten erfüllen, ohne Ihre Geschäftsgeheimnisse zu gefährden.

Tipp 30 Nur eine individuelle rechtliche Prüfung kann dabei helfen, diesen Balanceakt zu meistern.

Internationale Unterschiede

Wenn Sie global agieren, wird es noch komplexer: In den USA hat das Copyright Office entschieden, dass rein KI-generierte Werke nicht urheberrechtlich geschützt werden können, da sie keine menschliche Autorenschaft aufweisen.

Die Patentfähigkeit von KI-Erfindungen wird diskutiert, betrifft aber nicht kreative Inhalte. In der EU bleibt die Schutzfähigkeit offen. Diese Unterschiede können Ihre globale IP-Strategie beeinflussen und erfordern genaue Planung.

Ihre Strategie: Risiken managen, Chancen nutzen

Wie sichern Sie Ihre KI-Nutzung rechtlich ab? Hier sind praktische Schritte, die Sie direkt umsetzen können:

1. **Trainingsdaten sorgfältig wählen**
    Nutzen Sie nur Daten, deren Herkunft klar ist und die Sie rechtlich verwenden dürfen – etwa lizenzierte Inhalte oder gemeinfreie Werke (z. B. Creative Commons). Wenn Sie beispielsweise ein Medienunternehmen betreiben, haben Sie vielleicht die Möglichkeit, Ihre KI mit eigenen Fotos zu trainieren, um Risiken zu minimieren.

2. **Verträge mit Anbietern prüfen**

   Wenn Sie KI-Tools von Dritten beziehen, stellen Sie sicher, dass die Verträge Haftungsfragen klären – etwa durch eine Klausel, wonach der Anbieter die Verantwortung für Urheberrechtsverletzungen durch Trainingsdaten übernimmt. Lassen Sie solche Vereinbarungen vorab rechtlich prüfen, damit diese im Falle auch durchsetzbar sind.

3. **KI-Inhalte kennzeichnen**

   Versehen Sie KI-generierte Werke mit einem Hinweis wie „Dieses Werk wurde von einer KI erstellt und beansprucht keinen urheberrechtlichen Schutz". Das schafft Transparenz und reduziert Streitpotenzial, falls die Schutzfähigkeit strittig ist.

4. **Geschäftsgeheimnisse schützen**

   Legen Sie interne Schutzmaßnahmen fest – etwa Zugriffsbeschränkungen für sensible Algorithmen – und dokumentieren Sie diese. So können Sie im Zweifel beweisen, dass Sie Ihre Innovationen aktiv sichern.

Ihr Weg nach vorn: Sicherheit und Innovation vereinen

Das Thema KI und geistiges Eigentum bleibt dynamisch: Die Rechtslage entwickelt sich mit jedem technologischen Fortschritt und jeder gerichtlichen Entscheidung weiter.

Für Sie bedeutet das: Bleiben Sie wachsam und handeln Sie vorausschauend. Durch eine klare Datenherkunft, transparente Kennzeichnung und solide vertragliche Absicherung minimieren Sie Ihre Risiken und schützen gleichzeitig Ihre Wettbewerbsfähigkeit.

Stellen Sie sich vor, Ihre KI entwickelt ein einzigartiges Design, das Ihre Marke prägt – mit gezielten Schutzmaßnahmen sichern Sie diesen Vorteil, ohne rechtliche Unsicherheiten zu riskieren.

Tipp 31 Arbeiten Sie mit einem spezialisierten Rechtsberater zusammen, der Ihre Situation genau kennt. Passen Sie Ihre Strategie regelmäßig an, um KI sicher, rechtskonform und im Einklang mit Ihren wirtschaftlichen Zielen optimal zu nutzen.

Wenn Sie Künstliche Intelligenz in Ihrem Unternehmen einsetzen, beispielsweise für autonomes Fahren, medizinische Diagnosen oder Personalentscheidungen, stellt sich eine zentrale Frage:

Wer trägt die Verantwortung, wenn etwas schiefgeht?

Das geltende Recht in der EU ist primär auf menschliches Handeln ausgelegt. Doch KI-Systeme treffen Entscheidungen, die sich nicht immer eindeutig einer Person zuordnen lassen. Das schafft Unsicherheit und verlangt von Ihnen, sich gut vorzubereiten.

Der europäische AI Act legt technische Standards und Anforderungen für KI-Systeme fest, etwa zur Sicherheit und Transparenz. Haftungsfragen regelt er jedoch nicht direkt. Diese bleiben weitgehend den nationalen Gesetzen der EU-Mitgliedstaaten überlassen.

Ein Vorschlag der EU-Kommission, die KI-Haftungsrichtlinie bzw. **AI Liability Directive (ALD)**, sollte ursprünglich Klarheit schaffen. Sie sah eine einheitliche Haftungsregelung für KI-Schäden vor, wurde jedoch zurückgezogen. Damit fehlt ein EU-weiter Rahmen und Sie müssen sich auf bestehende nationale Vorschriften stützen – mit all ihren aktuell bestehenden Lücken und Unsicherheiten.

Die „Black Box"-Problematik: Wer ist verantwortlich?

Viele KI-Systeme funktionieren wie eine „Black Box": Ihre Entscheidungen basieren auf komplexen Prozessen, die selbst Experten oft nicht vollständig nachvollziehen können (siehe 2.6).

Stellen Sie sich vor, eine KI im Krankenhaus empfiehlt eine falsche Behandlung, die einem Patienten schadet. Wer haftet?

- Der Arzt, der auf die KI vertraut hat?
- Der Entwickler, der das System programmiert hat?
- Oder Sie als Betreiber, der es eingesetzt hat?

In der Praxis kann die Antwort zunächst unklar sein. Die Ursache – menschlicher Fehler oder KI-Logik – ist oft nur schwer zu beweisen.

In Deutschland greift § 823 BGB: Wer fahrlässig oder vorsätzlich Schaden verursacht, haftet. In Österreich gilt § 1295 ABGB mit ähnlichen Grundsätzen.

Doch bei KI ist der Nachweis von **Fahrlässigkeit oder Kausalität** oft eine Herausforderung: War es ein Bedienfehler, ein Programmierfehler oder liegt es an den undurchsichtigen Lernmechanismen der KI? Fehlen klare Beweise, so erschwert dies auch eine klare Verantwortungszuweisung.

KI-Haftungsrichtlinie: Was der Rückzug bedeutet

Die von der EU-Kommission 2022 vorgeschlagene AI Liability Directive (ALD) sollte die Haftung für Schäden durch KI-Systeme harmonisieren. Sie zielte darauf ab, die verschuldensbasierte Haftung zu erleichtern. Geschädigte hätten durch Beweiserleichterungen, wie eine widerlegbare Kausalitätsvermutung, einfacher Schadensersatz geltend machen können, insbesondere bei Hochrisiko-KI-Systemen. Im Februar 2025 zog die Kommission den Vorschlag zurück.

Ohne die ALD bleibt die bestehende Produkthaftungsrichtlinie (85/374/EWG) maßgeblich. Sie greift bei mangelhaften Produkten, ist jedoch für dynamische, lernende KI-Systeme nur eingeschränkt geeignet: Software wurde nicht eindeutig als „Produkt" erfasst. Dabei entstehen Fehler in der Praxis häufig erst im Betrieb und nicht bei der Herstellung.

Die überarbeitete Produkthaftungsrichtlinie (EU) 2024/2853 adressiert dies: Software, einschließlich KI, gilt explizit als Produkt und die Haftung umfasst Fehler nach dem Inverkehrbringen. Bis zu ihrer Umsetzung in nationales Recht (spätestens Dezember 2026) bestehen jedoch Rechtslücken.

In Deutschland und Österreich hängt die Haftung derzeit vom Einzelfall ab. Neben der Produkthaftung (ProdHaftG bzw. PHG) kommen allgemeine Vorschriften wie § 823 BGB oder §§ 1295 ff. ABGB zum Tragen. Einheitliche, KI-spezifische Regeln fehlen.

Für Sie heißt das: Sie bewegen sich in einer **unsicheren Rechtslage**. Nationale Gerichte können unterschiedlich entscheiden. Ohne spezifische Vorbereitung könnten Sie im Streitfall Nachteile haben.

Tipp 32 Prüfen Sie die Rechtslage regelmäßig mit Experten. Die Rechtsentwicklung bleibt dynamisch.

Praxisbeispiel: Haftung in der Realität

Angenommen, ein KI-gesteuerter Lieferwagen Ihrer Fahrzeugflotte verursacht einen Unfall, weil die KI einen Fußgänger übersieht.

In Deutschland könnte der Hersteller nach § 1 Produkthaftungsgesetz (ProdHaftG) für einen Fehler im Algorithmus haften. Der Geschädigte müsste den Fehler beweisen. Gleichzeitig könnten Sie als Halter nach § 18 StVG verschuldensunabhängig für den Betrieb verantwortlich sein.

In Österreich könnte § 1319a ABGB (Gefährdungshaftung) greifen, wobei die genaue Zuordnung unklar bleibt. Nationale Gerichte könnten unterschiedlich urteilen – je nachdem, ob sie den Fokus auf Herstellung oder Betrieb legen.

Das zeigt: Die Haftung hängt von den Umständen ab. Die Rechtsprechung entwickelt sich erst. Ohne einer individuellen Absicherung, könnten Sie in einem Streitfall schnell zwischen die Fronten geraten.

Zurechnung und Kettenhaftung: Wer trägt die Last?

Die Sache wird besonders kompliziert, wenn Ihre KI auf Daten oder Technologien von Dritten angewiesen ist. Wenn Ihre Recruiting-KI etwa diskriminierende Entscheidungen trifft, weil die Trainingsdaten fehlerhaft waren, stellt sich die Frage, ob der Datenanbieter für den entstandenen Schaden haftet.

Oder denken Sie an eine Logistik-KI, entwickelt von einem Dritten und betrieben in einer Cloud. Bei einem Unfall könnten Entwickler, Cloud-Anbieter und Sie als Betreiber involviert sein. Die Fehlerquelle zu finden ist schwierig.

In Deutschland könnte § 278 BGB Sie im Vertragsverhältnis für Zuliefererfehler haftbar machen, wenn die KI als „Gehilfe" gilt. Außervertraglich wäre § 831 BGB einschlägig. In Österreich könnte § 1311 ABGB ähnlich angewendet werden. Die Rechtsprechung hierzu ist nicht gefestigt.

Tipp 33 Versuchen Sie, etwaige Haftungsrisiken nach Möglichkeit auch mit vertraglichen Vereinbarungen zu minimieren.

Ihre Strategie: Risiken managen

Wie schützen Sie sich vor diesen Unsicherheiten? Hier sind praktische Schritte, die Sie umsetzen können:

- **Vertragliche Klarheit**
  Wenn Sie KI von Dritten beziehen, legen Sie fest, wer für welche Fehler haftet – etwa für Softwareprobleme oder ungeeignete Daten.

- **Dokumentation**
  Zeichnen Sie genau auf, wie Sie die KI einsetzen, welche Anforderungen sie erfüllen musste und welche Entscheidungen sie getroffen hat. Das zeigt Ihre Sorgfalt und kann im Streitfall entlasten. Zudem erfüllen Sie damit auch Vorgaben des AI Acts.

- **Versicherungen**
  Es gibt zunehmend Polizzen, die Schäden durch KI-Fehler abdecken. Besonders bei risikoreichen Systemen kann das eine sinnvolle Absicherung gegen unvorhersehbare Kosten sein.

- **Menschliche Kontrolle**
  Setzen Sie die KI als Unterstützung ein, nicht als alleinigen Entscheider („Human-in-the-Loop"). Ein Mensch überprüft die KI-Vorschläge und trifft die finale Entscheidung:

  > *Beispiel 40:* Wenn ein Arzt eine KI-Diagnose prüft, liegt die Verantwortung klarer bei ihm. Das reduziert Ihre Risiken.

Tipp 34   Führen Sie ein Haftungsprotokoll: Wer hat was getestet, entschieden, eingesetzt? Klären Sie mit Ihrem Versicherer KI-spezifische Policen.

Ihr Weg nach vorn

Die Haftungsfragen rund um KI sind komplex und entwickeln sich weiter. Ohne EU-weite Regelung müssen Sie selbst aktiv werden. Mit klaren Verträgen, gründlicher Dokumentation, Versicherungen und menschlicher Aufsicht schaffen Sie eine solide Grundlage, um Risiken zu minimieren.

Stellen Sie sich vor, Ihre KI verursacht einen Vorfall, aber Sie können nachweisen, dass Sie verantwortungsvoll gehandelt haben. Das gibt Ihnen mehr Sicherheit, rechtlich und praktisch.

Tipp 35   Lassen Sie sich regelmäßig beraten, um auf dem Laufenden zu bleiben. Die Rechtslage kann sich schnell ändern.

Künstliche Intelligenz kennt keine geografischen Grenzen. Ihre Entwicklung, Nutzung und Datenflüsse sind global vernetzt. Doch die rechtlichen Rahmenbedingungen bleiben national oder regional unterschiedlich.

Für Unternehmen, die international tätig sind, stellt dies eine komplexe Herausforderung dar: Wie halten Sie die Balance zwischen Innovation und den unterschiedlichen gesetzlichen Anforderungen?

Der europäische AI Act gilt nur in der EU, während Länder wie die USA, China oder Indien ihre eigenen Wege gehen – von lockeren Standards bis hin zu strenger staatlicher Kontrolle (siehe 3.9).

Unterschiedliche Regulierungsansätze

Die weltweite Regulierung von KI beeinflusst Ihre strategischen Entscheidungen unmittelbar. Hier ein paar Beispiele:

- **Europäische Union**: Der AI Act definiert strikte Vorgaben für Hochrisiko-KI-Systeme, etwa in den Bereichen Sicherheit, Transparenz und Dokumentation. Entwickeln Sie beispielsweise eine KI für biometrische Identifikation, so unterliegt diese strengen Auflagen, um sie in der EU einsetzen zu dürfen.

- **USA**: In den USA gibt es keine einheitliche bundesgesetzliche KI-Regulierung. Stattdessen bietet das **NIST AI Risk Management Framework**[1] freiwillige Leitlinien. Ihre biometrische KI könnte dort ohne umfassende regulatorische Hürden betrieben werden, doch es drohen Haftungsrisiken, etwa unter dem Produkthaftungsrecht (Tort Law), falls Fehler Schäden verursachen.

- **China**: Die Volksrepublik fördert KI aktiv, reguliert sie jedoch streng. Seit den **Interim Measures for the Management of Generative AI Services** müssen Unternehmen ihre Modelle lizenzieren lassen und staatlichen Prüfungen unterziehen. Besonders in sensiblen Bereichen wie der Medienbranche gelten zusätzliche Kontrollen. Der Schutz von geistigem Eigentum ist schwächer, die staatliche Kontrolle über Patente und

---

[1] Vgl. AI Risk Management Framework, https://airc.nist.gov/airmf-resources/airmf/

KI-Entwicklung jedoch stärker ausgeprägt.[1]

- **Indien**: Mit dem **Digital Personal Data Protection Act (DPDP Act)** führt Indien erste Datenschutzregeln ein, die weniger streng als die DSGVO sind und auf lokale Datenkontrolle („data localization") abzielen. Exportbeschränkungen könnten Ihre Datenflüsse einschränken. [2]

Stellen Sie sich vor, Sie entwickeln eine KI zur medizinischen Diagnose: In der EU müssen Sie die hohen Standards des AI Acts erfüllen. In den USA könnten Sie mit minimaler Dokumentation starten. In China benötigen Sie staatliche Genehmigungen und in Indien könnten lokale Speicheranforderungen Ihre Daten strategisch binden.

Für Unternehmen in Deutschland und Österreich, wo der **AI Act und die DSGVO** gelten, bedeutet dies: Ihre KI-Systeme unterliegen von Anfang an strengen Vorgaben. Bei internationaler Expansion treffen Sie jedoch auf Märkte mit lockereren Regeln – eine Chance zur Beschleunigung, aber auch eine Aufgabe, Ihre Technologie flexibel anzupassen.

Datentransfer über Grenzen: Rechtssicherheit gewährleisten

Ein zentraler Aspekt Ihrer globalen KI-Strategie ist der grenzüberschreitende Datentransfer.

Die DSGVO erlaubt die Übermittlung personenbezogener Daten außerhalb der EU nur, wenn ein gleichwertiges Schutzniveau gewährleistet ist (Artikel 45-46). Dies kann durch Angemessenheitsbeschlüsse der EU-Kommission oder Standardvertragsklauseln (SCCs) geregelt werden.

Das **Schrems II-Urteil** (EuGH, C-311/18 vom 16. Juli 2020) hat die Anforderungen verschärft: Das Privacy Shield mit den USA wurde für ungültig erklärt. Seither sind zusätzliche Schutzmaßnahmen wie Verschlüsselung oder Pseudonymisierung erforderlich. Der AI Act ergänzt dies: Für Hochrisiko-Systeme müssen Sie Datenquellen transparent dokumentieren (Artikel 6), was bei globalen Datenflüssen komplex wird.

---

[1] Vgl. https://www.cac.gov.cn/2023-07/13/c_1690898327029107.htm
[2] Vgl. https://innovateindia.mygov.in/dpdp-rules-2025/

Beispiel 41: Ein Automobilunternehmen in Deutschland entwickelt eine Diagnose-KI mit Trainingsdaten aus Indien und betreibt sie auf US-Servern.

In Deutschland und Österreich greifen die DSGVO und der AI Act – das Unternehmen benötigt in diesem Beispiel unter anderem eine detaillierte Dokumentation und Datenschutzmaßnahmen.

Indiens DPDP Act könnte lokale Datenspeicherung vorschreiben. Die Datenübermittlung an US-Server erfordert zur DSGVO-Konformität entsprechende Garantien.

Nationale Regelungen wie das Bundesdatenschutzgesetz (BDSG) in Deutschland oder das Datenschutzgesetz (DSG) in Österreich können weitere Anforderungen ergänzen.

Ohne durchdachte Lösungen riskieren Sie Verstöße gegen die DSGVO, Datenunsicherheiten oder Konflikte zwischen lokalen Vorgaben – ein Balanceakt, der strategisches Handeln erfordert.

Tipp 36 Testen Sie Ihre KI frühzeitig auf EU-Konformität. Bleiben Sie proaktiv und arbeiten Sie eng mit Experten in Ihren Zielmärkten zusammen – die Regeln können sich schnell ändern.

Ihre Strategie: Globale Herausforderungen meistern

Wie stellen Sie sicher, dass Ihre KI weltweit funktioniert und rechtlich abgesichert bleibt? Praktische Ansätze:

- **Compliance-Matrix erstellen:**
  Erstellen Sie eine Übersicht der regulatorischen Anforderungen Ihrer Zielmärkte.

  Beispiel 42:

  EU (DSGVO, AI Act: Datenschutz, Hochrisiko-Pflichten),

  USA (NIST-Standards, Haftungsrecht),

  China (Genehmigungen, staatliche Kontrolle),

  Indien (DPDP Act, Datenexportregeln).

  Diese Matrix zeigt Ihnen klar, wo Anpassungen nötig sind – ein essenzielles Planungstool.

- **Federated Learning einsetzen:**
  Nutzen Sie Techniken wie Federated Learning. Dabei werden KI-Modelle mit lokalen Daten trainiert und nur trainierte Modelle übertragen. So entwickeln Sie Ihre Diagnose-KI in Deutschland weiter, ohne sensible Rohdaten zu exportieren – reduzieren damit rechtliche Risiken.

- **Lokale Expertise integrieren:**
  Kooperieren Sie mit Rechtsberatern vor Ort, um regionale Besonderheiten zu meistern. Internationale Kanzleien bieten hier Netzwerke mit lokalem Know-how. Auch innerhalb der EU sollten Sie nationale Vorschriften beachten, die über den AI Act hinausgehen können (z. B. das Bundesdatenschutzgesetz BDSG in Deutschland).

Die KI-Regulierung weltweit ist ein Flickenteppich: strikte EU-Vorgaben, freiwillige US-Standards, staatliche Kontrolle in China und erste Schritte in Indien. In Deutschland und Österreich starten Sie mit hohen Standards (DSGVO, AI Act), müssen jedoch global flexibel bleiben.

Tipp 37   Erstellen Sie eine Compliance-Matrix: Welche Regeln gelten wo? Testen Sie Ihre KI frühzeitig auf EU-Konformität – das deckt möglicherweise bereits viele Ihrer Märkte ab.

Wenn Sie KI in Ihrem Unternehmen einsetzen, tragen Sie eine große Verantwortung gegenüber Verbrauchern. KI beeinflusst Entscheidungen, die sie direkt betreffen, sei es bei Kreditvergaben, Preisen oder personalisierter Werbung. Verbraucherschutz ist daher nicht nur eine rechtliche Pflicht, sondern auch eine Chance, Vertrauen aufzubauen und Ihr Unternehmen ethisch stark zu positionieren.

- **DSGVO:** Bei personenbezogenen Daten (z. B. Werbung) müssen Sie Verbraucher informieren (Art. 13-15) und vor automatisierten Entscheidungen mit rechtlicher Wirkung (z. B. Kreditscoring) schützen (Art. 22).

- **AI Act:** Hochrisiko-KI erfordert Sicherheit, Transparenz und Nichtdiskriminierung (siehe 3.3). Auch andere KI-Systeme (z. B. Werbung) unterliegen Kennzeichnungspflichten (siehe 3.4).

- **National:** In Deutschland schützt das UWG (§§ 3, 5) vor irreführender KI-Werbung, in Österreich das KSchG (§ 1) vor unfairen Praktiken. Beide ergänzen EU-Recht.

Tipp 38 Setzen Sie KI so ein, dass Kunden informiert bleiben, nicht benachteiligt werden und rechtliche Risiken (z. B. Bußgelder, Haftung) ausbleiben – ein Gewinn für Verbraucher und Ihr Unternehmen.

Transparenz: Ihre Kunden ehrlich informieren

Transparenz ist ein Muss – gesetzlich und fürs Vertrauen Ihrer Kunden. Der AI Act verlangt beispielsweise, dass Kunden wissen müssen, wenn sie direkt mit bestimmten KI-Systemen wie Chatbots interagieren. (siehe 3.4)

Die DSGVO verlangt in Artikel 13 und 14 klare Infos zur Datenverarbeitung. Wenn Sie z. B. Ihre Preise in einem Online-Shop mittels KI dynamisch anpassen und dies verschweigen, könnten sich Kunden möglicherweise getäuscht fühlen. Das könnte gegen nationales Recht wie § 5 UWG in Deutschland (Irreführung) oder ähnliche Regeln in Österreich verstoßen – und Ihr Ruf leidet mit.

Für Sie heißt das: Setzen Sie klare Hinweise ein – etwa „Dieser Chat wird von KI unterstützt" oder „Unsere Preise können durch KI angepasst werden" – auf Ihrer

Website, in Apps oder dort, wo Kunden mit Ihnen in Kontakt kommen. So erfüllen Sie die Gesetze und zeigen Offenheit, die Ihre Kunden schätzen.

Tipp 39   Lassen Sie sich von einem Rechtsexperten beraten, um die besten Formulierungen für Ihren Fall zu finden und Risiken zu reduzieren.

Schutz vor automatisierten Entscheidungen

Ihre Kunden dürfen nicht allein von automatisierten Entscheidungen abhängen, wenn diese rechtliche oder ähnlich wichtige Folgen haben. Ausnahmen gelten nur, wenn es vertraglich nötig ist oder Gesetze es erlauben – und selbst dann müssen Sie eine menschliche Überprüfung anbieten.

Der AI Act verlangt in vielen Fällen, dass Sie die Nachvollziehbarkeit von entsprechenden Entscheidungen sicherstellen. Viele Verbraucher misstrauen KI-Entscheidungen ohne Erklärung. Ihre Kunden wollen wissen, warum etwas passiert – und das erwarten sie auch von Ihnen.

Diskriminierung vermeiden: Fairness als Ihr Standard

Ihre KI darf niemanden benachteiligen – dies fordern der AI Act und das Gleichbehandlungsrecht, gestützt auf das Diskriminierungsverbot der EU-Grundrechtecharta (Artikel 21).

> *Beispiel 43:* Wenn eine KI in einem Streaming-Dienst Nutzern aus bestimmten Stadtteilen teurere Abos anbietet, weil sie dort höhere Zahlungsbereitschaft annimmt, könnte dies die Frage aufwerfen, ob dadurch eine unzulässige Benachteiligung vorliegt.

Das Risiko liegt oft in den Trainingsdaten: Alte Vorurteile oder unausgewogene Daten können Benachteiligungen verstärken. Dies könnte gegen Gleichbehandlungsgesetze verstoßen und Sie riskieren Ihre Reputation.

Ihr Weg: Testen Sie Ihre KI regelmäßig auf Verzerrungen – mit Tools zur Bias-Prüfung oder externen Audits. Optimieren Sie, wenn Ungleichheiten auftauchen.

Tipp 40   Halten Sie diese Tests schriftlich fest – das beweist Ihre Sorgfalt, falls Fragen aufkommen.

Rechtmäßig handeln, Vertrauen schaffen

Verbraucherschutz ist nicht nur Pflicht, sondern auch eine Chance, sich abzuheben. Hier sind Ihre praktischen Schritte, um Gesetze einzuhalten und Vertrauen zu gewinnen:

- **Transparenz leben**
  Setzen Sie Hinweise wie „Unsere Empfehlungen nutzen KI" oder „Dieser Service basiert auf KI" an alle Kundenkontaktpunkte – Website, App, Chat. Probieren Sie verschiedene Formulierungen mit ein paar Kunden aus, um die klarste zu finden.

- **Einspruchswege schaffen**
  Geben Sie Ihren Kunden Kontrolle mit Optionen wie einem Formular „Entscheidung prüfen lassen". Ein Mitarbeiter sollte das schnell überprüfen und klar antworten – z. B. „Wir haben Ihren Fall geprüft, hier das Ergebnis". Das zeigt, dass Sie Ihre Kunden ernst nehmen.

- **Fairness sichern**
  Prüfen Sie Ihre KI auf Ungleichheiten – z. B. ob Preise für manche Gruppen unfair steigen – und korrigieren Sie das mit Analysen oder Audits. Dokumentieren Sie Ihre Bemühungen und zeigen Sie sie optional nach außen, etwa mit „Wir setzen auf faire KI für alle".

Mit diesen Schritten schützen Sie Ihre Kunden und Ihr Unternehmen gleichermaßen. Transparenz baut Vertrauen auf, Einsprüche zeigen Respekt und Fairness hält Sie rechtlich sauber – weg von Strafen oder schlechter Presse.

Tipp 41 Machen Sie Verantwortung sichtbar: Teilen Sie Ihre Bemühungen beispielsweise auf Ihrer Website, z. B. „Wir nutzen KI verantwortungsvoll – für Ihre Zufriedenheit". Das hebt Sie ab und bindet Kunden langfristig.

5 RISIKOMANAGEMENT FÜR KI-SYSTEME

Stellen Sie sich vor, Ihre KI-Systeme laufen reibungslos, bringen Ihrem Unternehmen echten Mehrwert – und plötzlich tritt ein unerwarteter Fehler auf, der große Schäden verursacht.

Haben Sie sich jemals gefragt, wie gut Ihr Unternehmen auf die Risiken vorbereitet ist, die der Einsatz von KI mit sich bringt?

In diesem Kapitel lade ich Sie dazu ein, gemeinsam mit mir hinter die Kulissen der KI-Technologie zu schauen und potenzielle Risiken frühzeitig zu erkennen. Denn Künstliche Intelligenz ist nicht nur ein mächtiges Werkzeug, sondern auch eine Technologie mit unsichtbaren Stolperfallen: von Datenfehlern, die millionenschwere Schäden verursachen können, bis hin zu Cyberangriffen, bei denen KI sowohl Ziel als auch Waffe sein kann.

Gemeinsam erkunden wir, welche konkreten **technischen, gesellschaftlichen und ökologischen Risiken** es gibt und wie Sie diesen Herausforderungen gezielt begegnen können. Dabei geht es nicht nur um theoretische Bedrohungen, sondern auch um praxisnahe Strategien und konkrete Werkzeuge für Ihr Risikomanagement.

Sind Sie bereit, Ihre KI-Projekte sicherer, verlässlicher und erfolgreicher zu machen? Dann lassen Sie uns in diesem wichtigen Abschnitt entdecken, wie Sie die Kontrolle behalten und Ihre KI-Systeme zukunftssicher gestalten können.

5.1 Einführung in KI-Risiken

In Abschnitt 3.6 haben wir uns bereits damit befasst, dass der verantwortungsvolle Einsatz Künstlicher Intelligenz mit dem umfassenden Verständnis ihrer Risiken beginnt. KI-Systeme bestehen aus komplexen Komponenten, von denen jede potenzielle Schwachstellen enthalten kann. Diese können zu unerwarteten und teils schwerwiegenden Konsequenzen führen.

Der europäische AI Act begegnet diesen Herausforderungen durch eine Klassifikation der KI-Systeme in vier unterschiedliche Risikostufen (siehe 3.1). Diese Einstufung unterstützt Sie dabei, Risiken klar zu priorisieren und adäquate Maßnahmen gezielt umzusetzen.

Die Risiken lassen sich im Wesentlichen in drei Kategorien einteilen:

1. Technische Risiken

Technische Risiken treten hauptsächlich durch Fehler in Algorithmen oder durch mangelhafte Datenqualität auf. Wenn eine KI beispielsweise mit veralteten oder unvollständigen Daten trainiert wird, könnten die resultierenden Prognosen ungenau sein. Dies wiederum kann in dynamischen Umgebungen zu kostspieligen Fehlentscheidungen führen.

Tipp 42   Prüfen Sie regelmäßig, ob Ihre Trainingsdaten aktuell sind. Testen Sie Ihre KI unter realistischen Bedingungen, um Datenverschiebungen (Data Drift) frühzeitig zu erkennen.

2. Ethische Risiken

Ethische Risiken entstehen oft unbeabsichtigt, etwa wenn KI-Systeme auf Basis von Trainingsdaten historische Diskriminierungen fortschreiben. Solche Verzerrungen widersprechen nicht nur grundlegenden ethischen Prinzipien, sondern verstoßen auch gegen Vorschriften des AI Acts (Artikel 10) **und den EU-Antidiskriminierungsrichtlinien**. Sie riskieren dabei nicht nur rechtliche Folgen, sondern auch erhebliche Reputationsschäden.

3. Gesellschaftliche Risiken

KI-Systeme wirken weitreichend auf Gesellschaft und Wirtschaft. Sie beeinflussen Arbeitsmärkte und können die Privatsphäre sowie öffentliche Sicherheit beeinträchtigen. Während bestimmte Arbeitsplätze durch Automatisierung gefährdet sein können, entstehen zugleich auch neue Berufsfelder – vorausgesetzt, Sie investieren aktiv in die richtigen Kompetenzen und Weiterbildung Ihrer Mitarbeiter. Auf gesellschaftlicher Ebene droht die Gefahr von Manipulation, etwa durch Deepfakes, die öffentliche Debatten beeinflussen könnten.

Ohne ein klares Verständnis aller Risiken könnten Sie unwissentlich verbotene Technologien einsetzen oder Hochrisiko-Systeme ohne Vorbereitung skalieren. Nutzen Sie beispielsweise eine Überwachungstechnologie, die biometrische Daten ohne ausdrückliche Genehmigung verarbeitet, riskieren Sie Verstöße gegen den AI Act sowie einen Vertrauensverlust bei Ihren Stakeholdern.

KI-Risiken systematisch erkennen und managen

Die wachsende Komplexität und gegenseitige Abhängigkeit technischer, ethischer und gesellschaftlicher Risiken machen ein systematisches Risikomanagement zwingend erforderlich. Berücksichtigen Sie die folgenden Schritte:

- Analysieren Sie den konkreten Nutzungskontext Ihrer KI-Systeme.

- Prüfen Sie regelmäßig Ihre Datenquellen und bewerten Sie potenzielle Auswirkungen.

- Nutzen Sie eine Risiko-Matrix, um Eintrittswahrscheinlichkeit und Schwere der Risiken klar einzuschätzen.

- Verwenden Sie spezielle Tools wie Fairlearn, um mögliche Schwachstellen frühzeitig zu identifizieren.

Tipp 43 Beginnen Sie mit einer Risikoübersicht: Welche KI-Systeme nutzen Sie? Wo könnten Fehler auftreten? Ein einfacher Workshop mit Ihrem Team deckt erste Schwachstellen auf.

Über die nächsten Abschnitte hinweg vertiefen wir die vielseitigen Risiken der Künstlichen Intelligenz und befassen uns im Detail mit etwaigen Schwachstellen, sowie konkreten Lösungsansätzen.

In Abschnitt 5.8 erwarten Sie dann strategische Ansätze hinsichtlich Risikomanagement und Governance, gefolgt von der Etablierung interner Unternehmens-Richtlinien für die Anwendung von KI in Abschnitt 5.9.

Technische Risiken gehören häufig zu den größten Herausforderungen, wenn Sie KI einsetzen. Sie beeinflussen direkt, wie zuverlässig, funktional und sicher Ihre Systeme sind. In diesem Abschnitt erfahren Sie, was diese Schwachstellen verursacht, welche Folgen sie haben könnten und wie Sie sie mit praktischen Maßnahmen in den Griff bekommen.

Bias und Diskriminierung

Bias ist ein verstecktes Problem, das auftritt, wenn Ihre Trainingsdaten verzerrt oder unausgewogen sind. Das führt zu unfairen Ergebnissen, die ethische und rechtliche Konsequenzen haben können.

Stellen Sie sich vor, Ihre Daten repräsentieren überwiegend eine bestimmte demografische Gruppe: Ihre KI könnte dann andere Gruppen systematisch benachteiligen.

> *Beispiel 44:* Ein bekanntes Beispiel ist die Rekrutierungs-KI eines großen E-Commerce-Händlers: Das KI-System war mit Daten trainiert worden, welche eine historische Präferenz für männliche Bewerber widerspiegelten. In Folge lehnte das System Bewerbungen von Frauen häufiger ab.

Für Sie bedeutet das: Solche Verzerrungen können nicht nur Ihren Ruf schädigen, sondern auch gegen den europäischen AI Act verstoßen, der repräsentative Daten vorschreibt, sowie gegen Antidiskriminierungsgesetze.

Die Folgen könnten Klagen, Vertrauensverlust bei Kunden oder eingeschränkte Geschäftsmöglichkeiten sein – etwa wenn eine Kreditvergabe-KI Anträge aus bestimmten Regionen unfair ablehnt.

Tipp 44 Nutzen Sie diverse Datenquellen, z. B. aus unterschiedlichen Altersgruppen, Geschlechtern und Regionen. Berücksichtigen Sie beispielsweise auch saisonale Schwankungen und setzen Sie Tools ein, um Verzerrungen in Ihren Trainingsdaten zu identifizieren.

Fehlentscheidungen mangels aktueller Daten

Fehlentscheidungen entstehen oft, wenn Ihre Daten unzureichend oder nicht mehr aktuell sind – ein Phänomen, das als **Data Drift**, also als eine Verschiebung der Datenbasis, bezeichnet wird. Eine KI, die in stabilen wirtschaftlichen Zeiten trainiert wurde, könnte in einer Krise falsche Prognosen liefern und Sie zu Fehlentscheidungen verleiten.

Besonders in sensiblen Bereichen wie der Medizin sind solche Fehler riskant – beispielsweise, wenn eine Diagnose-KI auf veralteten Patientendaten basiert.

Tipp 45   Aktualisieren Sie Ihre Trainingsdaten regelmäßig und führen Sie Tests unter realen Bedingungen durch.

Transparenzprobleme ("Black Box")

Zum Risiko möglicher Fehlentscheidungen hinzu kommt häufig das **Black-Box-Problem**: Oft ist unklar, warum eine Entscheidung getroffen wurde, insbesondere bei tiefen neuronalen Netzen.

Sie wissen nicht genau, warum eine Entscheidung getroffen wurde. Das ist problematisch, denn der AI Act fordert bei Hochrisiko-Systemen Erklärbarkeit (siehe 3.3). Gleichzeitig gibt die DSGVO Betroffenen ein Recht auf Erläuterung automatisierter Entscheidungen (Artikel 22).

> *Beispiel 45:* Wenn Ihre KI beispielsweise einen Kreditantrag ohne Begründung ablehnt, könnten Kunden das Vertrauen verlieren, und rechtliche Fragen könnten aufkommen.

Tipp 46   Nutzen Sie Tools wie SHAP oder LIME, um die Entscheidungen Ihrer KI nachvollziehbar zu machen.

Dokumentieren Sie Ihre Analysen sorgfältig, um bei Audits oder rechtlichen Anfragen vorbereitet zu sein. Ein hybrider Ansatz, bei dem Sie KI mit regelbasierten Systemen kombinieren, kann die Transparenz ebenfalls erhöhen, erfordert jedoch mehr Aufwand.

Datenqualität

Daten bilden das Herzstück jeder Künstlichen Intelligenz (siehe 2.4). Ihre Qualität und Integrität entscheiden darüber, ob ein KI-System präzise Vorhersagen trifft oder kläglich versagt. Unvollständige, veraltete oder fehlerhafte Daten sind der Nährboden für unzuverlässige Modelle, die in der Praxis mehr Schaden als Nutzen bringen können.

Stellen Sie sich eine KI vor, die Ihre Lieferkette optimieren soll: Wenn sie auf veralteten GPS-Daten basiert, schlägt sie ineffiziente Routen vor, was Zeitverluste und steigende Kosten nach sich zieht.

Solche Fehler lassen sich durch eine gezielte Verbesserung der Datenqualität vermeiden. Techniken wie die Normalisierung – das Skalieren von Werten auf einen einheitlichen Bereich – oder das Entfernen von Ausreißern helfen dabei, die Daten zu bereinigen und konsistent zu halten.

Tipp 47   Nutzen Sie zur Verbesserung der Datenqualität spezielle Tools wie Pandas oder TensorFlow Data Validation.

Doch selbst die besten Techniken schützen nicht vor einem weiteren, ebenso kritischen Risiko: der Manipulation von Trainingsdaten – bekannt als Data Poisoning (Datenvergiftung, siehe Abschnitt 5.3).

Daher ist es essenziell, die Herkunft der Daten sowie alle vorgenommenen Änderungen zu dokumentieren. Diese Nachvollziehbarkeit ermöglicht es Ihnen, bei Audits oder im Fehlerfall die Integrität Ihrer Daten zweifelsfrei nachzuweisen. Nur durch eine Kombination aus technischer Sorgfalt und organisatorischer Disziplin stellen Sie sicher, dass Ihre KI auf einem soliden Fundament steht.

Tipp 48   Überprüfen Sie Ihre Datenquellen regelmäßig und nutzen Sie statistische Tests, um Anomalien zu erkennen.

Halluzination als technisches Phänomen

KI-Halluzination beschreibt das Erzeugen plausibler, aber falscher Informationen durch KI, oft bei Sprachmodellen. Auch hier liegt die Ursache zumeist in einer unzureichenden Datenvalidierung oder überkomplexe Modelle, die übermäßig generalisieren.

Technisch führt dies zu unzuverlässigen Outputs, etwa falschen medizinischen Berichten, und untergräbt die Vertrauenswürdigkeit. Abhilfe schaffen strengere Validierungsprozesse und Tests mit vielfältigen Datensätzen.

Tipp 49   Überprüfen Sie KI-Ergebnisse immer wieder auch manuell.

Overfitting und Underfitting

Overfitting ist ein häufiges Problem im maschinellen Lernen und tritt auf, wenn ein Modell die Trainingsdaten zu stark „auswendig lernt", anstatt die zugrunde liegenden allgemeinen Muster zu erfassen. Dadurch liefert es zwar hervorragende Ergebnisse auf Grundlage der trainierten Daten, versagt jedoch, wenn es mit neuen, unbekannten Daten konfrontiert wird.

Das Phänomen des Overfittings entsteht oft durch eine **übermäßige Modellkomplexität** – etwa zu viele Parameter oder Schichten in einem neuronalen Netz – oder durch eine unzureichende **Regularisierung**. Die Folge ist eine eingeschränkte Generalisierungsfähigkeit, was die Praxistauglichkeit des Modells stark beeinträchtigt.

Ein Modell, das overfittet, fokussiert sich zu sehr auf spezifische Details oder Rauschen in den Trainingsdaten, anstatt die allgemeinen Trends zu generalisieren. Unter Regularisierung versteht man verschiedene Methoden, die dabei helfen, die Komplexität des Modells zu begrenzen und stattdessen einfachere, allgemeinere Muster zu lernen.

> *Beispiel 46:* Eine KI, die Wetterdaten vergangener Jahre perfekt modelliert, indem sie spezifische Anomalien oder Zufälligkeiten abbildet, aber bei der Vorhersage aktueller Wettertrends scheitert, weil sie diese verallgemeinernden Zusammenhänge nicht erkannt hat.

Tipp 50 Wenden Sie Regularisierungstechniken wie L1- oder L2-Penalisierung an und validieren Sie Ihr Modell mit separaten Testdatensätzen, um sicherzustellen, dass es auch auf neuen Daten gut funktioniert.

Underfitting steht im Gegensatz zum Overfitting und beschreibt eine Situation, in der **ein Modell zu einfach ist**, um die wesentlichen Muster und Strukturen der Daten angemessen zu erfassen. Dies führt dazu, dass das Modell weder auf den Trainingsdaten noch auf neuen Daten gute Leistungen erbringt.

Die Ursache für Underfitting liegt häufig in einer **zu geringen Modellkomplexität**, etwa wenn ein lineares Modell verwendet wird, um hochgradig nichtlineare Zusammenhänge zu beschreiben, oder wenn zu wenig Trainingszeit oder -ressourcen investiert werden.

Beispiel 47: Ein Bilderkennungssystem, das so simpel gestaltet ist, dass es grundlegende Merkmale wie Kanten oder Formen in Bildern nicht erkennt – etwa ein Modell, das Katzen von Hunden unterscheiden soll, aber nur grobe Farbunterschiede berücksichtigt.

Die **resultierenden Vorhersagen sind ungenau** und spiegeln die tatsächlichen Datenmuster nur unzureichend wider.

Tipp 51 Steigern Sie die Modellkomplexität schrittweise und überprüfen Sie die Leistung mit Metriken wie Accuracy oder F1-Score, um die Datenmuster besser zu erfassen.

Weitere Risiken

Neben den bereits beschriebenen Herausforderungen gibt es weitere technische Risiken, welche die Effektivität und Zuverlässigkeit von KI-Systemen gefährden können. Nennenswert ist hier die **Rechenressourcen-Überlastung**. Sie tritt beispielsweise dann auf, wenn Modelle übermäßig komplex gestaltet sind und dadurch enorme Hardwareanforderungen stellen. Dies kann zu Verzögerungen, Systeminstabilität oder hohen Betriebskosten führen.

Besonders kritisch ist dies bei Echtzeitanwendungen wie autonomen Fahrzeugen, wo jede Millisekunde zählt. Dagegen helfen Optimierungstechniken wie Pruning (Beschneiden unnötiger Modellteile) oder Quantisierung (Reduktion der Präzision von Gewichten), kombiniert mit einer sorgfältigen Planung der Hardware-Ressourcen.

Ein weiteres Problem können **Interoperabilitätsprobleme** sein, wenn KI-Systeme nicht nahtlos mit bestehenden Technologien oder Datenformaten zusammenarbeiten. In heterogenen IT-Umgebungen, etwa in Unternehmen mit unterschiedlichen Legacy-Systemen, erschwert dies die Integration und Skalierung erheblich und kann die Praxistauglichkeit der KI-Lösung einschränken.

Hier empfiehlt sich der Einsatz standardisierter Schnittstellen und Datenformate, gepaart mit frühzeitigen Integrationstests, um Kompatibilitätsprobleme bereits in der Entwicklungsphase zu erkennen und zu beheben.

Tipp 52 Setzen Sie präventive Schritte, um die Stabilität und Effizienz von KI-Systemen langfristig zu gewährleisten.

Künstliche Intelligenz ist aufgrund ihrer zentralen Rolle in datengetriebenen Prozessen und Entscheidungssystemen ein attraktives Ziel für Cyberangriffe. Als Angriffsziel wird KI gezielt ausgenutzt, indem Schwachstellen in ihren Algorithmen, Trainingsdaten oder der zugrunde liegenden Infrastruktur angegriffen werden.

Diese Bedrohungen unterscheiden sich von internen technischen Fehlern (siehe 5.2) durch ihren externen, absichtlichen Charakter. Die wichtigsten Angriffsvektoren sind Adversarial Examples, Datendiebstahl und Datenmanipulation, die jeweils unterschiedliche Risiken und potenzielle Schäden mit sich bringen.

1. Adversarial Examples

Adversarial Examples nutzen die Anfälligkeit von KI-Modellen für **subtil veränderte Eingabedaten**, die für das menschliche Auge kaum wahrnehmbar sind, aber die Modellentscheidungen erheblich verfälschen.

Solche Angriffe sind besonders besorgniserregend, wo Fehlklassifikationen unmittelbare Gefahren verursachen können – beispielsweise in sicherheitskritischen Bereichen wie autonomen Fahrzeugen oder Überwachungssystemen.

> *Beispiel 48:* Die Manipulation eines Bildes – etwa durch das Hinzufügen minimaler Störungen – sodass eine Verkehrszeichenerkennung ein Stoppschild als Geschwindigkeitsbegrenzung interpretiert.

Die Schwierigkeit, diese Angriffe zu erkennen, liegt auch an der Komplexität neuronaler Netze. Ihre Entscheidungslogik ist oft undurchsichtig und bietet Angreifern eine breite Angriffsfläche.

2. Datendiebstahl

KI-Systeme verarbeiten häufig große Mengen sensibler Daten – von Kundendatenbanken über biometrische Informationen bis hin zu proprietären Geschäftsmodellen. Das macht sie zu einem lohnenden Ziel für Datendiebstahl. Angreifer können Schwachstellen in der Systemarchitektur ausnutzen, etwa ungeschützte APIs, fehlende Verschlüsselung oder schlecht konfigurierte Cloud-Speicher, um Zugang zu erhalten.

> *Beispiel 49:* Trainingsdaten einer medizinischen KI, die Patienten-
> profile enthält, würden nicht nur die Privatsphäre der Patienten ge-
> fährden, sondern potenziell auch Erpressung ermöglichen.

Die gestohlenen Daten könnten zudem weiterverkauft oder für Wettbewerbsspi-
onage genutzt werden. Das kann betroffene Unternehmen nicht nur finanziell,
sondern auch in ihrer Reputation beträchtlich schaden.

3. Datenmanipulation (Data Poisoning)

Datenmanipulation, oft als Data Poisoning bezeichnet, zielt darauf ab, die Integrität der Trainingsdaten zu untergraben. Dadurch kann das Verhalten von KI-
Systemen gezielt verändert werden.

> *Beispiel 50:* Angreifer könnten beispielsweise gefälschte Daten in
> eine Lieferketten-KI einspeisen, sodass sie ineffiziente Routen vor-
> schlägt oder sogar Lieferungen an falsche Ziele leitet.
>
> Ein weiteres Beispiel ist die Manipulation einer Sicherheits-KI, die
> durch vergiftete Daten Eindringlinge nicht mehr erkennt.

Solche Angriffe sind heimtückisch, da sie oft erst dann auffallen, wenn das System bereits systematisch fehlerhafte Ergebnisse liefert. Besonders in Hochrisiko-
Bereichen können die Folgen gravierend sein, etwa wenn eine Kreditbewertungs-
KI durch manipulierte Daten legitime Anträge ablehnt. Die Herausforderung besteht darin, dass Data Poisoning nicht nur technische, sondern auch organisatorische Schwächen – wie ungeschützte Datenquellen – ausnutzt.

Mögliche Auswirkungen und Tragweite

Cyberangriffe auf KI-Systeme haben weitreichende Konsequenzen, die über
technische Störungen hinausgehen und operative, rechtliche, wirtschaftliche sowie gesellschaftliche Ebenen betreffen. Ihre Relevanz wächst mit der zunehmenden Abhängigkeit von KI in kritischen Bereichen.

- **Operative Störungen**
  Fehlentscheidungen durch manipulierte KI können Prozesse empfindlich stören. In der Logistik könnten falsche Routen Lieferketten unter-
  brechen, in der Produktion Ausfälle verursachen – mit direkten Auswirkungen auf Effizienz und Betriebskontinuität.

- **Rechtliche und regulatorische Folgen**
  Verstöße gegen Datenschutzvorschriften wie die DSGVO oder den AI
  Act können mit Strafen in Millionenhöhe geahndet werden.

- **Wirtschaftliche Schäden**
  Datendiebstahl kann proprietäres Wissen preisgeben, das für Wettbe-
  werbsspionage genutzt wird, während Manipulationen direkte finanzielle
  Verluste verursachen – etwa durch betrügerische Transaktionen, die eine
  kompromittierte Finanz-KI übersehen hat.

- **Vertrauensverlust und gesellschaftliche Auswirkungen**
  Öffentlichkeitswirksame Angriffe schüren Skepsis gegenüber KI. Dies
  könnte die Akzeptanz schwächen und gesellschaftliche Debatten über
  die Technologieabhängigkeit anheizen.

Die Relevanz dieser Bedrohungen steigt mit der zunehmenden Etablierung von
KI in kritischen Bereichen wie der öffentlichen Infrastruktur und der Verteidigung. Gleichzeitig erleichtern Open-Source-Tools Angreifern den Zugang zu
ausgefeilten Methoden. Die Bedrohungslage wird dadurch dynamischer.

Organisationen müssen daher die spezifischen Schwachstellen ihrer KI-Systeme
kennen und priorisieren, um gezielte Abwehrstrategien zu entwickeln.

Tipp 53   Testen Sie Ihre KI mit simulierten Angriffen (z. B. Adversarial Examples) und führen Sie monatliche Sicherheitschecks durch.

Künstliche Intelligenz ist nicht nur ein attraktives Ziel von Angriffen. Sie wird von Cyberkriminellen auch zunehmend als Werkzeug eingesetzt, um Angriffe zu verstärken, zu verfeinern und zu automatisieren.

Durch ihre Fähigkeit, komplexe Daten zu verarbeiten, realistische Szenarien zu simulieren und menschliches Verhalten nachzuahmen, eröffnet KI Angreifern bisher unerreichte Möglichkeiten.

1. Generierung hochpräziser Social-Engineering-Angriffe

KI-Modelle, insbesondere generative Ansätze oder Sprachmodelle, ermöglichen die Erstellung personalisierter und täuschend echter Inhalte für Social-Engineering-Angriffe. Angreifer können beispielsweise mit Hilfe von KI öffentlich zugängliche Daten – etwa aus sozialen Netzwerken oder Datenlecks – analysieren, um Phishing-Nachrichten zu erstellen, die exakt auf die Interessen, den Tonfall oder die berufliche Rolle eines Ziels abgestimmt sind.

> *Beispiel 51:* Eine E-Mail gibt vor, von einem Kollegen oder Vorgesetzten zu stammen, inklusive spezifischer Details wie einem kürzlich erwähnten Projekt, um den Empfänger zum Öffnen eines schädlichen Anhangs zu bewegen.

Noch raffinierter sind Deepfake-basierte Angriffe: Die zunehmend höhere Qualität dieser Inhalte macht es für Laien immer schwieriger, arglistige Täuschungsversuche von echter Kommunikation zu unterscheiden.

> *Beispiel 52:* Angreifer generieren eine Sprachnachricht oder ein Video eines CFO, das Zugangscodes verlangt oder eine dringende Überweisung anweist.

2. Optimierung und Automatisierung von Angriffskampagnen

KI steigert die Effizienz von Cyberangriffen durch Automatisierung und datengetriebene Optimierung. Ein Beispiel ist der Einsatz von maschinellem Lernen, um Schwachstellen in Systemen schneller zu identifizieren – etwa durch die Analyse von Netzwerkverkehr, um ungeschützte Ports oder veraltete Softwareversionen aufzuspüren.

Angreifer könnten KI auch nutzen, um **Brute-Force-Angriffe** zu verfeinern, indem sie Passwortmuster aus früheren Lecks vorhersagen und gezielt testen. Mit Hilfe von Reinforcement Learning könnte eine KI lernen, welche **Phishing-Varianten** die höchste Erfolgsquote haben, und diese in Echtzeit anpassen – etwa indem sie die Reaktionen der Opfer analysiert und damit für künftige Angriffe Betreffzeilen oder Inhalte optimiert.

Solche selbstlernenden Systeme könnten Hunderttausende von Zielen gleichzeitig angreifen. Die aufgrund der hohen Skalierbarkeit entstehende Bedrohung geht weit über die Kapazitäten manueller Angriffe hinaus.

3. Entwicklung anpassungsfähiger Malware

KI ermöglicht die Schaffung von Malware, die sich dynamisch an Verteidigungssysteme anpasst. Unterstützt durch KI könnten polymorphe Computer-Viren sich fortlaufend selbst verändern, sodass herkömmliche Antivirenprogramme diese nicht entdecken.

> *Beispiel 53:* Ein KI-gestützter Trojaner analysiert das Verhalten eines Systems – etwa die Häufigkeit von Updates oder die Art der genutzten Sicherheitssoftware – und passt seine Ausführungsmethode entsprechend an, um unentdeckt zu bleiben.

Nicht weniger besorgniserregend ist die Möglichkeit, dass KI dazu genutzt wird, um Malware zu entwickeln, die gezielt andere KI-basierte Abwehrsysteme angreift, indem sie deren Schwächen (z. B. Anfälligkeit für Adversarial Examples) ausnutzt. In einem solchen "KI-gegen-KI"-Szenario konkurrieren Angriffs- und Verteidigungstechnologien.

4. Manipulation von Entscheidungsprozessen

Angreifer können KI einsetzen, um Entscheidungsprozesse in Wirtschaft und Gesellschaft zu manipulieren.

> *Beispiel 54:* Ein Beispiel wäre die Nutzung generativer Modelle, um gefälschte Marktanalysen oder Finanzberichte zu erstellen, die Aktienkurse beeinflussen könnten – etwa indem sie eine Krise bei einem Unternehmen suggerieren, um Panikverkäufe auszulösen.

Auf gesellschaftlicher Ebene könnten KI-Systeme für Desinformationskampagnen genutzt werden – von manipulierten Nachrichtenmeldungen bis hin zu gefälschten Reden von einflussreichen Personen. Dies könnte politische Spannungen oder Misstrauen schüren.

Obwohl der europäische AI Act bestimmte manipulative Praktiken wie diese verbietet (siehe 3.2), bleibt die globale Durchsetzung schwierig: Immerhin agieren potenzielle Angreifer außerhalb des legalen Rahmens.

Mögliche Auswirkungen und Tragweite

Die Verfügbarkeit von KI-Tools senkt die Einstiegshürde für Angreifer erheblich. Open-Source-Plattformen bieten Zugang zu vortrainierten Modellen, die sich mit geringem Aufwand auch für böswillige Zwecke anpassen lassen.

Gleichzeitig ermöglicht die Rechenleistung moderner Cloud-Dienste auch kleinen Akteuren, komplexe Angriffe durchzuführen. Die Anonymität des Internets und die Schwierigkeit, KI-gestützte Angriffe zurückzuverfolgen, verschärfen dieses Problem weiter.

Die Nutzung von KI als Angriffswerkzeug hat weitreichende Konsequenzen:

- **Verlust traditioneller Abwehrkraft**
  Die Geschwindigkeit und Anpassungsfähigkeit von KI-gestützten Angriffen überfordern oft statische Sicherheitslösungen.

- **Finanzielle Schäden**
  Präzise Phishing- oder Malware-Angriffe können Unternehmen Millionen kosten, etwa durch gestohlene Gelder oder Produktionsausfälle.

- **Gesellschaftliches Chaos**
  Desinformation durch KI-generierte Inhalte könnte Wahlen, öffentliche Debatten oder Krisenreaktionen beeinflussen.

KI als Angriffswerkzeug markiert einen Wendepunkt in der Cyberkriminalität, indem es Angriffe zugänglicher, präziser und schwerer abwehrbar macht. Diese Entwicklung erfordert nicht nur technische Innovationen in der Verteidigung, sondern auch eine erhöhte Sensibilität für die Risiken, die aus dem Missbrauch dieser Technologie entstehen.

Künstliche Intelligenz prägt nicht nur technische Systeme, sondern beeinflusst auch die Strukturen, Werte und Ressourcen unserer Welt.

Während kurzfristige Risiken wie Modellfehler oder Cyberangriffe (siehe Abschnitte 5.2 bis 5.4) unmittelbare Maßnahmen erfordern, sind auch die längerfristigen Auswirkungen von KI auf Gesellschaft, Ethik und Ökologie zu beachten:

Diese Dimensionen sind eng miteinander verknüpft: Soziale Veränderungen werfen ethische Fragen auf. Der durch KI-Systeme verursachte ökologische Fußabdruck beeinflusst wiederum gesellschaftliche Dynamiken.

Gesellschaftliche und wirtschaftliche Veränderungen durch KI

Künstliche Intelligenz ist weit mehr als ein technisches Werkzeug – sie verändert Arbeitsweisen, Märkte und die Gesellschaft insgesamt. Wirtschaftlich kann KI die Produktivität steigern, indem sie wiederkehrende Aufgaben wie das Verfassen übernimmt.

Für Unternehmen bedeutet das **weniger Aufwand und schnellere Ergebnisse**. Gleichzeitig eröffnet KI neue Möglichkeiten, wie KI-gestützte Designplattformen oder „Content-as-a-Service"-Modelle, die Arbeitsplätze für Entwickler, Kreative und technische Experten schaffen.

Doch diese Automatisierung birgt auch Herausforderungen: Tätigkeiten wie einfache Texterstellung, administrative Datenverarbeitung oder grundlegende Gestaltungsarbeiten könnten durch KI ersetzt werden. Das gefährdet **Arbeitsplätze in kreativen und repetitiven Berufen**.

Ohne gezielte Umschulungsprogramme könnten Mitarbeiter Schwierigkeiten haben, sich anzupassen, was Spannungen in Teams oder Branchen auslösen könnte. Gleichzeitig entstehen neue Rollen wie KI-Content-Manager, die technisches Wissen mit analytischen Fähigkeiten verbinden und die Innovationskraft stärken, wenn entsprechend investiert wird.

Tipp 54   Nutzen Sie KI gezielt, um Prozesse zu verbessern und investieren Sie in Umschulungen, um die Aufgaben und Rollen in Ihrer Belegschaft kontinuierlich an die technologische Entwicklung anzupassen.

Anhand der aktuellen KI-Entwicklungen deutet sich an, dass diese den Zugang zu Informationen und Dienstleistungen verbessern. Es gibt aber auch Befürchtungen, wonach die Entwicklung längerfristig zu einer gesellschaftlichen Zweiteilung führe: In eine privilegierte Schicht, die von KI profitiert und eine wachsende Gruppe, die wirtschaftlich und sozial abgehängt wird.

Ein weiteres Risiko ist die **wirtschaftliche Ungleichheit**: Der Zugang zu fortschrittlicher KI ist oft großen Unternehmen und ressourcenstarken Ländern vorbehalten, was kleinere und mittelständische Unternehmen (KMU) oder Entwicklungsnationen benachteiligen könnte.

Diese Kluft könnte **Wettbewerbsungleichgewichte** verschärfen, etwa wenn nur wenige Akteure KI-gestützte Innovationen wie autonome Systeme nutzen. Ein globaler Markt, in dem große Konzerne Lieferketten dominieren, könnte lokale Anbieter marginalisieren.

Diesem These gegenüber steht jedoch eine konträre Annahme: Die breite Etablierung von KI könnte nämlich gerade auch Kleinunternehmen befähigen, durch vergleichbare Mittel mit Marktführern zu konkurrieren. Gerade in KI-Bereichen zeigen zahlreiche Startups eine bemerkenswerte Innovationskraft, während gleichzeitig große Technologiekonzerne wie Apple offenkundig Schwierigkeiten haben, mit dem rasanten Entwicklungstempo mitzuhalten.

Ob die breite Etablierung von KI also tatsächlich dazu führen wird, dass sich die Macht auf wenige große Akteure konzentriert, erscheint also bislang offen.

Ethische und kognitive Herausforderungen

Während KI die Arbeitswelt und wirtschaftliche Dynamiken transformiert, wirft sie auch tiefgreifende ethische Fragen auf, die über Effizienz und Produktivität hinausgehen. Diese Risiken betreffen die Grundlagen menschlicher Autonomie, Gerechtigkeit und Verantwortung – Aspekte, die für den langfristigen Umgang mit KI entscheidend sind.

Ein zentrales ethisches Risiko ist die potenzielle **Beeinträchtigung der menschlichen Entscheidungsfreiheit**. KI-Systeme könnten so gestaltet sein, dass sie Nutzerdaten analysieren – etwa Präferenzen, Verhaltensmuster oder emotionale Trigger – um auf das Denken und Verhalten der Menschen gezielt Einfluss zu nehmen, ohne dass dies bemerkt oder offengelegt wird.

Beispiel 55: Eine KI könnte personalisierte Werbung generieren, die so präzise auf individuelle Schwächen abgestimmt ist, dass sie unbewusste Kaufimpulse auslöst.

Solche Praktiken gefährden die Autonomie, indem sie Entscheidungen manipulieren, ohne Transparenz oder Zustimmung der Betroffenen. Zwar verlangt der europäische AI Act hier ein hohes Maß an Transparenz, doch die ethische Herausforderung bleibt: Wo verläuft die Grenze zwischen hilfreicher Personalisierung und unzulässiger Beeinflussung?

Tipp 55   Kennzeichnen Sie alle KI-generierten Inhalte deutlich – etwa mit einem Hinweis wie „mit KI erstellt", um Vertrauen zu sichern.

KI-Systeme können **ethische Prinzipien wie Fairness untergraben**, wenn sie systematische Verzerrungen reproduzieren. Selbst wenn technische Lösungen (siehe 5.2) Bias mindern, bleibt die Gefahr, dass historische Daten – etwa in der Justiz oder im Personalwesen – bestehende Ungerechtigkeiten fortschreiben.

Solche Entscheidungen könnten nicht nur Einzelpersonen diskriminieren, sondern auch das Vertrauen in KI als gerechtes Werkzeug schwächen. Ethisch fraglich ist hier, ob die Verantwortung allein bei Entwicklern liegt oder ob auch Nutzer gefordert sind, solche Effekte zu hinterfragen und zu korrigieren.

Tipp 56   Entwickeln Sie klare ethische Leitlinien, die Transparenz und Fairness priorisieren, etwa durch regelmäßige Bias-Audits Ihrer KI-Systeme.

Zu bedenken ist auch, dass die Abhängigkeit von KI langfristig auch die **menschliche Fähigkeit zur selbstständigen Problemlösung beeinträchtigen** könnte. Wenn komplexe Aufgaben – beispielsweise die Entwicklung von kreativen Konzepten und Strategien – zunehmend an KI delegiert werden, besteht das Risiko eines „Automatisierungs-Bias": Scheinbar überzeugende KI-Ergebnisse würden demnach zunehmend ohne kritische Prüfung akzeptiert.

Beispiel 56: Ein Designer, der für seine Arbeit nur noch auf generative Tools setzt, sodass eigene Ideen in den Hintergrund geraten, könnte seine kreative Eigenständigkeit nachhaltig schwächen.

Dabei stellt sich ethisch auch die Frage, ob eine Gesellschaft, die ihre intellektuellen Kapazitäten an Maschinen abgibt, noch widerstandsfähig bleibt: Was passiert in Situationen, in denen die KI versagt oder nicht verfügbar ist?

Tipp 57   Fördern Sie eine Kultur der kritischen Reflexion, indem Sie Teams ermutigen, KI als Unterstützung zu nutzen, nicht als alleinigen Entscheidungsträger.

Ein weiteres ethisches Dilemma betrifft die Zuschreibung von Verantwortung bei KI-Entscheidungen. Wenn eine KI in sensiblen Bereichen wie der Medizin oder dem Verkehr Fehler macht – etwa eine falsche Diagnose stellt oder einen Unfall verursacht – bleibt unklar, wer zur Rechenschaft gezogen wird: der Entwickler, der Betreiber oder die Maschine selbst? (siehe auch 4.3 Haftung)

Diese moralischen Grauzonen werden durch die oft undurchsichtige Natur von KI-Systemen (Black-Box-Problem) verschärft. Für Unternehmen bedeutet dies nicht nur ein rechtliches, sondern auch ein ethisches Risiko: Wie rechtfertigt man Entscheidungen, die niemand vollständig erklären kann?

Tipp 58   Implementieren Sie Mechanismen wie Erklärungstools (z. B. SHAP), um Entscheidungen nachvollziehbar zu machen und Manipulationen zu vermeiden.

Über die gesellschaftlichen und wirtschaftlichen Risiken hinaus, kommen die Entwicklung und der Betrieb von KI-Systemen auch mit erheblichen Herausforderungen an die Umwelt. Für die Nachhaltigkeit von KI sind diese Fragen ganz entscheidend – und finden deshalb zunehmend Beachtung.

Hoher Energieverbrauch

Das Training und der Betrieb von KI-Systemen, insbesondere großer Modelle, sind extrem energieintensiv. So kann allein das Training eines einzelnen neuronalen Netzes mit Milliarden Parametern Hunderttausende Kilowattstunden an Strom verbrauchen. Dies kann mitunter zu hohen **CO_2-Emissionen** führen.

Mit der zunehmenden Verbreitung von KI wird ein enormer Anstieg am weltweiten Energiebedarf erwartet. Diese Entwicklung droht globale Klimaziele wie die CO_2-Neutralität zu unterminieren, wenn sich diese nicht primär auf den Ausbau von erneuerbaren Energien stützt. Die Auswirkungen davon beschränken sich dabei nicht nur auf die ökologischen – Unternehmen drohen dabei auch wirtschaftliche und regulatorische Konsequenzen.

Tipp 59 Setzen Sie bei der Auswahl Ihrer Hardware und Infrastruktur auf möglichst energieeffiziente Lösungen und behalten Sie den Energieverbrauch fortlaufend im Blick.

Abbau seltener Rohstoffe

Die Hardware für KI – etwa leistungsstarke GPUs oder Spezialchips wie TPUs – erfordert **seltene Erden** und Metalle wie Lithium, Kobalt und Neodym. Der Abbau dieser Materialien hinterlässt ökologische Narben:

- Abwasser aus Minen verschmutzt Gewässer.
- Die Zerstörung von Habitaten bedroht die Biodiversität.
- Zudem sind diese Ressourcen geografisch ungleich verteilt.

Diese Abhängigkeit birgt Risiken wie Lieferengpässe oder Preisschwankungen. Weltpolitische Entwicklungen können die Verfügbarkeit und Kosten für KI-Infrastruktur massiv beeinflussen. Für Organisationen stellt sich die Frage, wie sie den Bedarf an solchen Materialien mit der Notwendigkeit eines nachhaltigen Ressourcenmanagements in Einklang bringen.

Wasserverbrauch und Kühlung

Ein oft unterschätzter Aspekt ist auch der hohe Wasserverbrauch, der durch die Kühlung von Hochleistungsservern in den Rechenzentren entsteht. Moderne Datenzentren benötigen zur Kühlung oft mehrere Millionen Liter Wasser jährlich, um die Überhitzung oder Drosselung der Rechenkapazitäten zu vermeiden.

Besonders in Regionen mit Wasserknappheit kann der Betrieb solcher Rechenzentren das lokale Ökosystem belasten und Konflikte mit anderen Nutzern wie Landwirtschaft oder Haushalten verschärfen.

Um den Bedarf an zusätzlicher Kühlung zu reduzieren, entstehen nicht nur neue Rechenzentren im kalten Norden. Auch an Rechenzentren unterhalb der Meeresoberfläche wird geforscht:

- Im Rahmen von *Projekt Natick* berichtete Microsoft bereits 2020 darüber, dass sich Unterwasser-Datenzentren als eine zuverlässige, praktische und nachhaltige Lösung bestätigten. Allerdings wurde der Betrieb des Unterwasser-Moduls vor der schottischen Küste 2024 eingestellt.
- Der Anbieter HiCloud hingegen hat das erste kommerzielle Unterwasser-Rechenzentrum bereits 2023 erfolgreich in Betrieb genommen. Das Rechenzentrum in der chinesischen Provinz Hainan wurde kürzlich um weitere Kapazitäten für KI-Anwendungen erweitert.

Tipp 60 Beziehen Sie auch regionale Umwelt- und Nachhaltigkeitsfaktoren in Ihre Hardware- und Infrastrukturentscheidungen mit ein.

Elektroschrott durch schnelle Obsoleszenz

Die rasante Entwicklung von KI-Technologien führt zu besonders kurzen Lebenszyklen von Hardware. Veraltete Server, Prozessoren und Speichergeräte werden häufig entsorgt, was die Menge an Elektroschrott erhöht. Dieser Abfall enthält mitunter toxische Stoffe, die bei unsachgemäßer Entsorgung Böden und Gewässer kontaminieren können.

Um langfristige Umweltschäden zu vermeiden, braucht es effektive **Recyclingstrategien**, die den ökologischen Nutzen von KI – etwa in der Ressourcenoptimierung – überlagern. Unternehmen stehen hier vor der Herausforderung, langlebigere Hardware zu entwickeln oder Kreislaufwirtschaftsmodelle zu etablieren, um diesen Trend umzukehren.

Paradoxe Umweltwirkung

Interessanterweise kann KI selbst als Werkzeug zur Lösung ökologischer Probleme dienen – etwa durch die Optimierung von Energieflüssen oder die Analyse von Klimadaten, während ihr eigener Ressourcenverbrauch diese Vorteile zunichtemachen könnte.

Angesichts dieser Ambivalenz ist es wichtig, den ökologischen Fußabdruck von KI ganzheitlich zu betrachten. Nur so lässt sich sicherstellen, dass die Anwendung von KI auch in Umwelt- und Klimafragen letztlich mehr nützt als schadet.

Wechselwirkungen und Relevanz

Die Risiken von KI – ob gesellschaftlich, ethisch oder ökologisch – lassen sich nicht isoliert betrachten. Sie beeinflussen sich gegenseitig in komplexen Wechselwirkungen:

Ressourcenintensive KI könnte etwa ökologische Belastungen verstärken, die wiederum soziale Spannungen in vulnerablen Regionen schüren, ethische Verfehlungen wie intransparente Entscheidungen das öffentliche Vertrauen schwächen und die Akzeptanz nachhaltiger Lösungen erschweren.

In dieser Verflechtung sind isolierte Ansätze unzureichend. Nur durch ganzheitliche Strategien lassen sich die ausgeführten Risiken und Herausforderungen bewältigen.

Schon jetzt prägen diese Dynamiken Entscheidungen – sei es in der Politik durch strengere Klimavorgaben, in Unternehmen durch Nachhaltigkeitsinitiativen oder in der Forschung durch die Entwicklung verantwortungsvoller KI-Designs.

Die Unsicherheit über das Tempo und Ausmaß dieser Entwicklungen erfordert proaktives Handeln, um irreversible Schäden zu vermeiden und die Potenziale von KI mit ihren Risiken in Einklang zu bringen. Organisationen und Gesellschaften tragen hier die Verantwortung, Innovation mit sozialer Gerechtigkeit, ethischen Standards und ökologischer Tragfähigkeit zu verbinden.

Tipp 61 Bilden Sie ein Ethik-Team, das vierteljährlich Trends wie Energieeffizienz und Ressourcennutzung prüft und Richtlinien vorschlägt.

Die vielfältigen Risiken von Künstlicher Intelligenz – von technischen Schwachstellen (5.2) über Cyberbedrohungen (5.3) bis hin zu gesellschaftlichen (5.5), ethischen und ökologischen Herausforderungen (5.6) – erfordern robuste Sicherheitsmaßnahmen, um ihre Integrität, Zuverlässigkeit und Nachhaltigkeit zu gewährleisten.

Dieser Abschnitt konzentriert sich auf technische Lösungen, die KI-Systeme gegen interne und externe Gefahren absichern, und bietet einen Leitfaden für deren praktische Umsetzung. Von Verschlüsselung über Robustheitstests bis hin zu kontinuierlichem Monitoring adressiert es die Anforderungen des AI Acts und darüber hinaus, um Vertrauen in KI-Anwendungen zu schaffen und potenzielle Schäden zu minimieren.

1. Datensicherheit und DSGVO-Konformität

Datensicherheit ist essenziell, um sensible Informationen vor unbefugtem Zugriff und Manipulation zu schützen und die Integrität von KI-Systemen zu gewährleisten. Am wichtigsten sind dabei:

- **Nutzerzustimmung**
  Einholung ausdrücklicher Einwilligung über digitale Formulare vor Datenverwendung für Training oder Analyse.

- **Verschlüsselung**
  AES-256 für Speicherung und TLS 1.3 für Übertragung (z. B. bei Finanz-KI) schützen Daten und reduzieren Leckage-Risiken.

- **Zugriffskontrollen**
  Role-Based Access Control (RBAC) und Zwei-Faktor-Authentifizierung (2FA) beschränken Zugriff (z. B. Diagnose-KI für Experten).

- **Datenvalidierung**
  Tools wie TensorFlow Data Validation prüfen Anomalien (z. B. GPS-Daten), Hash-Dokumentation sichert Nachweisbarkeit.

- **Regelmäßige Audits**
  Wöchentliche Überprüfung von Zugriffsberechtigungen mit IAM-Lösungen (Identity und Access Management) vermeidet Sicherheitslücken.

2. Modellrobustheit und Zuverlässigkeit

Robustheit schützt KI-Systeme vor Angriffen und Fehlfunktionen, insbesondere in sicherheitskritischen Bereichen.

- **Adversarial Training**
  Gestörte Eingaben (z. B. manipulierte Bilder) stärken Modelle gegen Adversarial Attacks (siehe 5.3), trotz höheren Rechenaufwandes.

- **Robustheitstests**
  Monatliche Tests mit ART und extremen Eingaben (z. B. Sicherheits-KI) decken Schwächen auf.

- **Modelloptimierung**
  Regularisierung und Pruning minimieren Overfitting (5.2) und erhöhen Effizienz (z. B. autonome Fahrzeuge).

- **Intrusion Detection**
  Tools wie Snort erkennen Angriffsversuche in Echtzeit (z. B. Datenlecks).

3. Transparenz und Überprüfbarkeit

Transparenz fördert Nutzervertrauen und erfüllt rechtliche Vorgaben:

- **Erklärungswerkzeuge**
  SHAP oder LIME erläutern Entscheidungen (z. B. Kreditentscheidungen), halbjährliche Validierung hält sie aktuell.

- **Kennzeichnung**
  Automatische „KI-generiert"-Hinweise (z. B. Chatbot-Texte) erhöhen Transparenz.

- **Nachvollziehbare Modelle**
  Entscheidungsbäume bieten Interpretierbarkeit für komplexe Systeme.

Tipp 63   Testen Sie Erklärungstools regelmäßig mit Benchmarks, um Anforderungen zu erfüllen.

4. Kontinuierliches Monitoring und Anpassung

Monitoring und Anpassung sichern langfristige Leistung und Nachhaltigkeit.

- **Echtzeit-Überwachung**
  Tools wie Prometheus melden Anomalien (z. B. Überwachungs-KI), die laufende Analyse fördert schnelle Reaktionen.

- **Regelmäßiges Retraining**
  Monatliches Update mit neuen Daten (z. B. Verkehrsdaten) verhindert Data Drift, automatische Pipelines sparen Aufwand.

- **Ressourceneffizienz**
  Federated Learning und effiziente Hardware reduzieren den ökologischen Fußabdruck (siehe 5.6).

Tipp 64 Nutzen Sie synthetische Testdaten für wöchentliche Berichte, um Schwächen zu finden.

Praktische Umsetzung

Die praktische Umsetzung erfordert eine Balance zwischen technischer Präzision und organisatorischer Machbarkeit, um KI-Anwendungen nachhaltig sicher und vertrauensvoll zu gestalten.

- **Phasenweise Implementierung**
  Start mit Datensicherheit, dann Robustheit, zuletzt Monitoring. Ein Pilotprojekt (z. B. Analyse-KI) testet Schwächen vor der Skalierung.

- **Organisatorische Verankerung**
  Schulungen und ein Sicherheitsteam unterstützen die Umsetzung. Monatliche Berichte schaffen Transparenz.

- **Werkzeugauswahl**
  TensorFlow Privacy oder Azure bieten je nach Budget und Anforderungen passende Lösungen.

Tipp 65 Richten Sie ein einfaches Monitoring ein – z. B. wöchentliche Berichte über Genauigkeit und Fehlerraten. Testen Sie mit Hilfe von synthetischen Daten, um Schwächen zu finden.

Die Vielfalt an unterschiedlichen Risiken und Sicherheitsmaßnahmen erfordert ein ganzheitliches Vorgehen. Das strategische Risikomanagement ist entscheidend, um die Risiken von KI systematisch zu kontrollieren und gesetzliche Standards wie den europäischen AI Act einzuhalten.

Dieser Abschnitt zeigt Ihnen, wie Sie potenzielle Gefahren bewerten, minimieren und im Ernstfall handeln können. Mit einem soliden Risikomanagement gewinnen Sie die notwendige Stabilität und Resilienz, um sowohl komplexe Herausforderungen wie auch Notfälle souverän zu meistern.

Risikobewertung von KI-Systemen

Eine fundierte Risikobewertung ist der erste Schritt, um Ihre KI-Systeme richtig einzuordnen und geeignete Maßnahmen abzuleiten:

Beginnen Sie damit, jedes Ihrer **KI-Systeme zu identifizieren** – etwa Prognosetools, Bilderkennung oder Übersetzungssoftware. Prüfen Sie diese anhand der Risikoeinstufung des AI Act und analysieren Sie den jeweiligen Einsatzkontext: Eine KI im Gesundheitswesen, die Diagnosen stellt, fällt oft in die Hochrisiko-Klasse, während eine KI zur internen Prozessoptimierung meist minimales Risiko darstellt. (siehe 3.1)

Sichten Sie Ihre Daten: Werden sensible Informationen wie biometrische Daten verarbeitet? Das erhöht das Risiko. Bewerten Sie auch die **potenziellen Schäden** – könnten Fehler Gesundheit, Rechte oder Sicherheit beeinträchtigen? So finden Sie die passende Klassifizierung.

Eine **Risiko-Matrix** ist ein hilfreiches Werkzeug: Sie visualisiert Risiken nach Wahrscheinlichkeit und Auswirkung. Spezialisierte Software kann Ihnen bei der Systemidentifikation helfen. Tools wie Fairlearn unterstützen Sie dabei, Schwachstellen wie Bias zu erkennen. Überprüfen Sie jährlich, ob sich Einsatzkontext oder Datenbasis geändert haben, um stets aktuell zu bleiben.

Tipp 66   Starten Sie mit einer Risikomatrix für Ihr größtes KI-Projekt. Priorisieren Sie die Hauptrisiken und erstellen Sie einen umfassenden Zeitplan für sämtliche Maßnahmen.

Risikominderung und Compliance-Strategien

Reduzieren Sie die realen Risiken und halten Sie sämtliche rechtliche Vorgaben ein. Selbst vermeintlich geringe Risiken können sich in der Praxis als hoch problematisch erweisen – etwa, wenn Bias in einer Prognose-KI Ihre Entscheidungen verzerrt oder fehlende Dokumentation bei Hochrisiko-Systemen zu Sanktionen führt.

Denken Sie bei der Risikominimierung stehts daran, **technische und organisatorische Maßnahmen zu kombinieren**. Jede technische Maßnahme verlangt eine klare organisatorische Zuständigkeit und Verantwortung.

- Technisch sollten Sie Ihre Daten regelmäßig prüfen und Ihre Modelle mit aktuellen Datensätzen re-trainieren, um Bias oder Daten-Drift zu bekämpfen. Das ist besonders wichtig, wenn sich Ihre Umgebung saisonal oder wirtschaftlich verändert – monatliche Updates können hier hilfreich sein.

  Beispiel 57: Eine Logistik-KI mit veralteten Daten könnte ineffiziente Routen vorschlagen – regelmäßiges Retraining und ein Protokoll über Datenquellen verhindern dies.

- Organisatorisch fördern Schulungen die Kompetenz Ihrer Teams, während klare Prozesse – etwa ein Compliance-Workflow mit Checklisten – die Einhaltung sichern. Diese Checklisten könnten Aspekte wie Dokumentation, Transparenz und Sicherheitsvorkehrungen abdecken.

Tipp 67 Führen Sie regelmäßige Audits durch und halten Sie ein Protokoll bereit, um bei Prüfungen vorbereitet zu sein.

Notfallmanagement und Fehlerreaktion

Ein effektives Notfallmanagement schafft die Grundlage, um operative Kontinuität sicherzustellen, Risiken zu managen und die Resilienz eines Unternehmens nachhaltig zu stärken. Es geht dabei nicht nur um technische Lösungen, sondern auch um organisatorische, menschliche und strategische Ansätze, die zusammen ein Sicherheitsnetz bilden.

Systemausfälle, Sicherheitslücken, Datenverluste oder fehlerhafte Entscheidungen künstlicher Intelligenz können innerhalb kürzester Zeit erhebliche Schäden verursachen: von finanziellen Einbußen über rechtliche Konsequenzen bis hin zum Verlust des hart erarbeiteten Vertrauens von Kunden, Partnern und der Öffentlichkeit. Unternehmen sind gefordert, nicht nur auf Krisen zu reagieren, sondern diese proaktiv zu antizipieren und ihre Auswirkungen zu minimieren.

Die folgenden Elemente fördern eine vielschichtige Krisenbewältigung:

- **Präventive Risikoanalyse und Szenarienplanung**
  Regelmäßige Risikoanalysen identifizieren Schwachstellen, während Worst-Case-Szenarien präventive Maßnahmen ermöglichen.

- **Diversifizierung der Infrastruktur**
  Multi-Cloud-Ansätze und redundante Hardware reduzieren die Abhängigkeit von einzelnen Systemen.

- **Integration von externen Experten**
  Ein Netzwerk aus Cybersecurity-, KI- und juristischen Spezialisten unterstützt bei komplexen Krisen.

- **Technologische Redundanzen für KI-Systeme**
  Fallback-Modelle und manuelle Overrides sichern KI-Anwendungen bei Ausfällen ab.

- **Finanzielle Absicherung und Versicherungen**
  Cyber-Versicherungen und Notfallfonds decken Kosten und Umsatzeinbußen ab.

- **Unterstützung im Krisenfall**
  Stressbewältigung und Rotationssysteme entlasten Mitarbeiter während und nach Notfällen.

- **Feedbackschleifen von Kunden und Nutzern**
  Kundenmeldungen und Social-Media-Analysen dienen als Frühwarnsystem für Probleme.

Tipp 68 Testen Sie Ihren Notfallplan regelmäßig mit Simulationen, wie einem simulierten Datenleck, um Ihre Reaktionsfähigkeit zu prüfen und zu stärken. So minimieren Sie Ausfallzeiten und schützen Ihre Projekte.

Der verantwortungsvolle Einsatz von KI verlangt klare Regeln. Diese geben Ihnen, Ihren Mitarbeitern und Führungskräften Orientierung.

Mit KI-Guidelines schaffen Sie Transparenz über Nutzung, Verantwortlichkeiten und Kontrolle Ihrer Systeme – unter Berücksichtigung rechtlicher und ethischer Standards. Dieser Abschnitt zeigt Ihnen, wie Sie solche Richtlinien erfolgreich entwickeln und etablieren.

Den Prozess starten

Beginnen Sie mit einer **Bestandsaufnahme**: Welche KI-Tools nutzen Sie bereits? Häufig verwenden Ihre Teams Anwendungen wie Chatbots, Übersetzungssoftware oder Analyseprogramme, ohne dass eine zentrale Übersicht existiert. Verschaffen Sie sich Klarheit darüber, welche Lösungen im Einsatz sind und wo neue Anwendungsfelder Potenzial bieten.

Führen Sie anschließend eine **Risikobewertung** durch (siehe 5.8): Wo könnten Datenschutzprobleme, Haftungsfragen oder ethische Konflikte auftreten?

Definieren Sie klare Ziele – wollen Sie KI für Effizienz, Kostensenkung oder Innovation nutzen? Eine präzise Zielsetzung hilft Ihnen, die Implementierung strategisch anzugehen und Risiken zu minimieren.

KI operiert in einem sensiblen rechtlichen und ethischen Umfeld. Der **AI Act** legt Anforderungen fest, während die **DSGVO** Transparenz, Datenminimierung und die Einwilligung bei der Verarbeitung personenbezogener Daten vorschreibt.

Tipp 69   Nutzen Sie Techniken wie Anonymisierung oder Pseudonymisierung, um sensible Daten zu schützen.

Das **Urheberrecht** ist ebenfalls relevant (siehe 4.2). In vielen Ländern können nur natürliche Personen Urheber sein, was KI-generierte Werke in eine Grauzone bringt.

Klären Sie außerdem, **wer haftet**, wenn ein KI-System Fehler macht (siehe 4.3). Legen Sie dazu klare Verantwortlichkeiten fest. Ethische Aspekte wie Bias – etwa Stereotypen in Übersetzungen – sollten Sie regelmäßig prüfen und korrigieren.

KI-Guidelines formulieren

Passen Sie Ihre KI-Guidelines praxisnah an die Realität Ihres Unternehmens an. Nutzen Sie Ressourcen und Tools von Verbänden, beispielsweise den WKO-Generator für KI-Richtlinien als flexible Vorlage. Diese decken in der Regel folgende Kernbereiche ab:

- **Grundsätze der KI-Nutzung**
  Welche Tools dürfen Mitarbeitende einsetzen?
  Welche Anwendungen brauchen eine Genehmigung?
  Wer entscheidet über neue KI-Projekte?

- **Datenschutz und Sicherheit**
  Wie werden sensible Daten geschützt?
  Welche technischen Maßnahmen setzen Sie ein?

- **Menschliche Kontrolle**
  Wie wird sichergestellt, dass KI-Ergebnisse überprüft werden?

- **Ethische Standards**
  Wie werden Bias und Diskriminierung vermieden?
  Wie sind KI-generierte Inhalte zu kennzeichnen?

- **Regelmäßige Anpassung**
  Wann werden die Richtlinien aktualisiert, um mit technologischen und rechtlichen Entwicklungen Schritt zu halten?

Tipp 70 Legen Sie fest, dass Ihre Mitarbeitenden KI-Tools nur nach einer Schulung nutzen dürfen und sensible Daten ausschließlich in lokal gehosteten Systemen verarbeiten.

So bauen Sie eine solide Basis für den verantwortungsvollen Einsatz Ihrer KI.

Etablierung, Monitoring und Verbesserung

Die Etablierung und Kontrolle von KI-Guidelines erfordert klare Schritte:

Kommunizieren Sie die Ihre KI-Guidelines über Kanäle wie Intranet, Meetings oder Newsletter, damit alle informiert sind. Bieten Sie regelmäßige Schulungen an, die technische, rechtliche und ethische Aspekte abdecken. Benennen Sie eine

Ansprechperson oder ein Gremium, das Fragen klärt und Compliance überwacht.

Starten Sie nach Möglichkeit mit **Pilotprojekten**, um die Richtlinien zu testen und anzupassen, bevor Sie sie flächendeckend einführen. Eine Betriebsvereinbarung kann rechtliche Klarheit schaffen und die Einhaltung fördern.

Tipp 71   Geben Sie Ihren Teams die Chance, KI-Tools mit neutralen Daten auszuprobieren. Damit lassen sich mögliche Ängste und Vorbehalte abbauen und praktische Erfahrungen sammeln.

KI-Technologien und Vorschriften ändern sich ständig: Ihre Guidelines müssen **flexibel bleiben**. Prüfen Sie regelmäßig, ob sie funktionieren und Mehrwert bringen. Fördern Sie dazu auch eine Feedback-Kultur, in der Ihre Mitarbeiter und Kunden fortlaufend **Verbesserungen** vorschlagen können.

Pflegen Sie einen aktiven Umgang mit Herausforderungen

Dynamische Technologie stellt insbesondere Klein- und Mittelbetriebe vor besondere Herausforderungen: Ressourcen für Schulungen oder Beratung könnten knapp sein, Mitarbeitende könnten KI skeptisch sehen – etwa wegen Jobängsten oder ethischer Bedenken. Rechtliche Unsicherheiten, wie Haftung oder Urheberrechte, bleiben bestehen (siehe Kapitel 4).

Beachten Sie für die Umsetzung und nachhaltige Etablierung von KI-Guidelines im Unternehmen insbesondere folgende Punkte:

1. **Klarheit und Praxisnähe**
    Formulieren Sie verständlich, mit Beispielen wie „KI-Inhalte als solche kennzeichnen".

2. **Mitarbeiter-Einbindung**
    Binden Sie Teams in die Entwicklung ein, etwa durch Feedback-Runden, um Akzeptanz zu stärken.

3. **Rechtliche Sicherheit**
    Halten Sie Vorgaben wie den AI Act ein, um Haftungsrisiken zu minimieren (siehe Kapitel 4).

4. **Ethische Verantwortung**

Setzen Sie auf Fairness und Transparenz, um Vertrauen bei allen Stakeholdern zu schaffen.

5. **Flexibilität**

   Passen Sie die Guidelines regelmäßig an neue Entwicklungen an, etwa durch jährliche Reviews.

Die Etablierung von KI-Guidelines ist ein strategischer Prozess, der Ihnen hilft, KI-Potenziale zu nutzen und Risiken zu kontrollieren. Er steigert Effizienz, sichert Wettbewerbsvorteile und gewährleistet einen rechtssicheren, ethischen Umgang mit KI.

Tipp 72   Setzen Sie auf klare Regeln, ethische Standards und eine gut durchdachte Implementierung, um eine Balance zwischen Innovation und Verantwortung zu finden.

6 AUFBAU VON KI-KOMPETENZ

Was unterscheidet erfolgreiche Unternehmen, die Künstliche Intelligenz optimal nutzen, von denen, die hinterherhinken? Die Antwort lautet: Kompetenz. Doch was bedeutet KI-Kompetenz konkret und wie bauen Sie diese Fähigkeiten in Ihrem Team systematisch auf?

In diesem Kapitel begleite ich Sie Schritt für Schritt dabei, Ihre Mitarbeitenden gezielt für den souveränen Umgang mit KI auszubilden. Dabei geht es um weit mehr als um technisches Know-how.

Es geht darum, **Verständnis für Algorithmen und Daten** zu schaffen, **ethische und rechtliche Fragestellungen** souverän zu meistern und **KI strategisch** in Ihre tägliche Arbeit **einzubinden**.

Gemeinsam klären wir zentrale Fragen:

- Wie sieht ein erfolgreiches Schulungskonzept aus, das exakt auf Ihre Unternehmensbedürfnisse zugeschnitten ist?
- Welche Herausforderungen können dabei auftreten und wie lösen Sie diese praxisnah?

Am Ende des Kapitels stelle ich Ihnen noch einige **Best-Practice-Beispiele** der EU-Kommission vor. Sie legen anschaulich dar, wie Unternehmen unterschiedlichster Branchen und Größen den Aufbau von KI-Kompetenzen meistern – mit wertvollen Impulsen für die eigene Umsetzung.

Sind Sie bereit, Ihre Mitarbeitenden zu echten KI-Experten zu machen und Ihre Organisation zukunftssicher aufzustellen? Dann lassen Sie uns für Ihr Team die Grundlagen schaffen, damit Ihr Unternehmen das volle Potenzial der Künstlichen Intelligenz kompetent und verantwortungsvoll ausschöpfen kann!

KI-Kompetenz bedeutet, dass Sie die Technologie sicher und sinnvoll einsetzen können. Sie geht über technisches Wissen hinaus und umfasst die Fähigkeit, gesellschaftliche, ethische und wirtschaftliche Folgen zu verstehen und kritisch zu bewerten.

Für Ihre Organisation bedeutet dies: **Interne und externe Mitarbeitende** müssen über ein technisches Grundverständnis verfügen, um die Funktionsweise und Risiken von KI-Systemen zu erfassen. Anwendungsspezifisches Wissen, rechtliche Kenntnisse und kritisches Denken ermöglichen es, wirtschaftliche Potenziale zu nutzen, Fehlfunktionen frühzeitig zu erkennen und eine sichere, rechtskonforme Anwendung zu gewährleisten.

Diese Kompetenz ist für alle relevant – keineswegs nur für IT-Spezialisten. Ihre Führungskräfte müssen strategische Entscheidungen treffen, Ihre Juristen rechtliche Rahmenbedingungen prüfen, Ihre Marketingteams KI-Tools für Analysen nutzen und Ihre Personalabteilung faire Auswahlprozesse gestalten.

In einer Ära, in der automatisierte Systeme Ihren Alltag prägen, müssen Sie sicherstellen, dass Ihr gesamtes Team die Grundlagen versteht und fundierte Entscheidungen trifft

Tipp 73 Investieren Sie frühzeitig in KI-Schulungen, um Ihre Teams fit zu machen und Projekte erfolgreich umzusetzen.

Dimensionen der KI-Kompetenz

Grundsätzlich lässt sich KI-Kompetenz in vier Kernbereiche gliedern, die zusammen ein umfassendes Verständnis und praktische Handlungsfähigkeit ermöglichen. Jede Dimension adressiert spezifische Aspekte der Technologie und ihrer Anwendung:

1. Technisches Grundverständnis

Diese Dimension konzentriert sich auf das Basiswissen über die Funktionsweise von KI-Technologien. Dazu gehören Kenntnisse über maschinelles Lernen, neuronale Netze, Algorithmen sowie die zentrale Rolle von Daten in der Modellbildung – von der Datenvorbereitung bis zur Validierung (siehe Kapitel 2).

Ziel ist es, ein **allgemeines Verständnis dafür zu schaffen**, wie KI-Systeme

„lernen", wie sie ihre Entscheidungen treffen und welche technischen Prinzipien sie antreiben.

> *Beispiel 58:* Mitarbeitende sollten etwa wissen, dass eine schlechte Datenqualität („Garbage in, Garbage out") die Zuverlässigkeit eines Modells untergräbt, oder dass ein neuronales Netz nicht magisch funktioniert, sondern auf mathematischen Optimierungen basiert.

Wer die technische Funktionsweise in ihren Grundzügen versteht, ist in der Lage, die technologischen Grenzen zu erkennen. Zudem bildet dieses Grundverständnis eine gute Basis für die Abstimmung mit internen und externen Ansprechpartnern, die für das Training, die Implementierung oder den Betrieb von KI-Systemen verantwortlich sind.

2. Anwendungsspezifisches Wissen und Risiken

Anwendungswissen befähigt Nutzer dazu, KI gezielt in realen Szenarien einzusetzen. Es umfasst das Erkennen von **Einsatzmöglichkeiten** und die Bewertung von Potenzialen wie Effizienzsteigerung, genauso wie deren Grenzen.

Dieses Wissen hilft Ihnen, um KI in Arbeitsabläufe zu integrieren und Vorteile – etwa durch Automatisierung von Routineaufgaben – zu schaffen. Gleichzeitig erfordert es die Fähigkeit, **Risiken zu identifizieren**: Fehler wie Daten-Drift oder Fehlanwendungen durch ungeeignete Datengrundlagen können Projekte gefährden.

> *Beispiel 59:* Marketingexperten lernen beispielsweise, wie sich mit Hilfe von KI Kampagnen analysieren und optimieren lassen. Personalverantwortliche verstehen, wie sie KI-Tools für eine faire und effektive Bewerberauswahl einsetzen.

Organisationen mit starkem Anwendungswissen setzen KI effektiver ein, vermeiden Ressourcenverschwendung und steigern ihre operative Leistung.

3. Ethische Aspekte und kritisches Denken

Ein verantwortungsvoller Umgang mit KI verlangt ein tiefes Verständnis ethischer Prinzipien und die Fähigkeit zur kritischen Analyse. Ethische Aspekte umfassen die Vermeidung von Bias durch faire Trainingsdaten und die Sicherstellung von Transparenz („Explainable AI"), um gesellschaftliche Werte wie Fairness zu wahren.

Kritisches Denken ergänzt dies durch das **Hinterfragen von KI-Ergebnissen** und das **Erkennen von Fehlerquellen** wie überangepasste Modelle. Diese Dimension fördert eine skeptische Haltung gegenüber „Black-Box"-Systemen, schützt vor blindem Vertrauen und verbessert die Zuverlässigkeit von KI-Anwendungen durch menschliche Überprüfung.

> *Beispiel 60:* Mitarbeitende sollten etwa in der Lage sein, Anomalien in KI-Prognosen zu erkennen – wie unrealistische Verkaufszahlen – und diese mit Fachwissen abzugleichen.

4. Rechtliche Vorgaben, Datenschutz und Haftung

Letztlich sind auch rechtliche Kompetenzen unerlässlich, um den Anforderungen des AI Act und anderer Vorschriften gerecht zu werden: Sie müssen die **Dokumentation** von KI-Systemen verstehen, um bei Audits zu bestehen und **Datenschutz** nach DSGVO gewährleisten.

Hier stehen auch **Haftungsfragen** im Fokus: Wer ist verantwortlich, wenn KI-Fehlentscheidungen Schäden verursachen – Entwickler, Anwender oder das System selbst (siehe 4.3)? Ohne dieses Wissen riskieren Organisationen Verstöße, die rechtliche Konsequenzen oder Reputationsschäden nach sich ziehen.

Tipp 74 Sichern Sie sich operative Effizienz und ethische Integrität. Starten Sie mit regelmäßigen Schulungen, die technische Grundlagen, Bias-Erkennung und rechtliche Pflichten abdecken.

Bedeutung und Herausforderungen in der Praxis

KI-Kompetenz ist ein Schlüsselfaktor für Organisationen, die in einer digitalisierten Welt erfolgreich agieren wollen. Sie ermöglicht die effiziente Nutzung von KI-Technologien und stärkt die Resilienz gegenüber Risiken wie rechtlichen Verstößen oder Reputationsverlusten. Darüber hinaus fördert Kompetenz die **Innovationskraft**:

Langfristig kann der kompetente Umgang mit KI-Systemen die Abhängigkeit von externen Dienstleistern reduzieren, Kosten senken und die Eigenständigkeit erhöhen. Kompetente Teams nutzen ihre KI-Investitionen deutlich **effektiver**.

Umgekehrt drohen ohne diese Fähigkeiten massive Nachteile: Fehlentscheidungen durch mangelndes Verständnis könnten beispielsweise Ihre Ressourcen falsch lenken oder finanzielle Schäden anrichten.

Ihre Tools könnten ungenutzt bleiben, weil niemand ihr Potenzial erkennt. Sie könnten zurückfallen, während andere schneller innovieren. Nicht zuletzt erhöht ungeschultes Personal das Risiko von rechtlichen Problemen – etwa durch Verstöße gegen den AI Act.

> *Beispiel 61:* Booking.com zeigt, wie gezielte Schulungen nicht-technischer Teams die Betrugsbekämpfung verbessern und ethische Standards wahren können. (siehe 6.6)

Herausforderungen in der Praxis

Der Aufbau von KI-Kompetenz bringt für alle Unternehmen Herausforderungen mit sich. Berücksichtigen Sie diese vorab in der Planung Ihrer Maßnahmen:

- **Unterschiedliche Vorkenntnisse der Mitarbeitenden**
  Teams bringen vielfältige Erfahrungen mit – von technisch versierten Entwicklern bis zu KI-Neulingen. Schulungen müssen sich an diese Heterogenität anpassen, um niemanden zu überfordern oder zu unterfordern. Lösungen wie modulare Programme, die auf verschiedene Lernniveaus abzielen, sind hier gefragt.

- **Schnelle technologische Entwicklung**
  KI-Technologien wie Transformer-Modelle oder generative KI evolvieren rasant, wodurch Schulungsinhalte ständig aktualisiert werden müssen. Generali adressiert dies mit einem jährlichen Review-System, um Wissen aktuell zu halten (siehe 6.6).

- **Skepsis gegenüber KI**
  In manchen Bereichen gibt es Vorbehalte, insbesondere wenn Mitarbeitende befürchten, dass Automatisierung ihre Jobs gefährdet. Transparente Kommunikation und Schulungen, die den Mehrwert der Zusammenarbeit von Mensch und KI betonen – wie bei Telefónica – können Vertrauen schaffen (siehe 6.6).

- **Mangel an qualifizierten Trainern**
  Nicht jedes Unternehmen verfügt über interne Fachkräfte für fundierte

KI-Schulungen. Kooperationen mit Hochschulen, Forschungseinrichtungen oder Online-Plattformen (z. B. Coursera) bieten Abhilfe.

Tipp 75   Informieren Sie sich über Best-Practice-Lösungen innerhalb Ihrer Branche. Eine Auswahl bewährter Lösungsansätze finden Sie zudem in Abschnitt 6.6 Best Practices.

Die Bedeutung von KI-Kompetenz zeigt sich in ihrer Vielseitigkeit: Sie befähigt Ihre Teams, Risiken zu minimieren, Chancen zu nutzen und innovative Lösungen zu entwickeln. Doch wie lässt sich dieses Wissen systematisch aufbauen und an unterschiedliche Bedürfnisse anpassen?

Die Entwicklung von KI-Kompetenz erfordert einen strukturierten Ansatz, der technisches Wissen, Anwendungskenntnisse, ethische Sensibilität und kritisches Denken vereint.

Unternehmen, die auf kontinuierlich evaluierte und angepasste Schulungsmodelle setzen, sind besser gerüstet, die Chancen der KI-Zukunft zu nutzen und Herausforderungen zu meistern. Langfristig fördert Kompetenz die Anpassungsfähigkeit an neue Entwicklungen – etwa die nächste Generation von KI-Modellen – und sichert so nachhaltigen Erfolg.

Im folgenden Abschnitt stellen wir ein Stufenmodell vor, das Ihnen hilft, Schulungen strukturiert und zielgerichtet zu gestalten – von den ersten Schritten bis zur Expertenstufe.

Tipp 76   Machen Sie den Aufbau von KI-Kompetenz zur Priorität, um Wettbewerbsvorteile zu sichern und regulatorische Anforderungen zu erfüllen.

Ein erfolgreiches Schulungsprogramm passt sich an die Bedürfnisse Ihrer Mitarbeiter an. Ein dreistufiges Modell bietet Ihnen Struktur und sorgt dafür, dass jeder in Ihrem Team mitkommt: von grundlegendem Verständnis bis hin zu spezialisierten Fähigkeiten.

Stufe 1: Grundlagen- und Sensibilisierungsschulungen

Diese Stufe ist für alle Ihre Mitarbeiter gedacht – vom Empfang bis zur Geschäftsführung. Ziel ist ein einheitliches Verständnis und weniger Vorbehalte. Sie lernen:

- **Einführung in KI**
  Was ist KI, wie entstand sie, wo wird sie eingesetzt?

- **Grundkonzepte**
  Maschinelles Lernen, neuronale Netze, Algorithmen – einfach erklärt.

- **Anwendungsbeispiele**
  KI im Alltag (z. B. Sprachassistenten) und in Ihrem Unternehmen.

- **Ethische und rechtliche Basics**
  Datenschutz, Bias-Vermeidung, Transparenzpflichten.

  Beispiel 62: Generali nutzt E-Learning-Plattformen mit flexiblen Formaten (synchron/asynchron), um alle zu erreichen. (siehe 6.6)

Diese Stufe schafft eine gemeinsame Basis und nimmt Ängste, indem sie zeigt, wie KI Ihren Alltag unterstützt, nicht ersetzt.

Stufe 2: Intermediate-Schulungen für spezialisierte Nutzer

Hier vertiefen Sie das Wissen für Führungskräfte, sowie Mitarbeiter, die mit speziellen KI-Systemen arbeiten oder dafür verantwortlich sind. Themen sind:

- **Risikobewertung**
  Wie setzen Sie KI verantwortungsvoll ein, ohne ethische oder rechtliche Grenzen zu überschreiten?

- **Technische Nutzung**
  Wie optimieren Sie Modelle oder werten Ergebnisse aus?

- **Praxisnahe Fallstudien**
  Beispiele aus Ihrer Branche, die zeigen, wie KI funktioniert.

- **Erweiterte Ethik**
  Entscheidungen mit Blick auf Fairness und Transparenz treffen.

> *Beispiel 63:* Booking.com schult nicht-technische Teams wie die
> Rechtsabteilung in KI-Grundlagen, firmenspezifischen Anwendun-
> gen (z. B. Betrugsbekämpfung) und Regulierung, um fundierte Ent-
> scheidungen zu ermöglichen (siehe 6.6).

Stufe 3: Experten-Schulungen und fachspezifische Akademien
Für Ihre Entwickler und Fachkräfte wird es spezifisch:

- **Fortgeschrittene Techniken**
  Maschinelles Lernen, Datenverarbeitung, Modelloptimierung.

- **Entwicklung**
  Eigene KI-Lösungen bauen und anpassen.

- **Strategische Nutzung**
  KI in wichtige Unternehmensentscheidungen einbinden.

- **Vertiefte Ethik und Regulierung**
  Standards wie der AI Act im Detail verstehen.

> *Beispiel 64:* EnBW setzt auf praxisnahe, spielbasierte Trainings, um
> das Lernen lebendig zu machen, während Telefónica „Responsible
> AI Champions" einführt, die Wissen gezielt verbreiten. (siehe 6.6)

Diese Stufe macht Ihre Experten zu Treibern Ihrer KI-Strategie.

Tipp 77 Erstellen Sie ein Schulungsprofil pro Abteilung – z. B. „Vertrieb:
Stufe 1+2" – und testen Sie mit einem Pilotkurs für 10 Mitarbeiter.

Herausforderungen bei der Implementierung

Die Implementierung eines solchen Schulungssystems bringt Herausforderungen mit sich:

- **Heterogene Wissensniveaus**
  Schulungen müssen an verschiedene Kompetenzlevel angepasst werden.

- **Technologische Entwicklung**
  KI entwickelt sich rasant, wodurch Schulungsinhalte regelmäßig aktualisiert werden müssen.

- **Skepsis gegenüber KI**
  Mitarbeitende müssen aktiv eingebunden werden, um Vorbehalte abzubauen.

- **Ressourcen und Kosten**
  Nicht alle Organisationen verfügen über die Mittel, um umfassende KI-Schulungsprogramme eigenständig anzubieten.

Ein strukturiertes Schulungsmodell, das sich in mehrere Stufen gliedert, ermöglicht es Organisationen, KI-Kompetenz effektiv zu vermitteln. Während grundlegende Kurse für ein einheitliches Verständnis sorgen, bieten Intermediate- und Experten-Schulungen spezialisierte Kenntnisse für verschiedene Zielgruppen.

Tipp 78 Der Erfolg eines solchen Modells hängt von der kontinuierlichen Anpassung an neue technologische Entwicklungen sowie der Akzeptanz innerhalb der Organisation ab.

Damit KI-Schulungen effektiv wirken, müssen sie exakt auf den jeweiligen Arbeitskontext zugeschnitten sein. Ein strukturiertes Stufenmodell bildet hierfür den Rahmen, um die Inhalte gezielt auf die Anforderungen und Bedürfnisse Ihrer Teams auszurichten.

Standardisierte Weiterbildungen können in vielen Fällen ein guter Start sein. Oft erfassen Sie jedoch nicht die spezifischen Herausforderungen einzelner Teams und Branchen. Deshalb ist es entscheidend, Besonderheiten des Arbeitsumfelds, alltägliche Aufgaben sowie verschiedene Verantwortungsebenen umfassend in die Schulungskonzepte einzubeziehen.

Durch individuell abgestimmte, kontextabhängige KI-Schulungen erhalten Mitarbeitende praxisnahes Wissen und konkrete Werkzeuge, die sie unmittelbar in ihren Arbeitsprozessen einsetzen können. So lassen sich KI-Lösungen schnell und gezielt implementieren, was zu greifbaren Optimierungen und messbaren Ergebnissen führt.

KI-Weiterbildung auf die Branche abstimmen

Jede Branche nutzt KI auf unterschiedliche Weise – und genau das muss sich in der Weiterbildung widerspiegeln.

- In der Produktion hilft KI, Fehler frühzeitig zu erkennen und Prozesse zu optimieren.

- Im Gesundheitswesen verbessert KI die Diagnosegenauigkeit und unterstützt das Patientenmanagement.

- Im Finanzsektor analysiert KI Markttrends und deckt Betrugsmuster auf.

Diese spezifischen Einsatzmöglichkeiten müssen sich in der Schulung widerspiegeln, damit Mitarbeitende das Potenzial der Technologie ausschöpfen können.

KI für spezifische Aufgaben und Funktionen

Jede Rolle innerhalb eines Unternehmens hat unterschiedliche Anforderungen. Eine effektive KI-Schulung muss sich daher an den täglichen Aufgaben der Mitarbeitenden orientieren.

- Techniker in der Produktion sollten lernen, wie KI-Wartungsarbeiten optimiert

- Ärzte erfahren, wie sie KI zur Verbesserung von Diagnosen einsetzen und die Ergebnisse kontrollieren.

- Finanzanalysten profitieren von Schulungen, die ihnen zeigen, wie sie mit KI schneller Marktbewegungen analysieren und fundierte Entscheidungen treffen.

Durch gezielte Schulungen erhalten Mitarbeitende nicht nur theoretisches Wissen, sondern **praktische Lösungen**, die direkt in ihren Arbeitsalltag integriert werden können. So steigern Unternehmen nicht nur die Effizienz, sondern auch die Zufriedenheit ihrer Teams, da diese spürbar entlastet werden.

Tipp 79 Bieten Sie Ihren Anwendern praxisnahe Workshops an, um den effektiven Einsatz von KI-Tools zu fördern.

KI-Weiterbildung für verschiedene Verantwortungsebenen

Je nach Position im Unternehmen sind unterschiedliche Kompetenzen gefragt. **Führungskräfte** müssen strategisch denken: Wie kann KI das Unternehmen voranbringen? Teamleiter benötigen das Wissen, um KI gewinnbringend in Projekten zu nutzen und ihre Teams effizient anzuleiten. Fachspezialisten wie Entwickler oder Datenanalysten brauchen vertiefte Einblicke, um KI-Systeme zu entwerfen und anzupassen.

Operativ Mitarbeitende profitieren von praxisnahen Schulungen, die zeigen, wie KI sie bei alltäglichen Aufgaben unterstützt. Compliance-Verantwortliche müssen wiederum sicherstellen, dass KI gesetzeskonform und ethisch vertretbar eingesetzt wird. Zielgerichtete Schulungen helfen dabei, das notwendige Wissen auf jeder Hierarchieebene zu verankern und so eine effiziente Zusammenarbeit im Unternehmen zu fördern.

Tipp 80 Erheben Sie den Schulungsbedarf mit einer kurzen Umfrage („Welche KI nutzen Sie?"), bilden Sie Gruppen und organisieren Sie einen inhaltlich darauf abgestimmten halbtägigen AI-Workshop.

Vorteile praxisnaher Schulungen

Praxisorientierte Schulungen stellen sicher, dass KI nicht als abstraktes Konzept wahrgenommen wird, sondern als konkretes Werkzeug zur Verbesserung der Arbeitsabläufe. Wenn Mitarbeitende erleben, wie KI ihre Aufgaben erleichtert, steigt die Akzeptanz und die Bereitschaft, neue Technologien anzuwenden. Dies führt zu effizienteren Prozessen, weniger Fehlern und einer besseren Entscheidungsfindung.

Ein weiterer Vorteil ist die **direkte Umsetzbarkeit** des Gelernten. Interaktive Schulungsformate, die auf reale Arbeitsabläufe zugeschnitten sind, ermöglichen es Mitarbeitenden, das neue Wissen sofort anzuwenden. Dadurch wird nicht nur die Lernkurve verkürzt, sondern auch die Motivation erhöht, sich tiefer mit der Materie zu befassen.

Kontextspezifische Schulungen erfordern **kontinuierliche Anpassung**, da sich KI-Technologien rasant weiterentwickeln. Zudem sind Ressourcen oft begrenzt, insbesondere für kleinere Unternehmen. Die Zusammenarbeit zwischen Fachbereichen, externen Experten und Bildungsanbietern kann hier Abhilfe schaffen. Regelmäßige Aktualisierungen der Schulungsinhalte stellen sicher, dass die vermittelten Kenntnisse relevant bleiben.

Eine gezielte KI-Weiterbildung, die sich an der Praxis orientiert, steigert die Effizienz und Akzeptanz neuer Technologien im Unternehmen. Sie befähigt Mitarbeitende nicht nur dazu, KI zu verstehen, sondern sie auch gewinnbringend in ihren Arbeitsalltag zu integrieren.

Unternehmen, die in passgenaue Schulungen investieren, erfüllen nicht nur rechtliche Vorgaben, sondern sichern sich wertvolle Voraussetzungen für die digitale Transformation.

Tipp 81 Führen Sie ein detailliertes Schulungsprotokoll mit Datum, Inhalt und Teilnehmern, um Ihre Sorgfalt bei Audits nachzuweisen und die rechtliche Absicherung Ihrer Organisation zu gewährleisten.

Die kontinuierliche Überwachung und Bewertung von KI-Schulungsprogrammen ist entscheidend, um deren Effektivität sicherzustellen und Verbesserungspotenziale zu identifizieren.

Ein datenbasierter Ansatz zur Messung der Fortschritte und Auswirkungen dieser Programme ermöglicht es Organisationen, gezielt Anpassungen vorzunehmen und die KI-Kompetenz ihrer Mitarbeitenden nachhaltig zu steigern.

- Ein effektives **Monitoring** ermöglicht es Organisationen zudem, den Fortschritt ihrer Schulungsinitiativen in Echtzeit zu verfolgen und sicherzustellen, dass die gesetzten Lernziele erreicht werden.

- Die **Evaluation** hilft dabei, langfristige Trends zu identifizieren, Stärken und Schwächen des Schulungsprogramms zu erkennen und strategische Entscheidungen zur Optimierung zu treffen.

Methoden zur Erfolgsmessung

Es gibt verschiedene Metriken und Methoden zur Messung der Wirksamkeit von KI-Schulungsprogrammen:

1. Teilnahmequoten und Abschlussraten

Eine grundlegende Kennzahl zur Bewertung des Programms ist die Anzahl der teilnehmenden Mitarbeitenden sowie die Abschlussquote der Schulungen. Unternehmen wie OpenSky Data Systems haben durch aktives Monitoring eine 30%ige Steigerung der Schulungsteilnahme festgestellt. (siehe 6.6)

2. Wissens- und Kompetenztests

Die Durchführung standardisierter Tests zur Messung des Wissenszuwachses ist ein bewährtes Mittel zur Evaluierung. Diese Tests erfassen die Fähigkeit der Mitarbeitenden, das erlernte Wissen in der Praxis anzuwenden.

3. Feedback-Systeme

Organisationen wie EnBW setzen auf regelmäßige Umfragen und qualitative Bewertungen durch die Teilnehmenden, um die Relevanz und den Praxisbezug der Schulungen kontinuierlich zu optimieren. Hierbei können offene Fragen und Zufriedenheitsbewertungen wertvolle Einblicke liefern.

4. Karriereentwicklung und Rollenveränderungen

Ein weiterer Indikator ist die berufliche Weiterentwicklung von Mitarbeitenden nach Abschluss der Schulungsprogramme. Unternehmen wie Generali analysieren, inwiefern Teilnehmende nach der Schulung verantwortungsvollere Positionen oder spezialisierte KI-Rollen übernehmen.

5. Anwendung in der Praxis

Die nachhaltige Wirkung von Schulungen kann durch Fallstudien und Analysen der realen Anwendung in Arbeitsprozessen gemessen werden. Organisationen wie Telefónica führen interne Audits durch, um die korrekte Implementierung von KI-Wissen in geschäftlichen Entscheidungen sicherzustellen.

Tipp 82 Beenden Sie jede Schulung mit einem einfachen Quiz

Herausforderungen beim Monitoring und der Evaluation

Obwohl die Vorteile der Evaluation offensichtlich sind, gilt es auch hierbei Herausforderungen aktiv zu adressieren. Hierzu zählen:

- **Subjektive Wahrnehmungen**
  Feedback und Selbsteinschätzungen sind wertvoll, können jedoch verzerrt sein.

- **Datenverfügbarkeit und -qualität**
  Nicht alle Unternehmen verfügen über ausreichend strukturierte Daten, um die Wirksamkeit von Schulungen präzise zu messen.

- **Langfristige Wirkung**
  Die nachhaltige Entwicklung von Kompetenzen ist schwer zu quantifizieren und erfordert eine langfristige Beobachtung.

Tipp 83 Führen Sie halbjährlich eine Umfrage durch – fragen Sie: „Wo brauchen Sie mehr Unterstützung?" und erfassen Sie die Ergebnisse in einer Tabelle – als Grundlage für weitere Bildungs-Maßnahmen.

Best Practices zur kontinuierlichen Verbesserung

Die kontinuierliche Verbesserung von Schulungsprogrammen ist essenziell, um mit neuen Entwicklungen Schritt zu halten und die Kompetenzen im Bereich Künstlicher Intelligenz nachhaltig zu fördern.

Die folgenden Best Practices bieten Ansätze, um Lernprozesse effektiv zu gestalten, individuell anzupassen und praxisnah zu vertiefen.

- **Regelmäßige Evaluation und Anpassung**
  Unternehmen wie Generali führen jährliche Reviews durch, um Schulungsinhalte an neue technologische Entwicklungen anzupassen.

- **Dynamische Lernplattformen**
  Interaktive E-Learning-Systeme passen sich durch KI-gestützte Analyse von Lernerfolgen automatisch an die Bedürfnisse der Nutzenden an.

- **Integration von Mentoring-Programmen**
  Der Austausch mit erfahrenen KI-Experten kann die praktische Anwendung des Gelernten unterstützen und vertiefen.

- **Gamification-Elemente**
  Der Einsatz von spielerischen Ansätzen wie Punktesystemen oder Wettbewerben steigert die Motivation und macht komplexe KI-Themen zugänglicher.

- **Cross-funktionale Zusammenarbeit:**
  Schulungen, die Teams aus verschiedenen Abteilungen (z. B. IT, Marketing, HR) zusammenbringen, fördern interdisziplinäres Verständnis und kreative Lösungsansätze.

- **Microlearning-Ansätze:**
  Kurze, fokussierte Lerneinheiten, die flexibel in den Arbeitsalltag integriert werden können, verbessern die Wissensaufnahme und -anwendung bei begrenzter Zeit.

Tipp 84 Stellen Sie mit kontinuierlichem Monitoring und systematischer Evaluierung sicher, dass Schulungsprogramme auf dem neuesten Stand bleiben und die Lernziele erfolgreich erreicht werden.

Die Implementierung von KI-Kompetenzprogrammen bringt verschiedene Herausforderungen mit sich. Neben technologischen und strukturellen Hürden gilt es auch psychologische und kulturelle Aspekte zu berücksichtigen. Sehen wir uns die häufigsten Herausforderungen und mögliche Lösungsansätze also näher an...

Unterschiedliche Wissensniveaus und Lernbedarfe

Eine der größten Herausforderungen ist die Heterogenität der Mitarbeitenden hinsichtlich ihres Vorwissens und ihrer technischen Affinität. Einige haben bereits umfassende Erfahrung mit KI-Technologien, während andere kaum Berührungspunkte hatten.

Lösungsansätze:

- **Individuelle Lernpfade:** Adaptive E-Learning-Plattformen können Inhalte an das jeweilige Vorwissen der Lernenden anpassen.

- **Modular aufgebaute Schulungen:** Mitarbeitende können verschiedene Schwierigkeitsstufen durchlaufen und individuell vertiefen.

- **Mentoring-Programme:** Erfahrene KI-Nutzer können Anfänger unterstützen und praxisnahe Anwendungsfälle vermitteln.

Schnelle technologische Entwicklungen

KI-Technologien entwickeln sich rasant weiter, sodass Schulungsprogramme regelmäßig aktualisiert werden müssen, um nicht veraltet zu sein.

Lösungsansätze:

- **Jährliche Reviews und Updates der Schulungsinhalte**, wie es Generali praktiziert.

- **Zusammenarbeit mit externen Experten**, etwa durch Kooperationen mit Hochschulen oder Forschungsinstituten.

- **Dynamische Schulungsplattformen**, die neue Inhalte automatisiert in bestehende Lernpläne integrieren.

Tipp 85 Fördern Sie fortlaufende Weiterbildungen mit Fokus auf aktuelle Trends und praktische Anwendungen, um die Innovationskraft Ihrer Organisation zu stärken und langfristige Wettbewerbsvorteile zu sichern.

Widerstände gegenüber KI

Einige Mitarbeitende stehen KI skeptisch gegenüber, insbesondere wenn sie sich durch Automatisierung in ihrer Rolle bedroht fühlen.

Lösungsansätze:

- **Transparente Kommunikation:** Unternehmen sollten frühzeitig über die Ziele der KI-Implementierung informieren.

- **Fokus auf die Zusammenarbeit von Mensch und KI:** Schulungen können aufzeigen, wie KI als Werkzeug genutzt wird, um Arbeitsprozesse zu verbessern, anstatt Arbeitsplätze zu ersetzen.

- **Ethik-Workshops:** Telefónica bietet Programme an, die sich explizit mit der verantwortungsvollen Nutzung von KI beschäftigen.

Fehlende Standardisierung von KI-Kompetenz

Viele Unternehmen haben noch keine klaren Standards dafür entwickelt, welche KI-Fähigkeiten in welchen Rollen notwendig sind.

Lösungsansätze:

- **Einrichtung unternehmensweiter Kompetenzrahmen**, die klar definieren, welches Wissen und welche Fähigkeiten Mitarbeitende in unterschiedlichen Positionen benötigen.

- **Branchenspezifische Zertifizierungen**, die Mitarbeitenden offizielle Nachweise ihrer KI-Kenntnisse ermöglichen.

- **Best-Practice-Sharing zwischen Unternehmen**, um gemeinsame Standards zu entwickeln.

Datenschutz- und Regulierungsanforderungen

Die Einhaltung von Datenschutzbestimmungen und ethischen Richtlinien stellt eine zentrale Herausforderung für KI-Programme dar.

Lösungsansätze:

- **Regelmäßige Schulungen zu Datenschutzrichtlinien**, insbesondere zur DSGVO und branchenspezifischen Vorgaben.

- **Ethische KI-Governance-Strukturen**, die sicherstellen, dass ethische Fragen fortlaufend adressiert werden.

- **Interdisziplinäre Zusammenarbeit** zwischen Recht, IT und Management, um regulatorische Entwicklungen stets zu berücksichtigen.

Ressourcenzugang und Budgetbeschränkungen

Nicht alle Unternehmen haben die finanziellen Mittel, um umfangreiche KI-Schulungen intern anzubieten.

Lösungsansätze:

- **Nutzung externer Schulungsplattformen**, um kosteneffizient auf bestehende Ressourcen zurückzugreifen.

- **Partnerschaften mit Bildungsinstituten**, die oft vergünstigte oder kostenlose Programme anbieten.

- **Interne Wissensplattformen**, die Mitarbeitende selbst mitgestalten und weiterentwickeln können.

Durch diese Ansätze – von individuellen Lernwegen über kontinuierliche Updates bis hin zu transparenter Kommunikation und externer Zusammenarbeit – können Unternehmen die vielfältigen Herausforderungen meistern. So stärken Sie nicht nur die Kompetenzen, sondern auch eine Kultur, die KI nachhaltig und verantwortungsvoll ins Unternehmen integriert.

6.6 BEST PRACTICES FÜR DEN KOMPETENZAUFBAU

Der Aufbau von KI-Kompetenz erfordert eine maßgeschneiderte Herangehensweise, die sich an den spezifischen Bedürfnissen von Organisationen, Branchen und Zielgruppen orientiert.

Die EU-Kommission bietet mit dem „Living Repository of AI Literacy Practices" eine Sammlung bewährter Ansätze, die bis zum 31.01.2025 von Organisationen unterschiedlicher Größe und Sektoren erfolgreich umgesetzt wurden.[1] Diese Best Practices dienen als Inspiration, um die Anforderungen des europäischen AI Acts, insbesondere Artikel 4, zu erfüllen, der eine angemessene KI-Kompetenz aller Beteiligten fordert (siehe 3.6).

Die Beispiele zeigen, wie technische, ethische und praktische Herausforderungen bewältigt werden können und fördern eine verantwortungsvolle sowie inklusive Nutzung von KI. Sie bieten pragmatische Lösungen für typische Probleme wie unterschiedliche Wissensstände, rasante technologische Entwicklungen, Skepsis gegenüber KI oder begrenzte Ressourcen. Dabei spiegeln sie die Vielfalt der Ansätze wider – von großen Unternehmen wie Assicurazioni Generali bis hin zu kleineren Organisationen wie Studio Deussen.

1) Flexibles, stufenweises Schulungsmodell

Assicurazioni Generali S.p.a., ein führendes Unternehmen im Versicherungs- und Vermögensverwaltungssektor, hat ein flexibles Schulungsmodell entwickelt, das seit 2019 als Teil einer globalen digitalen Qualifikationsinitiative alle Mitarbeitenden anspricht. Es kombiniert die E-Learning-Plattform „WeLearn" mit spezialisierten „New Roles Schools" und bietet stufenweise Lerninhalte – von Grundkursen für alle über mittlere Stufen für KI-Nutzer bis zu fortgeschrittenen Trainings für Entwickler. Die Inhalte sind auf den Versicherungssektor zugeschnitten, nutzen reale Beispiele und werden jährlich aktualisiert.

Der Erfolg wird via KPIs wie Teilnahme, Fertigkeitszuwachs und Zufriedenheit gemessen. Herausforderungen wie fehlende KI-Fähigkeiten wurden durch interne Umschulung bewältigt, während die schnelle Technologieentwicklung durch regelmäßige Updates adressiert wird.

---

[1] Vgl. https://digital-strategy.ec.europa.eu/en/library/living-repository-foster-learning-and-exchange-ai-literacy

Starten Sie mit einem flexiblen Schulungsmodell, das Grundlagen für
alle bietet und vertiefende Inhalte für Spezialisten bereitstellt – so fördern Sie Kompetenz auf allen Ebenen.

2) Schulungen für nicht-technische Teams

Booking.com hat ein maßgeschneidertes Schulungsprogramm für seine Rechts-
und Public-Affairs-Teams entwickelt, das KI-Kompetenz für nicht-technische
Mitarbeitende stärkt. Es umfasst drei Phasen:

1. Grundlagen zu KI und maschinellem Lernen,
2. unternehmensspezifische Anwendungen wie Betrugsbekämpfung und
3. eine Analyse des regulatorischen Umfelds.

Die Schulung nutzt Booking.com-spezifische Beispiele, etwa KI-Modelle zur Betrugserkennung, und wurde 2024 als Test für den EU AI Act umgesetzt. Ergebnisse zeigen hohe Teilnahme an Risikobewertungsschulungen und gesteigertes
Engagement in internen KI-Diskussionen.

Der Erfolg wird via Teilnahmezahlen und Gruppenbeteiligung gemessen. Herausforderungen wie kulturelle Vielfalt wurden durch einheitliche Wissensstan-
dards bewältigt; geplante Updates umfassen spezialisierte Module

Tipp 87 Entwickeln Sie Schulungen, die speziell auf nicht-technische Teams
zugeschnitten sind – nutzen Sie dabei Beispiele aus Ihrem eigenen
Unternehmen, um Relevanz und Verständnis zu erhöhen.

3) Praxisorientierte Bootcamps für technische Teams

Criteo, ein führendes Unternehmen im Bereich Online-Werbung, hat praxisorientierte Bootcamps für seine R&D- und Produktanalysten-Teams eingeführt.
Diese freiwilligen Schulungen richten sich an technische Mitarbeitende und bieten Inhalte, die vom Einstieg in maschinelles Lernen bis zu fortgeschrittenen
Themen reichen. Sie werden von internen Experten geleitet und sind direkt auf
den Einsatz von KI in der Werbetechnologie abgestimmt.

Die Bootcamps, die seit 2016 stattfinden, umfassen 17 Sitzungen mit über 130
Teilnehmenden und fördern die Zusammenarbeit zwischen Teams. Erfolge zeigen sich in neuen Verbindungen und gesteigerter Entwicklungskapazität. Fort-

schritt wird durch Feedback nach jeder Sitzung gemessen, das zur stetigen Verbesserung genutzt wird. Herausforderungen wie Zeitaufwand werden durch flexible Projektarbeit adressiert.

Tipp 88 Setzen Sie auf praxisnahe Bootcamps für Ihre technischen Teams – lassen Sie interne Experten reale Anwendungsfälle vermitteln, um Wissen direkt anwendbar zu machen.

---

4) Spielbasierte und kontextbezogene Trainings

EnBW Energie Baden Württemberg AG hat ein innovatives Schulungsprogramm entwickelt, das spielbasierte Methoden mit kontextbezogenen Inhalten kombiniert, um KI-Kompetenz entlang der Energiewertschöpfungskette zu fördern. Es richtet sich an alle Mitarbeitenden und bietet Grundlagen für Anfänger sowie vertiefende Trainings für Experten und Entscheidungsträger, geleitet von praxisnahen Szenarien aus dem Energiesektor.

Die Programme nutzen spielerische Ansätze und realistische Anwendungsfälle, wie predictive Maintenance oder Datenanalyse, um das Lernen interaktiv und relevant zu gestalten.

Erfolge zeigen sich in hoher Zufriedenheit und besserer Integration des Wissens in die Arbeit. Der Fortschritt wird durch Umfragen und Tests gemessen. Herausforderungen wie schnelle Technologieentwicklungen werden durch regelmäßige Updates bewältigt.

Tipp 89 Integrieren Sie spielerische Elemente in Ihre Schulungen – nutzen Sie branchenspezifische Beispiele, um das Lernen interaktiv und anwendungsorientiert zu gestalten.

---

5) Inklusive Schulungen für Mitarbeitende und Kunden

OpenSky Data Systems, ein mittelständisches IT-Unternehmen, hat ein inklusives Schulungsprogramm entwickelt, das sowohl Mitarbeitende als auch Kunden aus dem öffentlichen und Gesundheitssektor anspricht. Es bietet technische Trainings für Entwickler, etwa zur KI-Integration, und nicht-technische Workshops, wie Datenvisualisierung, mit Fokus auf Barrierefreiheit und Vielfalt. Die Schulungen sind auf den Kontext von öffentlichen Dienstleistungen abgestimmt, z. B. zur Verbesserung der Bürgerdienste und fördern ethische KI-Nutzung.

Erfolge umfassen eine 30 %-ige Steigerung der Teilnahme und 65 % mehr KI-Tool-Nutzung. Der Fortschritt wird durch Teilnahmeraten und Kundenfeedback gemessen. Herausforderungen wie unterschiedliche Engagement-Level werden durch maßgeschneiderte Inhalte adressiert.

Tipp 90   Machen Sie Ihre Schulungen inklusiv – bieten Sie Inhalte für verschiedene Zielgruppen an und achten Sie darauf, dass sie für alle zugänglich sind, unabhängig von Hintergrund oder Fähigkeiten.

---

6) Kulturwandel durch Responsible AI Champions

Telefónica S.A. hat mit seinem „RAI Culture Plan" einen Ansatz entwickelt, der Responsible AI (RAI) Champions als Schlüsselakteure nutzt, um einen Kulturwandel hin zu verantwortungsvoller KI-Nutzung zu fördern. Diese Schulungsinitiative zielt auf alle Mitarbeitenden ab und wird durch spezialisierte RAI Champions unterstützt, die in Geschäftsbereichen als Multiplikatoren für ethische und technische KI-Aspekte agieren.

Der Plan umfasst allgemeine Sensibilisierungssitzungen, technische Trainings für Entwickler und zwei interne Nutzungsleitfäden für generative KI. Er ist auf den Telekommunikationskontext abgestimmt, etwa zur Optimierung von Kundenservice oder Netzwerken.

Erfolge zeigen über 43 Sitzungen mit 2.000 Teilnehmenden und 1.200 Betroffenen eines Einführungskurses. Der Fortschritt wird durch Teilnahmezahlen und Follow-ups gemessen. Herausforderungen wie mangelnde Risikobewusstheit werden durch Awareness-Programme adressiert.

Tipp 91   Fördern Sie einen Kulturwandel mit internen Champions – setzen Sie engagierte Mitarbeitende ein, die Ethik und KI-Wissen in Ihrem Unternehmen verbreiten.

---

7) Kritisches Denken und Transparenz fördern

Anekanta AI, ein kleines Unternehmen mit Fokus auf Sicherheits- und Biometrie-Bereiche, hat ein Schulungsprogramm entwickelt, um kritisches Denken und Transparenz bei der Nutzung von KI-Risikobewertungstools zu stärken. Es richtet sich an interne Teams und externe Stakeholder und betont die Interpretation von KI-Entscheidungen sowie das Erkennen von guten oder schlechten Ergebnissen, unterstützt durch interne und externe Trainings.

Die Schulungen sind auf den Kontext von Risikobewertungen abgestimmt und fördern eine offene Fehlerkultur. Erfolge zeigen sich in einer 50 %-igen Reduktion manueller Entscheidungen bei erhöhter Genauigkeit. Der Fortschritt wird durch menschliche Überprüfung gemessen. Herausforderungen wie die rasche Entwicklung generativer KI werden durch iterative Anpassungen adressiert.

Tipp 92 Fördern Sie kritisches Denken in Ihren Teams – schulen Sie sie darin, KI-Entscheidungen zu hinterfragen und transparente Prozesse zu etablieren.

8) Hands-on-Training für spezifische Branchen

BiMeta Corporation, ein Mikrounternehmen im Bauwesen, setzt auf praxisnahes Hands-on-Training, um KI-Tools wie Clash Detection zu vermitteln. Das Programm, das Sicherheits- und Kundenteams anspricht, bietet gestufte Schulungen für Anfänger und Profis, mit Fokus auf reale Anwendungen im Architektur-, Ingenieur- und Baubereich.

Es ist auf branchenspezifische Ziele wie Effizienz und Sicherheit abgestimmt. Erfolge umfassen weniger Projektverzögerungen und mehr Vertrauen in KI. Der Fortschritt wird via Dashboards und Umfragen gemessen. Herausforderungen wie Technologie-Skepsis werden durch praktische Demonstrationen bewältigt.

Tipp 93 Setzen Sie auf Hands-on-Training mit branchenspezifischen Beispielen – lassen Sie Ihre Teams KI direkt anwenden, um Skepsis abzubauen und Kompetenz aufzubauen.

9) Risikobewertungsschulungen für alle

Collibra B.V., ein großes IT-Unternehmen, hat ein Schulungsprogramm eingeführt, das alle Mitarbeitenden in die Risikobewertung von KI-Systemen einbezieht. Es kombiniert allgemeine Schulungen zu Risiken wie Datenschutz und Ethik mit spezialisierten Stress-Tests für Ingenieure und Sicherheitsfachkräfte, um sichere KI-Entwicklung zu gewährleisten.

Die Inhalte sind auf verschiedene Risikofaktoren wie Datenarten und Entscheidungsprozesse abgestimmt. Erfolge zeigen sich in besserer Dokumentation und einer ISO 42001-Zertifizierung. Der Fortschritt wird durch ein Inventar von KI-Anwendungsfällen gemessen. Herausforderungen wie versteckte KI in Drittsoftware werden durch erweiterte Video-Module adressiert.

Tipp 94
Schulen Sie alle Mitarbeitenden in Risikobewertung – stellen Sie sicher, dass sie potenzielle Gefahren erkennen und wissen, wann Experten einzubeziehen sind.

10) Schrittweise Einführung für Gesundheitswesen

Dedalus Healthcare führt ein gestuftes Schulungsprogramm ein, beginnend mit Management und Fachteams wie Recht und Entwickler, um KI-Grundlagen und den AI Act zu vermitteln. Es zielt darauf ab, alle Mitarbeitenden schrittweise einzubeziehen, mit Fokus auf Gesundheitsanwendungen wie der Diagnoseunterstützung.

Der Ansatz ist auf Hochrisiko-KI im Gesundheitswesen zugeschnitten. Erfolge zeigen gesteigertes Interesse an KI-Pflichten, gemessen via Plattformdaten. Herausforderungen wie die Auswahl geeigneter Themen werden durch Feedbackgesteuerte Anpassungen bewältigt.

Tipp 95
Führen Sie KI-Schulungen schrittweise ein – beginnen Sie mit Schlüsselgruppen und erweitern Sie basierend auf deren Rückmeldungen.

11) Rollenbasierte Schulungen im Versicherungswesen

Gjensidige Forsikring bietet rollenbasierte Schulungen für Mitarbeitende im Versicherungswesen an, mit einem verpflichtenden E-Learning-Kurs für alle und spezialisierten Trainings, z. B. für Analysten zum Datenmanagement. Es berücksichtigt regulatorische Anforderungen und interne KI-Nutzung.

Die Schulungen sind auf Rollen wie Schadensmanagement abgestimmt. Erfolge werden anhand von Teilnahmequoten gemessen, wobei die Wirkung noch aussteht. Herausforderungen wie passende Inhalte werden durch Multi-Channel-Ansätze adressiert.

Tipp 96
Passen Sie Schulungen an die Rollen Ihrer Mitarbeitenden an – bieten Sie spezifische Inhalte, die ihre täglichen Aufgaben unterstützen.

12) Sicherheitsfokus in der öffentlichen Verwaltung

INECO hat ein Schulungsprogramm mit Sicherheitsfokus für die öffentliche Verwaltung entwickelt, das breite KI-Grundlagen mit spezialisierten Kursen für Projektmanager kombiniert. Es betont Barrierefreiheit und Sicherheit bei der Nutzung öffentlicher Daten, z. B. in Verkehrsprojekten.

2024 erreichten über 20 Sitzungen 400 Teilnehmende, mit einem überarbeiteten Trainingsplan als Erfolg. Fortschritt wird via Feedback und Projektresultate gemessen. Herausforderungen wie kultureller Wandel werden durch praxisnahe Schulungen bewältigt.

Tipp 97 Setzen Sie auf Sicherheitsschulungen – integrieren Sie Best Practices zur Datenverwendung und machen Sie diese für alle zugänglich.

---

13) Kreative Integration in der Kunst

Studio Deussen, ein kleines kreatives Unternehmen, integriert KI durch Workshops und personalisierte KI-Agenten in künstlerische Prozesse wie XR-Storytelling. Es richtet sich an Kreativ- und Technikteams und fördert generative KI-Nutzung mit ethischem Fokus.

Erfolge umfassen gesteigerte Effizienz und Kreativität, gemessen durch Umfragen und Metriken. Herausforderungen wie Datenschutz werden durch regelmäßige Updates adressiert.

Tipp 98 Nutzen Sie KI, um Kreativität zu fördern – experimentieren Sie mit generativen Tools und achten Sie dabei auf ethische Standards.

---

14) Funktionsspezifische Schulungen

TIM bietet funktionsspezifische Schulungen für HR, Vertrieb und Finanzen an, z. B. KI für Recruiting oder Angebotserstellung, sowie externe Programme wie Opening Future. Sie sind auf interne und externe Bedürfnisse im Telekomsektor abgestimmt.

Erfolge zeigen 25.000 Schulungsstunden für 7.000 Mitarbeitende, gemessen an Teilnahmezahlen. Herausforderungen wie Inhaltstiefe werden durch fokussierte Designs bewältigt.

Tipp 99 Gestalten Sie Schulungen funktionsspezifisch – passen Sie Inhalte an die Bedürfnisse einzelner Abteilungen an, um maximale Relevanz zu gewährleisten.

---

7 ERFOLGSFAKTOREN ZUR KI-IMPLEMENTIERUNG

Die Einführung von KI-Systemen eröffnet Unternehmen erhebliche Potenziale – von effizienteren Prozessen über präzisere Prognosen bis hin zu völlig neuen Geschäftsmodellen. Doch welche Faktoren entscheiden darüber, ob Ihre KI-Systeme tatsächlich die gewünschten Ergebnisse liefern und langfristig echten Mehrwert schaffen?

In diesem Kapitel nehme ich Sie mit auf den Weg zur erfolgreichen Einführung und Implementierung von Künstlicher Intelligenz im Unternehmen.

- Welche KI-Lösung passt am besten zu den **Anforderungen und Ressourcen** Ihres Unternehmens?
- Wie lassen sich **Daten optimal aufbereiten** und sicher nutzen?
- Welche Faktoren bestimmen die **Qualität eines KI-Modells**?
- Und wie können Fehler und Verzerrungen **frühzeitig erkannt** und minimiert werden?

Die erfolgreiche Einführung von KI erfordert nicht nur technisches Know-how, sondern auch strategische Planung, organisatorische Anpassungen und die Berücksichtigung regulatorischer Rahmenbedingungen. Fehlen **klare Ziele** und eine strukturierte Vorgehensweise, drohen ineffiziente Prozesse, hohe Kosten oder gar rechtliche Risiken.

Auf den nächsten Abschnitten finden wir praxisnahe Antworten auf die genannten Fragen und skizzieren die wichtigsten Schritte für die erfolgreiche Implementierung eines KI-Projektes. In dieser Kompaktheit lernen Sie die wichtigsten Hürden kennen – und natürlich auch mögliche Lösungsansätze.

Sind Sie bereit, Ihre KI-Projekte auf ein neues Level zu heben und entscheidende Erfolgsfaktoren praktisch umzusetzen? Dann starten wir jetzt gemeinsam durch!

Die Wahl des passenden KI-Systems und dessen Integration sind der Grundstein für eine erfolgreiche Nutzung. Ein Einzelhändler, der die Nachfrage nach Produkten besser vorhersagen will, steht vor einer Vielzahl von Optionen – von einfachen Standardlösungen bis hin zu komplexen Eigenentwicklungen.

Eine falsche Entscheidung könnte Ressourcen verschwenden oder rechtliche Probleme nach dem AI Act oder der DSGVO auslösen. Eine kluge Wahl hingegen steigert die Effizienz sofort und schafft langfristige Vorteile.

Schritte zur Auswahl und Integration

1. Ziele festlegen

Alles beginnt mit einem klaren Ziel: Was wollen Sie erreichen?

> *Beispiel 65:* Ein Logistikunternehmen könnte anstreben, Lieferzeiten um 10 % zu reduzieren, während ein Krankenhaus die Diagnosegenauigkeit bei Krebs um 15 % steigern will.

Diese Ziele sollten spezifisch, messbar, erreichbar, relevant und zeitgebunden (SMART) sein. Ohne diese Klarheit riskieren Sie, Ressourcen auf vage Hoffnungen zu verschwenden.

Tipp 100 Dokumentieren Sie die Ziele schriftlich, um sie mit Stakeholdern abzustimmen und später erfolgreich zu evaluieren.

2. Ressourcen prüfen

Analysieren Sie Ihre Ausgangslage gründlich: Welche Daten stehen zur Verfügung – etwa historische Verkaufszahlen oder Patientenakten? Haben Sie die nötige Hardware, wie leistungsstarke Server oder Cloud-Zugang? Wie sieht es mit Fachwissen aus? Gibt es interne Entwickler oder müssen Sie externe beauftragen?

Ein Produktionsbetrieb könnte feststellen, dass Sensordaten vorliegen, aber die IT nur für Standardsoftware ausgelegt ist. Diese Bestandsaufnahme verhindert, dass Sie ein System wählen, das Ihre Kapazitäten überfordert.

3. Optionen bewerten

Es gibt drei Hauptwege, die jeweils Vor- und Nachteile bieten:

a) **Vorgefertigte Lösungen**

Diese sind sofort einsatzbereit, wie Googles Cloud AI für Bilderkennung oder Chatbot-Plattformen wie Zendesk. Sie eignen sich für Unternehmen mit wenig Zeit oder technischem Know-how – etwa ein kleines Übersetzungsbüro, das DeepL nutzt, um Texte schneller zu bearbeiten.

Der Nachteil: Anpassungen sind begrenzt und die proprietäre Natur kann die Erklärbarkeit gemäß Artikel 13 des AI Acts erschweren, insbesondere bei Hochrisiko-Anwendungen.

b) **Open-Source-Tools**

Plattformen wie TensorFlow oder PyTorch sind kostenfrei, flexibel und von einer großen Community unterstützt. Ein mittelständisches Fertigungsunternehmen könnte TensorFlow nutzen, um eine prädiktive Wartungslösung zu entwickeln, die genau auf seine Maschinen abgestimmt ist.

Der Haken: Sie brauchen Entwickler, die den Code anpassen können eine sorgfältige Dokumentation für den AI Act.

c) **Maßgeschneiderte Systeme**

Diese werden von Grund auf für Ihre Bedürfnisse gebaut, oft mit externen Partnern. Ein Pharmaunternehmen könnte eine KI für die Wirkstoffsuche entwickeln lassen, die regulatorische Standards präzise erfüllt.

Vorteil ist die perfekte Passung, Nachteil sind hohe Kosten (oft sechsstellige Beträge) und längere Entwicklungszeiten – Monate statt Wochen.

4. Pilotphase

Bevor Sie groß einsteigen, testen Sie die KI in einem kleinen Rahmen. Ein Logistikunternehmen könnte eine Routenoptimierung in einer Stadt ausprobieren, ein Krankenhaus eine Diagnose-KI auf 50 Patientenfälle anwenden. Der Pilot zeigt Schwachstellen – etwa ungenaue GPS-Daten oder Bedienprobleme bei Ärzten – und liefert Daten zur Erfolgsmessung. Planen Sie eine Pilotphase über mehrere Wochen oder Monate inklusive Analyse.

5. Integrieren

Die eigentliche Einbindung erfordert technische und organisatorische Maßnahmen. Technisch müssen Schnittstellen geschaffen werden – eine Lager-KI muss etwa mit dem ERP-System kommunizieren können. Das kann je nach Komplexität APIs oder Middleware erfordern, was ein IT-Team mehrere Wochen oder Monate beschäftigt. Organisatorisch müssen Prozesse angepasst und Mitarbeiter geschult werden (siehe Kapitel 6).

> *Beispiel 66:* Ein Einzelhändler könnte Lageristen darin trainieren, KI-Vorschläge zu interpretieren, während die IT die Datenflüsse sichert.

Ein Pilotansatz reduziert Risiken und Kosten, da Schwächen früh auffallen – etwa technische Inkompatibilitäten oder Bedienfehler.

Herausforderungen sind der initiale Zeitaufwand und die Notwendigkeit, interne Teams auf neue Abläufe einzustellen. Langfristig zahlt sich dieser Aufwand durch Effizienzgewinne und Wettbewerbsvorteile aus.

Tipp 101 Wählen Sie eine Lösung, die Ihre Ressourcen optimal nutzt und testen Sie sie erst lokal, bevor Sie sie skalieren.

Daten bilden die Grundlage jeder KI – ohne eine sichere, qualitativ hochwertige Verarbeitung bleibt sie im besten Fall wirkungslos. Im schlimmsten Fall führt eine schlechte Datenbasis zu folgenschweren Fehlfunktionen und Fehlentscheidungen.

Der AI Act setzt hohe Standards für Datenqualität und -schutz, während die DSGVO strenge Auflagen zum Umgang mit personenbezogenen Daten ergänzt. Dieser Abschnitt zeigt, wie Sie Daten praktisch, sicher und effizient für den KI-Einsatz aufbereiten – ohne den Betrieb zu überlasten.

Praktische Schritte

Zur sicheren Datenverarbeitung führen fünf zentrale Schritte zum Erfolg:

1. Datensammlung

Starten Sie mit einer systematischen Erfassung. In der Produktion könnten Sensoren an Maschinen Temperatur, Drehzahl oder Energieverbrauch in Echtzeit über IoT-Systeme messen. Definieren Sie Datenquellen präzise: interne Datenbanken, externe Wetterdienste oder Lieferantenprotokolle.

> *Beispiel 67:* Ein Betrieb nutzt zertifizierte Sensoren an Produktionsmaschinen, um Temperatur und Vibrationen in Echtzeit zu messen und speist die Daten in eine Cloud mit 1 TB Kapazität.

2. Bereinigung

Rohdaten sind oft unbrauchbar. Entfernen Sie Fehler wie unplausible Werte – etwa 300 °C an einem Motor, der normalerweise bei 80 °C läuft. Nutzen Sie Methoden wie Medianfilter zur Glättung von Ausreißern oder SQL zum Entfernen von Duplikaten.

> *Beispiel 68:* Ein Unternehmen erkennt einen Ausreißer von 500 RPM bei einer Maschine mit maximal 300 RPM und korrigiert ihn mit einem Medianfilter.

3. Strukturierung

Machen Sie Daten KI-tauglich. Metadaten wie Zeitstempel, Maschinen-IDs oder Standorte sind essenziell – eine Zeile könnte lauten: „Maschine A, 24.02.2025, 10:00, 45 °C, 3000 RPM". Das erleichtert der KI, Muster zu erkennen. Ohne

Struktur droht Datenchaos, das die KI irreführt.

> *Beispiel 69:* Ein Fertigungsbetrieb wandelt unstrukturierte Logdaten in eine Tabelle mit Spalten für Zeit, Maschinen-ID und Temperatur um, sodass die KI Produktionsmuster erkennt.

4. Validierung

Stellen Sie sicher, dass die Daten vollständig und repräsentativ sind. Ein Fertigungsbetrieb sollte prüfen, ob alle Maschinentypen (z. B. Fräsen, Drehbänke) und Schichten erfasst sind – fehlen Nachtschichtdaten, entstehen Verzerrungen. Stichproben (z. B. 1 % der Daten manuell prüfen) und Statistiktools wie Varianzanalysen decken Schwächen auf.

> *Beispiel 70:* Ein Unternehmen überprüft 500 Datensätze und stellt fest, dass Daten von Drehbänken fehlen, was zu einer Anpassung der Erfassung führt.

5. Sicherung

Schützen Sie Daten vor Verlust oder Missbrauch. Setzen Sie Verschlüsselung ein – etwa AES-256 für gespeicherte Daten und TLS für Übertragungen. Zugriffskontrollen (z. B. nur für Produktionsleitung und IT) sind unerlässlich.

> *Beispiel 71:* Sensordaten werden in einer verschlüsselten Cloud gespeichert, mit wöchentlichen Backups und Zugriff nur für autorisierte Mitarbeiter.

Nutzen und Herausforderungen

Eine robuste Datenverarbeitung steigert die KI-Präzision erheblich – etwa durch früh erkannte Warnsignale bei Maschinen. Sichere Prozesse schützen vor rechtlichen und reputativen Schäden, während Automatisierung (z. B. beim Bereinigen) Zeit spart.

Herausforderungen liegen im anfänglichen Aufwand und der Abstimmung zwischen IT und Produktion. Langfristig wird die Datenbasis jedoch skalierbar: Neue Maschinen lassen sich nahtlos integrieren.

Tipp 102 Beginnen Sie mit einem kleinen Datensatz. Bereinigen und sichern Sie ihn gründlich, validieren Sie die Ergebnisse und skalieren Sie erst dann – Qualität schlägt Geschwindigkeit.

Ein KI-Modell wird erst durch Training und Optimierung wirklich nützlich. Stellen Sie sich eine Versicherung vor, die Betrug aufspüren will: Ohne gezieltes Training bleibt die KI blind für verdächtige Muster in Millionen von Transaktionen.

Der AI Act verlangt, dass sie zuverlässig und präzise arbeitet, und die Praxis zeigt: Ein schlecht vorbereitetes Modell liefert entweder Unsinn oder verschwendet Ressourcen. Mit diesen fünf Schritten bringen Sie Ihre KI auf Kurs:

1. Daten vorbereiten

Beginnen Sie mit den aufbereiteten Daten aus Abschnitt 7.2. Teilen Sie sie in drei Teile: den größten fürs Training (damit die KI Muster lernt), einen kleineren zum Überprüfen (ob sie Fehler macht) und einen letzten zum Testen (wie gut sie wirklich ist). Fehlende Infos füllen Sie mit typischen Werten oder lassen sie weg – ein überschaubarer Schritt für den Start.

Beispiel 72: Ein Versicherer bereitet Transaktionen vor, markiert Betrugsfälle und ergänzt fehlende Daten, damit die KI lernen kann.

2. Algorithmus wählen

Wählen Sie überwachtes Lernen für klare Antworten (z. B. Betrug ja/nein), unüberwachtes für unbekannte Muster (z. B. Kundentypen) oder verstärkendes für anpassende Aufgaben (z. B. Maschinensteuerung) (technisch präzisiert). Eine Versicherung könnte eine einfache, aber bewährte Methode für Ja/Nein-Fragen nehmen.

Beispiel 73: Ein Unternehmen entscheidet sich für eine Methode, die Betrug anhand bekannter Fälle erkennt, weil sie schnell und sicher ist.

3. Training starten

Lassen Sie die KI die Daten durcharbeiten – wie ein Schüler, der übt. Das kann auf einem einfachen Computer laufen oder auf leistungsstärkerer Technik, je nach Größe der Aufgabe. Die KI wiederholt den Prozess mehrmals, bis sie besser wird – Fehler werden mit jedem Durchlauf kleiner. Es braucht jemanden, der den Fortschritt im Blick behält, aber Software-Tools können vieles selbst steuern.

> *Beispiel 74:* Eine Betrugs-KI übt mit Transaktionen und erkennt nach mehreren Runden immer mehr verdächtige Fälle richtig.

4. Optimieren

Feilen Sie an den Einstellungen, damit die KI weder zu schnell noch zu langsam lernt. Es geht darum, die Balance zu finden: Sie soll genau werden, aber nicht nur die Trainingsdaten auswendig lernen und bei Neuem versagen.

Es gibt Tools, die verschiedene Optionen testen, bis die besten gefunden sind – ein wichtiger Schritt für gute Ergebnisse.

> *Beispiel 75:* Ein Team passt die Einstellungen an, sodass die KI auch neue Betrugsfälle erkennt, anstatt nur bereits bekannte.

5. Robustheit testen

Prüfen Sie, ob die KI auch unter Druck standhält. Geben Sie absichtlich schwierige oder verfälschte Daten ein, um zu sehen, ob sie getäuscht wird.

Der AI Act fordert diese Tests für Systeme mit hohem Risiko. Sie ermöglichen das Erkennen und Beheben von Schwächen, bevor diese Probleme machen.

> *Beispiel 76:* Ein Versicherer testet die KI mit gefälschten Transaktionen und stellt sicher, dass sie auch hier stabil bleibt.

Nutzen und Herausforderungen

Ein gut trainiertes KI-Modell liefert präzise Ergebnisse, reduziert Fehler und steigert die Effizienz. Durch kontinuierliche Optimierung wird das Modell nicht nur leistungsfähiger, sondern auch robuster gegenüber Manipulationen.

Der Weg dorthin erfordert Zeit, Fachwissen und sorgfältiges Training. Doch der Aufwand zahlt sich aus: Eine gut angepasste KI bleibt flexibel und kann sich neuen Herausforderungen anpassen. Entscheidend ist ein strukturierter Trainingsprozess mit schrittweiser Anpassung und gründlichen Tests.

Tipp 103 Trainieren Sie Schritt für Schritt, passen Sie die KI an und testen Sie sie gründlich – so wird sie stark, sicher und nützlich.

KI-Ergebnisse müssen überprüft werden – blindes Vertrauen führt in die Irre. In einem Krankenhaus, das eine Diagnose-KI einsetzt, muss sicher sein, dass Tumore korrekt erkannt werden, sonst könnten falsche Behandlungen folgen.

Der AI Act fordert Transparenz und Fairness, und die Praxis bestätigt: Fehlerhafte KI untergräbt Vertrauen und Effizienz. Dieser Abschnitt zeigt, wie Sie Ergebnisse systematisch prüfen und verlässlich machen.

Mit diesen fünf Schritten stellen Sie sicher, dass Ihre KI verlässliche Ergebnisse liefert:

1. Metriken nutzen

Legen Sie fest, was „gute" Ergebnisse sind. Bei Entscheidungen wie Diagnosen könnten Sie messen, wie oft die KI richtig liegt (Genauigkeit) oder wie gut sie echte Probleme erkennt (Erkennungsrate).

Für Prognosen, wie benötigte Lagerbestände, prüfen Sie, wie stark die Vorhersage von der Realität abweicht – wenig Unterschied ist ideal. Einfache Werkzeuge können das schnell auswerten.

> *Beispiel 77:* Ein Krankenhaus misst, dass seine Diagnose-KI in 95 % der Fälle korrekt ist und bestätigt so ihre Zuverlässigkeit.

2. Manuelle Prüfung

Lassen Sie Experten Ergebnisse überprüfen. In einem Krankenhaus könnten Ärzte KI-Diagnosen mit Röntgenbildern abgleichen – ein überschaubarer Aufwand für eine Stichprobe. Ein Einzelhändler könnte checken, ob Lagerprognosen mit tatsächlichen Verkäufen übereinstimmen.

Stellen Sie kritische Fragen: Ist eine Vorhersage von 200 % Lagerbedarf realistisch? Dafür braucht es geschulte Mitarbeiter und etwas Zeit.

> *Beispiel 78:* Ärzte vergleichen 100 KI-Diagnosen mit ihren eigenen Einschätzungen und bestätigen die meisten als richtig.

3. Bias testen

Prüfen Sie, ob die KI fair bleibt. Bevorzugt sie bestimmte Gruppen? Eine Recruiting-KI könnte Männer überbewerten, wenn die Daten einseitig sind. Tools wie Fairlearn zeigen, ob Ergebnisse gleichmäßig verteilt sind – etwa bei Geschlecht oder Alter. Der AI Act verlangt, solche Ungleichheiten zu minimieren. Ein Krankenhaus müsste sicherstellen, dass alle Patienten, egal wie alt, gleich gut erkannt werden.

> *Beispiel 79:* Eine Recruiting-KI wird getestet und zeigt eine leichte Bevorzugung von Männern. Mit angepassten Daten wird diese Verzerrung behoben.

4. Dokumentation

Halten Sie alles fest: Welche Maße wurden geprüft, was wurde getestet, wie wurde Ungleichheit angegangen? Ein Eintrag könnte lauten: „24.02.2025, Diagnose-KI, 95 % Genauigkeit, kleine Ungleichheit bei älteren Patienten angepasst". Das ist für Audits nötig und hilft, den Prozess nachzuvollziehen. Einfache Tabellen oder spezielle Programme machen das übersichtlich.

> *Beispiel 80:* Ein Krankenhaus protokolliert, wie die KI getestet wurde und zeigt, dass Ungleichheiten bei älteren Patienten korrigiert sind.

Nutzen und Herausforderungen

Eine gründliche Validierung schafft Vertrauen – Kunden und Patienten können sich auf die KI verlassen. Fehler werden früh entdeckt, Ungerechtigkeiten reduziert, etwa um einige Prozent fairere Entscheidungen.

Auch hier kann der Aufwand erheblich sein und entsprechend Zeit benötigen. Doch langfristig wird die KI dadurch deutlich stabiler und glaubwürdiger.

Tipp 104 Kombinieren Sie Messwerte, Expertenprüfungen und Tests auf Fairness, um sicherzustellen, dass Ihre KI genau, fair und vertrauensvoll arbeitet.

Eine KI muss über erste Tests hinauswachsen und dauerhaft leistungsstark bleiben. Ein Einzelhändler könnte eine KI, die den Lagerbestand optimiert, von einem Geschäft auf 50 ausweiten – ohne Vorbereitung drohen technische Probleme oder unzuverlässige Ergebnisse.

Der AI Act verlangt Stabilität und regelmäßige Überprüfung – und die Erfahrung zeigt: Wartung ist kein Extra, sondern ein Muss. Mit diesen vier Schritten bringen Sie Ihre KI auf breite Beine und sorgen für langfristige Stärke:

1. Infrastruktur sichern

Stellen Sie sicher, dass die technische Basis stimmt. Ein kleines Projekt läuft vielleicht auf einem einzelnen Computer, aber für viele Standorte braucht es leistungsstärkere Lösungen, etwa in der Cloud.

Prüfen Sie, ob Daten schnell genug fließen und genug Speicherplatz da ist – wie ein großer Aktenschrank für alle Informationen.

> *Beispiel 81:* Ein Einzelhändler bereitet eine Cloud vor, um Lagerinformationen von mehreren Filialen zu sammeln und jederzeit zugänglich zu machen.

2. Schrittweise ausdehnen

Gehen Sie langsam voran. Starten Sie mit einem Test – etwa einem Geschäft – und prüfen Sie, ob es funktioniert, zum Beispiel mit weniger Lagerüberschuss. Dann nehmen Sie mehr Standorte dazu, bis alle dabei sind. Erheben Sie Rückmeldungen von Nutzern (z. B. via Umfragen), um Schwachstellen zu identifizieren.

Der AI Act verlangt, dass Sie bei jedem Schritt Risiken prüfen, etwa ob Daten veralten. Nehmen Sie sich Zeit für jede Phase!

> *Beispiel 82:* Ein Händler beginnt mit einer Filiale, sieht weniger Überbestände und weitet die KI nach Rückmeldungen auf fünf weitere aus.

3. Wartung etablieren

Halten Sie die KI auf dem neuesten Stand. Daten ändern sich – etwa durch sai-

sonale Schwankungen im Verkauf – und die KI muss das mitbekommen. Regelmäßiges Nachlernen mit frischen Daten sorgt dafür, dass sie genau bleibt.

> *Beispiel 83:* Ein Einzelhändler lässt seine Lager-KI monatlich mit
> aktuellen Verkaufszahlen lernen, damit sie Saisonspitzen richtig ein-
> schätzt.

4. Monitoring einführen

Behalten Sie die Leistung im Blick. Es gibt Werkzeuge, die live zeigen, ob die KI
schwächelt – beispielsweise, wenn Vorhersagen ungenauer werden. Richten Sie
Warnsysteme ein, die bei Problemen Alarm schlagen, und passen Sie die KI dann
entsprechend an.

> *Beispiel 84:* Ein Händler nutzt ein Überwachungstool, entdeckt ei-
> nen Rückgang der Lagergenauigkeit und korrigiert ihn rechtzeitig.

Tipp 105 Erweitern Sie Ihre KI Schritt für Schritt mit einer soliden Basis und
halten Sie sie durch regelmäßiges Nachlernen und Überwachung
stabil und zuverlässig.

---

8 GENERATIVE KI

Wir stehen am Beginn eines Paradigmenwechsels: KI-Systeme sind nicht länger nur analytische Werkzeuge, die Daten analysieren oder einfache Entscheidungen treffen – sie entwickeln sich zunehmend zu **eigenständigen kreativen Akteuren**. Experten prognostizieren, dass diese Technologien bis 2030 einen jährlichen Mehrwert in Billionenhöhe schaffen werden.

Doch was bedeutet es für unsere Arbeit und Gesellschaft, wenn Algorithmen nicht bloß bestehende Muster erkennen, sondern eigenständig Texte, Bilder, Musik, Videos oder sogar komplexe 3D-Modelle erschaffen? Wie verändert sich unser Verständnis von Kreativität, wenn KI eigene, originäre Werke hervorbringt?

In diesem Kapitel lade ich Sie ein, mit mir tiefer in die faszinierende Welt der generativen KI einzutauchen. Dabei übertragen wir die Grundlagen aus Kapitel 2 auf konkrete Anwendungsfelder und erkunden gemeinsam die Technologien hinter diesen beeindruckenden Innovationen – von mächtigen **Sprachmodellen** bis hin zu **multimodalen KI-Modellen**.

Sie lernen nicht nur die technischen Hintergründe näher kennen, sondern erfahren auch, wie Sie diese kreativen Potenziale direkt für sich und Ihr Unternehmen nutzbar machen. Dazu stelle ich Ihnen eine Reihe an faszinierenden Tools und praktischen Anwendungen vor, welche es sich lohnt, selbst auszuprobieren.

Sind Sie bereit, gemeinsam kreative KI-Werkzeuge zu entdecken und Ihr Unternehmen mit neuen Ideen und Innovationen auf das nächste Level zu heben? Dann starten wir jetzt direkt durch!

8.1 Einführung in die Generative KI

Generative Künstliche Intelligenz läutet eine technologische Revolution ein, indem sie eigenständig Inhalte wie Texte, Bilder, Musik oder 3D-Modelle erschafft, die oft von menschlichen Werken kaum zu unterscheiden sind.

Im Gegensatz zu herkömmlichen KI-Systemen, die Daten analysieren, Muster erkennen oder Entscheidungen treffen – beispielsweise ein Spam-Filter, der E-Mails sortiert, oder ein Programm, das Wettervorhersagen erstellt – zeichnet sich generative KI durch ihre schöpferische Kraft aus. Sie verarbeitet umfangreiche Datensätze, um **neuartige, kontextgerechte Inhalte zu erzeugen** und sprengt damit die Grenzen bloßer Automatisierung.

Viele halten sie für die wegweisendste technologische Entwicklung dieses Jahrzehnts, da sie kreative Prozesse und wirtschaftliche Wertschöpfung nachhaltig transformieren kann. Ihr Kernmerkmal ist die Fähigkeit zur Inhaltssynthese:

> *Beispiel 85:* Während ein klassisches Modell beispielsweise Transaktionen auf Anomalien überprüft, kann ein generatives System wie ChatGPT einen vollständigen Artikel verfassen oder ein Tool wie Stable Diffusion ein Bild aus einer Textbeschreibung generieren.

Diese Flexibilität zeigt sich in ihrer Fähigkeit, reale Anwendungen zu beeinflussen – beispielsweise durch die Erstellung eines Werbevideos oder die Entwicklung eines Softwarecodes.

Die wirtschaftliche Bedeutung dieser Technologie ist enorm. Sie verspricht, Unternehmen durch schnellere Produktionszyklen und innovative Ansätze zu revolutionieren, die früher erhebliche Ressourcen erforderten.

Experten schätzen, dass generative KI für die Weltwirtschaft jährlich einen Mehrwert in der Höhe von **2,6 bis 4,4 Billionen US-Dollar** schaffen könnte.[1]

Für Unternehmen eröffnet dies transformative Chancen: Sie können personalisierte Inhalte in Echtzeit erstellen oder Produktentwürfe entwickeln, die mit traditionellen Methoden zeit- und kostenintensiv zu erstellen gewesen wären.

---

[1] McKinsey Global Institute, 2023, "The Economic Potential of Generative AI", https://www.mckinsey.com/capabilities/mckinsey-digital/our-insights/the-economic-potential-of-generative-ai-the-next-productivity-frontier

Beispiel 86: Ein anschauliches Beispiel ist Canva, das mit KI-gestützten Designvorschlägen die Erstellungszeit für visuelle Inhalte erheblich verkürzt.

Marketingteams können so in Minuten ansprechende Grafiken entwerfen, die früher Stunden oder Tage zur Erstellung benötigt hätten – ein Beispiel dafür, wie generative KI kreative Prozesse nicht nur beschleunigt, sondern auch zugänglicher macht.

Diese Innovationskraft bringt jedoch auch Herausforderungen mit sich. Stellen Sie sich ein Marketingteam vor, das in kürzester Zeit Werbetexte produziert – ohne sorgfältige Kontrolle könnten jedoch irreführende oder urheberrechtlich problematische Inhalte entstehen.

Technische Risiken wie **Halluzinationen** – plausible, aber falsche Ausgaben – können auftreten, beispielsweise wenn ein Modell einen erfundenen historischen Bericht generiert. In sensiblen Bereichen wie Medien oder Recht sind solche Fehler besonders kritisch, weshalb sie als Hochrisiko-Systeme gelten und strenge Auflagen für Transparenz und Sicherheit erfüllen müssen.

Ebenso werfen ethische Fragen gewichtige Probleme auf: Wer trägt die Verantwortung für generierte Inhalte? Wie lässt sich Desinformation eindämmen? Und wie wird mit **Urheberrechtsfragen** umgegangen, wenn Modelle auf geschütztem Material basieren? (siehe 4.3)

Generative KI bietet immense Möglichkeiten, verlangt jedoch ein tiefes Verständnis ihrer Mechanismen und Risiken.

Tipp 106 Starten Sie mit einem klar definierten Pilotprojekt, z. B. zur Automatisierung von Produktbeschreibungen, und überprüfen Sie die Ergebnisse auf ihre Qualität.

Generative KI fasziniert durch ihre Fähigkeit, eigenständig Inhalte wie Texte, Bilder, Videos, Musikstücke, gesprochene Sprache oder 3D-Modelle zu erschaffen. Diese kreativen Leistungen beruhen auf einem Zusammenspiel hochentwickelter Technologien, die komplexe Datenmuster erkennen, verarbeiten und in neuartige, oft überraschend realistische Ergebnisse umwandeln.

Im Folgenden werden die zentralen Technologien vorgestellt, die diese beeindruckende Vielseitigkeit ermöglichen, ohne inhaltliche Überschneidungen mit Kapitel 2 zu erzeugen – technische Grundlagen finden sich dort in den entsprechenden Abschnitten.

Den Kern generativer KI bilden neuronale Netze, die im Deep-Learning-Kontext (siehe 2.6) kreative Ausgaben aus Daten generieren. Sie erkennen vielschichtige Zusammenhänge und übersetzen diese in Inhalte wie Texte oder Designs, wobei ihre Fähigkeit zur selbstständigen Merkmalsextraktion sie zur Basis für generative Anwendungen macht.

Generative Adversarial Networks (GANs)

Eine der innovativsten Methoden sind Generative Adversarial Networks (GANs).[1] Sie bestehen aus einem Generator, der Inhalte erstellt, und einem Diskriminator, der deren Qualität prüft, was zu präzisen Ergebnissen führt. Diese Technik eignet sich besonders für kreative Branchen wie Werbung oder Kunst, wo hohe Detailtreue gefragt ist, zeigt jedoch bei großvolumigen Aufgaben Grenzen (siehe 8.5).

Transformer-Modelle für Text und mehr

Transformer zeichnen sich durch Effizienz und Flexibilität aus (siehe 2.7). Sie eignen sich ideal für kontextreiche Texte und bilden die Basis für große Sprachmodelle wie GPT-4, die komplexe Aufgaben wie Artikel oder Dialoge bewältigen.[2] Ihre Stärke liegt in der schnellen Verarbeitung großer Datenmengen, etwa für automatisierte Kundenkommunikation.

Diffusion-Modelle als aufstrebende Alternative

Seit 2021 gewinnen Diffusion-Modelle an Bedeutung. Sie formen Rauschen

---

[1] Goodfellow et al., 2014, "Generative Adversarial Nets", https://arxiv.org/abs/1406.2661
[2] Vaswani et al., 2017, "Attention is All You Need", https://arxiv.org/abs/1706.03762

schrittweise zu strukturierten Ergebnissen wie Bildern und punkten mit Ressourceneffizienz, was sie auch für mobile Anwendungen oder kleinere Unternehmen attraktiv macht. Ihre Flexibilität zeigt sich in dynamischen visuellen Inhalten. [1]

Anwendungsvielfalt und transformative Kraft

Diese Technologien ermöglichen Einsatzfelder wie Text-to-Image (siehe 8.5), Text-to-Video oder Text-to-3D.

Jede Technologie bringt dabei spezifische Stärken ein: GANs glänzen bei visueller Präzision, Transformer bei sprachlicher und multimodaler Flexibilität. Diffusion-Modelle punkten mit Effizienz und Skalierbarkeit.

Zu den prominenten Anwendungsfeldern zählen unter anderem:

- **Text-to-Text**
  Automatisierte Berichte oder kreative Texte (siehe 8.3).

- **Text-to-Image**
  Visuelle Konzepte aus Beschreibungen (siehe 8.5).

- **Text-to-Video**
  Kurze Clips für Werbung oder Tutorials (siehe 8.6).

- **Text-to-Music**
  Musikstücke aus Textvorgaben (siehe 8.7).

- **Text-to-Speech**
  Natürliche Sprachsynthese (siehe 8.8).

- **Text-to-3D**
  3D-Modelle für Prototypen (siehe 8.9).

Darüber hinaus erweitern Ansätze wie etwa Text-zu-Animation, Text-zu-Augmented-Reality oder Text-zu-Code die Möglichkeiten weiter, in diesen Fällen durch animierte Inhalte, immersive Erlebnisse oder die Automatisierung von Programmieraufgaben.

---

[1] Ho et al., 2020, "Denoising Diffusion Probabilistic Models", https://arxiv.org/abs/2006.11239

Hyperpersonalisierung als strategischer Vorteil

Ein besonders wertvoller Aspekt generativer KI ist die Hyperpersonalisierung, die Inhalte und Angebote präzise auf individuelle Bedürfnisse zuschneidet.

- Im Einzelhandel könnte ein Online-Shop die idealen **Produktvorschläge basierend auf früheren Käufen** erstellen.

- In der Bildung könnte ein Lernsystem Inhalte **an den individuellen Wissensstand eines Schülers anpassen.**

- In der Unterhaltungsbranche könnte ein Streaming-Dienst **Playlists nach Stimmung und Hörgewohnheiten** generieren. Diese Präzision fördert Kundenzufriedenheit und Umsatz.

Aktuelle Systeme zeigen beispielsweise Erfolge mit höheren Conversion-Rates (z.B. mehr Verkäufe im Online-Handel). Sie bietet Unternehmen die Chance, Kundenbindung zu stärken. Gleichzeitig stellt die umfangreiche Datenverarbeitung hohe Anforderungen an den Datenschutz.

Der AI Act fordert hier Transparenz und Sicherheit, um das Vertrauen der Nutzer zu gewährleisten. Unternehmen müssen robuste Datenschutzstrategien entwickeln, um sowohl rechtliche Vorgaben als auch ethische Standards zu erfüllen.

Tipp 107 Testen Sie Hyperpersonalisierung in einer Marketingkampagne und implementieren Sie klare Datenschutzrichtlinien, um Kundenvertrauen zu wahren.

Herausforderungen und praktische Umsetzung

Trotz ihrer Stärken bringen diese Technologien Herausforderungen mit sich: GANs erfordern hohe Rechenleistung und sind anfällig für Instabilität während des Trainings. Transformer stoßen bei extrem großen Modellen an ökologische und wirtschaftliche Grenzen. Diffusion-Modelle benötigen sorgfältige Optimierung, um Artefakte zu vermeiden.

Für Unternehmen bedeutet dies, die passende Technologie anhand spezifischer Anforderungen auszuwählen. Zudem ist eine **frühzeitige Integration von Compliance-Maßnahmen** essenziell, um regulatorische Vorgaben wie die des AI Acts zu erfüllen und potenzielle Risiken, etwa durch Datenmissbrauch oder intransparente Entscheidungen, zu minimieren.

Die Textgenerierung stellt eines der prominentesten und vielseitigsten Felder der generativen Künstlichen Intelligenz dar. Sie basiert auf hochentwickelten **Large Language Models (LLMs)**, die auf der Transformer-Architektur aufbauen – einer Technologie, die 2017 von Vaswani et al. eingeführt wurde und die Sprachverarbeitung revolutioniert hat (siehe auch 2.7).

Diese Modelle nutzen **Selbstaufmerksamkeitsmechanismen** (Self-Attention), um komplexe sprachliche Zusammenhänge über lange Textpassagen hinweg zu erkennen und zu verarbeiten. Dadurch sind sie in der Lage, kohärente, kontextgerechte und stilistisch nuancierte Inhalte zu erzeugen, die oft kaum von menschlichen Texten zu unterscheiden sind.

Durch die Analyse riesiger Textmengen aus diversen Quellen – beispielsweise Büchern, Artikeln oder Online-Inhalten – berechnen sie **Wahrscheinlichkeitsverteilungen für Wortfolgen**, was ihnen ermöglicht, nicht nur logische, sondern auch kreative und an den Kontext angepasste Texte zu generieren. Diese Fähigkeit macht sie zu einem unverzichtbaren Werkzeug in zahlreichen Branchen.

Anwendungsbeispiele für KI-Textgenerierung

Die Potenziale der KI-Textgenerierung sind enorm und erstrecken sich von nützlichen Alltagshilfen bis hin zu revolutionären Anwendungen in unterschiedlichsten Bereichen. Ein paar Beispiele verdeutlichen das vielseitige Potential:

- Im **Kundensupport** könnte KI Standardanfragen wie Rechnungsdetails oder Vertragsänderungen bei einem Telekommunikationsanbieter automatisch beantworten – beispielsweise indem sie auf „Wie hoch ist meine aktuelle Rechnung?" sofort eine präzise Antwort in natürlicher Sprache liefert. Komplexere Probleme, etwa technische Störungen, werden mit strukturierten Zusammenfassungen an menschliche Teams weitergeleitet, was Wartezeiten verkürzt und die Kundenzufriedenheit steigert.

- Im **Content Marketing** könnte eine Reiseagentur SEO-optimierte Blogartikel über Urlaubsziele erstellen – beispielsweise durch maßgeschneiderte Texte wie „Die besten Strände für Kinder", die automatisch auf Zielgruppen wie Familien oder Abenteuerreisende abgestimmt sind. Mit integrierten Schlüsselwörtern erhöht sich die Sichtbarkeit in Suchmaschinen, während der Erstellungsprozess auf Minuten reduziert wird.

- In der **Softwareentwicklung** könnten Entwickler einfache Code-Anforderungen formulieren – beispielsweise „eine Funktion zum Sortieren einer Liste nach Datum" – und sofort optimierten, einsatzbereiten Code von Tools wie GitHub Copilot erhalten. Dies beschleunigt den Entwicklungsprozess erheblich und erlaubt es, sich auf anspruchsvollere Herausforderungen zu fokussieren.

- Im **Journalismus** könnten Nachrichtenagenturen erste Entwürfe für Berichte über Sportereignisse oder Finanzmeldungen generieren – beispielsweise einen Rohentwurf mit Spielstand und Highlights nach einem Fußballspiel. Journalisten ergänzen diese dann mit Analysen oder Interviews, wodurch die Publikationsgeschwindigkeit steigt und aktuelle Ereignisse schneller beim Publikum ankommen.

Diese Beispiele zeigen, wie KI-Textgenerierung Effizienz, Kreativität und Präzision in zahlreichen Bereichen fördert und dabei neue Möglichkeiten für Innovationen eröffnet.

Vorteile von Textgenerierung mittels KI

Die Stärken der KI-Textgenerierung liegen in ihrer Fähigkeit, Arbeitsprozesse zu optimieren, Ressourcen effizient einzusetzen und maßgeschneiderte Lösungen zu bieten. Zu den Vorteilen zählen:

- **Enorme Zeitersparnis durch schnelle Textproduktion**
  Hochwertige Texte entstehen in Sekunden, was Arbeitsabläufe beschleunigt und Deadlines erleichtert.

- **Skalierbarkeit zur Erstellung umfangreicher Textmengen**
  Große Textvolumen werden mit minimalem Aufwand generiert, ohne Kompromisse bei der Qualität.

- **Personalisierung**
  Texte lassen sich flexibel auf spezifische Bedürfnisse zuschneiden, wodurch ihre Wirkung steigt.

- **Reduzierung von Routineaufgaben**
  Repetitive Schreibprozesse werden automatisiert, sodass mehr Zeit für strategische und kreative Aufgaben bleibt.

Herausforderungen

Alle generativen Technologien kämpfen mit der Balance zwischen Effizienz und ethischer Verantwortung, etwa durch die Gefahr von Fehlinformationen oder den hohen Ressourcenbedarf für Training und Betrieb. Zudem stellen die Abhängigkeit von Datenqualität und die Notwendigkeit, gesellschaftliche Auswirkungen zu managen, übergreifende Hürden dar.

Zu den zentralen Herausforderungen der KI-Textgenerierung zählen:

- **Irreführungspotenzial**
  Die Fähigkeit, täuschend echte Texte zu schaffen, birgt Risiken wie die Verbreitung falscher Nachrichten oder manipulierter Berichte, besonders in sensiblen Kontexten wie Politik oder Wissenschaft.

- **Kohärenz bei komplexen Texten**
  Längere Inhalte oder spezialisierte Themen können an Logik und Tiefe verlieren, etwa durch widersprüchliche Aussagen, was Nacharbeit erfordert und Vertrauen mindert.

- **Veränderungen oder Verlust von Arbeitsplätzen**
  Automatisierte Schreibprozesse könnten Berufe wie Redakteure oder Texter zumindest in Teilen überflüssig machen, was wirtschaftliche Spannungen und eine Abwertung kreativer Fähigkeiten fördert.

- **Kulturelle Feinheiten**
  Emotionale Tiefe, Ironie oder regionale Ausdrucksweisen werden oft ungenau wiedergegeben, wodurch Texte an Authentizität einbüßen und weniger menschlich wirken.

- **Datenaktualität**
  Veraltete oder unvollständige Trainingsdaten führen zu Texten, die aktuelle Trends oder Entwicklungen ignorieren, was ihre Relevanz in dynamischen Feldern einschränkt.

Tipp 108 Starten Sie ein Pilotprojekt, beispielsweise im Kundensupport. Führen Sie regelmäßige Überprüfungen durch, um Bias oder rechtliche Risiken zu minimieren.

Für optimale Ergebnisse sollten Sie klare, spezifische Anweisungen (Prompts) formulieren. Geben Sie immer den genauen Kontext und gewünschten Stil an.

> *Beispiel 87:* „Schreibe einen formellen Brief mit höflichem Ton" statt „Schreibe einen Brief" – um Kohärenz und Relevanz zu sichern

Unterteilen Sie längere Texte in mehrere Abschnitte und verfeinern Sie diese iterativ. Überprüfen Sie abschließend Fakten und kulturelle Nuancen. So sichern Sie Kohärenz und vermeiden Halluzinationen oder irreführende Inhalte.

Tools für die Textgenerierung

Die folgenden Tools unterstützen die Textgenerierung in verschiedenen Einsatzbereichen und bieten spezifische Stärken:

Tool / Link	Anwendung / Vorteil
ChatGPT openai.com/chatgpt	Erzeugt natürliche Texte für verschiedenste Anwendungsfelder, von Kundensupport bis Marketingkommunikation
Grok grok.com	Generiert präzise Antworten mit tiefem kontextuellen Verständnis, ideal für komplexe Anfragen und Analysen.
Jasper jasper.ai	Erzeugt SEO-optimierte Marketing- und Blogtexte mit hoher Geschwindigkeit.
Writesonic writesonic.com	Erzeugt zielgruppenspezifische Blogtexte mit anpassbaren Schreibstilen.
GitHub Copilot github.com	Generiert schnell präzisen Code aus natürlichen Eingaben für Softwareentwicklung.
Claude anthropic.com	Erzeugt ethisch abgesicherte Texte mit hoher Interpretierbarkeit.
Copy.ai copy.ai	Erzeugt kreative Texte für Marketing, Werbung und Social Media mit hoher Effizienz.
Rytr rytr.me	Erzeugt kostengünstig kurze Inhalte wie E-Mails und Posts mit hoher Geschwindigkeit.
Perplexity perplexity.ai	Erzeugt faktenbasierte, recherchegestützte Texte für wissensintensive Anwendungen.

Multimodale KI bezieht sich auf Systeme, die mehrere Modalitäten – also verschiedene Arten von Eingabedaten wie Text, Bilder, Audio oder sogar Sensordaten – verarbeiten und integrieren können, um umfassendere und präzisere Ergebnisse zu liefern. Ein einfaches Beispiel könnte ein Modell sein, das sowohl ein Bild als auch die dazugehörige Bildunterschrift analysiert, um eine Beschreibung zu generieren, die über das hinausgeht, was jede Modalität allein liefern könnte.

Während traditionelle KI-Modelle oft auf eine einzige Datenquelle spezialisiert sind (z. B. Text für Sprachmodelle oder Bilder für Bilderkennung), zielt multimodale KI darauf ab, diese Grenzen zu überwinden, indem sie **verschiedene Datenquellen miteinander verknüpft.**

> *Beispiel 88:* Stellen Sie sich einen virtuellen Assistenten vor, der nicht nur Ihre gesprochenen Befehle versteht (Audio), sondern auch Ihre Gesten (visuelle Daten) und den Kontext eines Dokuments auf Ihrem Bildschirm (Text) berücksichtigt, um eine präzise Antwort zu geben – beispielsweise eine Wegbeschreibung basierend auf Ihrer Frage, Ihrer Handbewegung und einer angezeigten Karte.

Diese Fähigkeit, Informationen aus verschiedenen Quellen zu kombinieren, macht multimodale KI so mächtig und eröffnet völlig neue Anwendungsmöglichkeiten.

Wie funktioniert multimodale KI?

Die technische Grundlage multimodaler KI liegt in fortschrittlichen maschinellen Lernverfahren, insbesondere in tiefen neuronalen Netzwerken. Ein typisches multimodales System besteht aus mehreren Komponenten:

1. **Modalitätsspezifische Encoder**
   Jede Datenart – sei es Text, Bild oder Ton – wird zunächst durch spezialisierte Netzwerke verarbeitet. Zum Beispiel könnte ein Convolutional Neural Network (CNN) Bilder analysieren, während ein Transformer-Modell Text verarbeitet.

2. **Fusionsschicht**
   Die verarbeiteten Daten werden anschließend in einem gemeinsamen

Raum zusammengeführt. Hier kommen Techniken wie Attention-Mechanismen oder Cross-Modal-Alignment zum Einsatz, um Beziehungen zwischen den Modalitäten zu erkennen.

3. **Gemeinsame Repräsentation**
   Das System erzeugt eine einheitliche Darstellung, die die Informationen aller Modalitäten integriert. Diese dient als Grundlage für nachfolgende Aufgaben wie Klassifikation, Generierung oder Entscheidungsfindung.

   Beispiel 89: Wenn ein Modell ein Foto von einem Hund und den Text „Ein fröhlicher Hund spielt im Park" erhält, könnte die Fusionsschicht erkennen, dass das Bild den Hund und den Park zeigt, während der Text die Emotion und die Aktivität beschreibt. Zusammen ergibt sich ein vollständigeres Bild der Szene, das beide Modalitäten miteinander verknüpft.

Herausforderungen der multimodalen KI

Übergreifend teilen diese Technologien die Schwierigkeit, komplexe Systeme verständlich und nachvollziehbar zu gestalten, während sie mit hohen technischen Anforderungen und Datenschutzfragen konfrontiert sind. Für die multimodale KI ergeben sich darüber hinaus folgende spezifische Hürden:

- **Datenvielfalt**
  Die Verknüpfung heterogener Quellen wie Bildern, Tönen und Texten erfordert aufwendige Anpassungen, da Unterschiede in Struktur und Verarbeitung zu Brüchen oder Verlusten führen können.

- **Mangel an abgestimmten Datensätzen**
  Hochwertige, multimodal verknüpfte Daten (z. B. Videos mit Untertiteln) sind rar, besonders in Nischen wie Forschung oder Medizin, was die Modellqualität beeinträchtigt.

- **Undurchsichtigkeit**
  Die Fusion mehrerer Modalitäten erschwert es, Entscheidungen zu erklären, etwa in kritischen Bereichen wie Diagnosen, wo Transparenz unerlässlich ist.

- **Technische Komplexität**
  Der hohe Rechenaufwand für die gleichzeitige Analyse verschiedener

Datenströme verlangt teure Infrastruktur, was den Einsatz für kleinere Projekte einschränkt.

- **Abstimmungsfehler**
  Wenn Modalitäten wie Gestik und Sprache nicht synchron laufen, entstehen inkonsistente Ergebnisse, die die Nutzererfahrung trüben.

Anwendungen und Potenziale

Die Möglichkeiten multimodaler KI sind nahezu unbegrenzt und reichen von praktischen Alltagsanwendungen bis hin zu bahnbrechenden Innovationen. Hier einige Beispiele, die ihren Einfluss verdeutlichen:

- In der **Medizin** könnte multimodale KI Röntgenbilder (visuelle Daten), Patientenakten (Text) und Herzfrequenzmessungen (numerische Daten) kombinieren, um präzisere Diagnosen zu stellen – beispielsweise durch die Erkennung von Mustern, die ein einzelnes Modell übersieht.

- In der **Filmindustrie** könnten Modelle Szenenbeschreibungen, Musik und visuelle Effekte analysieren, um automatisch passende Szenen zu generieren, was die Produktionszeit verkürzt und kreative Prozesse unterstützt.

- Im **Bildungsbereich** können Lernplattformen Textbücher, Videos und interaktive Übungen integrieren, um personalisierte Lernerfahrungen zu schaffen – beispielsweise indem sie den Lernfortschritt eines Schülers in Echtzeit analysieren und Inhalte anpassen.

- **Selbstfahrende Autos** nutzen bereits multimodale Ansätze, indem sie Kamerabilder, Radardaten und GPS-Informationen kombinieren, um sicher zu navigieren, selbst unter schwierigen Bedingungen wie Nebel oder starkem Verkehr.

Ein besonders spannendes Feld ist die Mensch-Maschine-Interaktion: Multimodale KI könnte es Maschinen ermöglichen, uns besser zu verstehen, indem sie nicht nur unsere Worte, sondern auch unsere Mimik, Gestik und Tonlage interpretiert – ein Schritt hin zu wahrhaft intuitiver Kommunikation, die menschliche Interaktionen nachahmt.

Die Zukunft der multimodalen KI

Multimodale KI ist mehr als ein technologischer Trend. Sie ist ein Paradigmenwechsel, der die Art und Weise, wie Maschinen die Welt wahrnehmen und mit ihr interagieren, grundlegend verändert. Indem sie die Grenzen zwischen verschiedenen Datenformen niederreißt, eröffnet sie neue Wege für Innovation und Problemlösung – von der Verbesserung alltäglicher Anwendungen bis hin zur Lösung komplexer globaler Herausforderungen.

Verschiedene Tools und Modelle demonstrieren bereits die Leistungsfähigkeit multimodaler KI:

- **CLIP** kombiniert Text und Bilder für präzise Bildbeschreibungen und -klassifikationen, während
- **GPT-4o** Text, Bilder und potenziell weitere Modalitäten integriert, um komplexe Fragen zu beantworten oder Inhalte zu generieren.
- **Google's Gemini** verarbeitet Sprache, Bilder und Audio für vielseitige Anwendungen wie Übersetzungen oder virtuelle Assistenten, und
- **Flamingo** spezialisiert sich auf visuelle Fragenbeantwortung durch die Verknüpfung von Text und Bildern.

Jedes dieser Tools zeigt, wie multimodale Ansätze spezifische Probleme effizient lösen können.

Gleichzeitig stehen wir gerade erst am Anfang dessen, was multimodale KI leisten kann. Mit der Weiterentwicklung von Hardware wie leistungsstärkeren GPUs, Algorithmen wie verbesserten Attention-Mechanismen und der Verfügbarkeit größerer Datensätze wird sie immer leistungsfähiger.

Ein möglicher Durchbruch könnte die **Entwicklung „genereller" multimodaler Systeme** sein (siehe Kapitel 9), die nicht auf spezifische Aufgaben beschränkt sind, sondern flexibel auf verschiedene Probleme reagieren können – ähnlich wie das menschliche Gehirn, das Informationen aus mehreren Sinnen nahtlos integriert.

Gleichzeitig werfen diese Fortschritte ethische Fragen auf: Wie gehen wir mit der Privatsphäre um, wenn KI-Systeme immer mehr über uns aus unterschiedlichen Quellen erfahren – beispielsweise durch die Kombination von Social-Media-Posts, Fotos und Sprachaufnahmen?

Die Bildgenerierung umfasst moderne KI-Techniken, mit denen visuelle Inhalte von Grund auf neu erschaffen werden. Diese reichen von realistischen Fotografien bis hin zu abstrakten Kunstwerken und bieten vielfältige kreative und kommerzielle Einsatzmöglichkeiten.

Eine spezialisierte Form dieser Technologie ist **Text-to-Image**, bei der eine KI auf Basis natürlicher Sprache Bilder erzeugt.

> *Beispiel 90:* Gibt ein Nutzer die Beschreibung „Ein roter Drache, der über eine verschneite Berglandschaft fliegt" ein, interpretiert die KI den Text und erstellt ein entsprechendes Bild.

Die zugrundeliegende Technologie basiert auf neuronalen Netzen und Deep Learning, die es ermöglichen, Bildinhalte aus großen Datenmengen zu generieren. Die grundlegenden Mechanismen dieser Modelle werden ausführlich in Abschnitt 8.2 erläutert.

GANs: Der Ursprung leistungsstarker Bildgenerierung

Ein zentraler Ansatz in der Bildgenerierung sind **Generative Adversarial Networks (GANs)**. Diese bestehen aus zwei neuralen Netzwerken: Einem **Generator**, der Bilder erstellt, und einem **Diskriminator**, der bewertet, ob die generierten Inhalte realistisch wirken. Durch diesen kontinuierlichen Wettbewerb entstehen hochauflösende Bilder, die sich für zahlreiche Anwendungen eignen – von fotorealistischen Gesichtern bis hin zu künstlich geschaffenen Landschaften oder Designkonzepten.

GANs werden mit umfangreichen Bilddatensätzen aus Fotografien, Illustrationen und Kunstwerken trainiert. Dadurch lernt die KI, Muster, Stile und Kompositionen zu erkennen und neue, überzeugende visuelle Inhalte zu erschaffen.

Neben der reinen Bildgenerierung werden GANs auch zur **Bildverbesserung** (Super-Resolution) eingesetzt, um etwa niedrig aufgelöste Bilder in hoher Qualität wiederzugeben.

Diffusionsmodelle: Die nächste Generation der Bildgenerierung

Obwohl GANs beeindruckende Ergebnisse liefern, haben **Diffusionsmodelle** die Text-to-Image-Technologie noch einmal entscheidend weiterentwickelt (siehe 8.2). Im Gegensatz zu GANs, die Bilder direkt aus Rauschen generieren, nutzen Diffusionsmodelle einen schrittweisen Prozess: Sie beginnen mit einem Bild voller zufälligem Rauschen und entfernen dieses Rauschen schrittweise, bis ein detailreiches, kohärentes Bild entsteht.

Dieser iterative Ansatz bietet mehrere Vorteile: Die erzeugten Bilder sind **hochwertiger, detailreicher und vielfältiger**, während unerwünschte Artefakte minimiert werden. Bekannte Systeme wie **DALL-E** und **Stable Diffusion** demonstrieren die Leistungsfähigkeit dieser Technik eindrucksvoll. Allerdings erfordert die Methode einen hohen Rechenaufwand, was zukünftige Optimierungen notwendig macht.

DALL-E und die Evolution von Text-to-Image

Ein wichtiger Meilenstein in der Entwicklung von Text-to-Image-Modellen war die Veröffentlichung von **DALL-E** durch OpenAI im Jahr 2021. Dieses Modell kombiniert ein **transformatorbasiertes Sprachmodell** mit einer leistungsfähigen Bildgenerierungskomponente (siehe 8.2). Dadurch kann es komplexe und oft surrealistische Szenen erstellen, etwa „Ein Avocado-Sessel" oder „Ein Elefant im Weltall".

Mit DALL-E 2 und DALL-E 3 wurde die Bildqualität weiter optimiert. Durch den Einsatz von Diffusionsmodellen konnte nicht nur die Detailgenauigkeit gesteigert, sondern auch die Interpretation von Texteingaben verbessert werden. Im Vergleich zu GANs bietet DALL-E eine **höhere Flexibilität bei der Umsetzung sprachlicher Vorgaben** und erzeugt Bilder mit größerer Kohärenz.

Die Fortschritte in der generativen KI und insbesondere bei Text-to-Image-Modellen eröffnen völlig neue kreative und wirtschaftliche Möglichkeiten. Während GANs bereits beeindruckende Bilder generierten, haben Diffusionsmodelle das Potenzial, die nächste Stufe der kreativen Automatisierung einzuleiten – mit noch realistischerer, flexiblerer und effizienterer Bildgenerierung.

Anwendungen und Praxisbeispiele

Die Möglichkeiten der Bildgenerierung reichen von praktischen Lösungen bis hin zu visionären kreativen Einsätzen:

- Im **Marketing** könnte ein Unternehmen Werbebilder erstellen – beispielsweise ein Smartphone vor einer futuristischen Skyline – die in Stunden statt Wochen fertig sind und Kampagnenstartzeiten drastisch verkürzen.

- Im **E-Commerce** könnte ein Möbelhändler Visualisierungen eines Sofas in verschiedenen Einrichtungsstilen generieren – etwa modern oder rustikal – um Kunden die Kaufentscheidung zu erleichtern.

- In der **Spieleentwicklung** könnten Indie-Studios Konzeptgrafiken wie „einen verwunschenen Wald mit glühenden Pilzen" in kürzester Zeit erstellen, was Entwicklungsprozesse beschleunigt und Kreativität fördert.

Um die besten Ergebnisse aus Text-to-Image-Tools zu erzielen, sollten Anwender **präzise und detaillierte Eingaben formulieren**, etwa durch Angabe von Stil, Farben oder Perspektiven.

> *Beispiel 91:* Ein roter Drache im impressionistischen Stil über schneebedeckten Bergen bei Sonnenuntergang.

Iteratives Testen mit verschiedenen Beschreibungen hilft, die Grenzen der KI zu verstehen und unerwartete Artefakte zu minimieren. Zudem empfiehlt es sich, generierte Bilder **mit Bearbeitungssoftware zu verfeinern**, um kleinere Fehler zu korrigieren und sie perfekt an spezifische Projektanforderungen anzupassen.

Vorteile

Die Bildgenerierung mittels KI bietet zahlreiche Stärken, die Effizienz und Kreativität gleichermaßen steigern:

- **Schnelle Produktion hochwertiger visueller Inhalte:**
  Bilder entstehen in Echtzeit zu geringen Kosten, ohne aufwändige Ressourcen.

- **Demokratisierung der Kreativität:**
  Auch Laien können professionelle Designs schaffen, was den Zugang zu visueller Gestaltung öffnet.

- **Flexibilität bei Anpassungen:**

Inhalte lassen sich mühelos an spezifische Markenrichtlinien oder Stilvorgaben anpassen.

- **Reduzierung des Bedarfs an externen Ressourcen:**
  Teure Fotoshootings oder Grafikdesigner können mitunter weitgehend überflüssig werden.

Herausforderungen

Die gemeinsamen Hürden dieser Technologien in der Abhängigkeit von leistungsstarker Hardware, die Gefahr ethischer Verstöße durch manipulierte Inhalte, sowie die Herausforderung, kreative Originalität zu sichern, ist bekannt.

Darüber hinaus ergeben sich für Bildgenerierung und Text-to-Image weitere Herausforderungen:

- **Eingabepräzision**
  Unklare oder mehrdeutige Beschreibungen führen zu Bildern, die vom Gewünschten abweichen, etwa ein „fliegender Vogel", der stattdessen auf einem Ast sitzt.

- **Rechenintensität**
  Die Erzeugung detailreicher Bilder verlangt immense Prozessorleistung, was die Kosten in die Höhe treibt und den Zugang erschwert.

- **Ethische Grauzonen**
  Die Möglichkeit, täuschend echte Szenen oder Deepfakes zu erstellen, birgt Risiken für Identitätsmissbrauch oder Propaganda, was strenge Kontrollen nötig macht.

- **Marktverdrängung**
  Automatisierte Designs könnten traditionelle Illustratoren und Fotografen an den Rand drängen, was den kreativen Sektor langfristig verändert.

- **Detailtreue und Qualitätsinkonsistenzen**
  Komplexe Elemente wie Gesichter oder Perspektiven zeigen oft Fehler wie verzerrte Proportionen, die den Realismus mindern und Nachbearbeitung erfordern.

Die Entwicklungen zeigen, wie KI-basierte Bildgenerierung kreative Prozesse

transformiert, zugleich aber auch verantwortungsvollen Umgang und klare rechtliche Rahmenbedingungen erfordert, etwa durch den AI Act.

Tools für die Bildgenerierung

Die folgenden Tools bieten vielseitige Möglichkeiten für die Bildgenerierung und
decken unterschiedliche Anwendungsbereiche ab:

Tool / Link	Anwendung / Vorteil
Stable Diffusion stability.ai	Erzeugt anpassbare, hochwertige Bilder aus Text als Open-Source-Tool für vielseitige Anwendungen.
DALL-E openai.com/dall-e	Erzeugt kreative, einzigartige Bilder aus Text für vielfältige kreative Zwecke.
MidJourney midjourney.com	Erzeugt hochrealistische Bilder mit künstlerischem Stil über eine Discord-basierte Plattform.
Adobe Firefly adobe.com	Erzeugt Bilder mit nahtloser Adobe-Integration, wurde lt. Hersteller mit lizenzierten Bilddaten trainiert.
Artbreeder artbreeder.com	Ermöglicht kollaborative Bildvariationen durch iterative Anpassungen für kreative Exploration.
Runway ML runwayml.com	Erzeugt vielseitige Bilder und Videos mit erweiterten Bearbeitungsoptionen.
Canva AI canva.com	Erzeugt schnell vielfältige Grafiken aus Text über eine benutzerfreundliche Plattform.
NightCafe nightcafe.studio	Fokussiert auf kreative Kunstwerke mit einfacher Bedienung und vielfältigen künstlerischen Stilen.
Leonardo.ai leonardo.ai	Spezialisiert auf detaillierte Spiele-Grafiken und Assets mit hoher Anpassbarkeit für Entwickler.
Craiyon craiyon.com	Kostenloses Tool für einfache, schnelle Bildgenerierung aus Text für unkomplizierte Anwendungen.

Tipp 109 Nutzen Sie Bildgenerierung für erste Entwürfe und testen Sie die
Qualität und Originalität der Ergebnisse, um sicherzustellen, dass sie
den Anforderungen Ihrer Marke entsprechen und keine rechtlichen
Probleme aufwerfen.

Die Text-to-Video-Technologie erweitert die Möglichkeiten der generativen KI, indem sie aus Textbeschreibungen fließende Videosequenzen mit logischen Bewegungsabläufen erzeugt – ein Fortschritt, der dynamische Inhalte ohne traditionelle Produktionsmittel zugänglich macht.

Sie vereint leistungsfähige Ansätze wie Generative Adversarial Networks (GANs), Transformer-Modelle und Diffusion-Techniken, um Videos zu schaffen, die sowohl visuell beeindruckend als auch narrativ stimmig sind. Diese Methoden ermöglichen die Darstellung von statischen Szenen ebenso wie komplexer Bewegungsfolgen.

Durch das Training mit umfangreichen Datenbeständen – etwa Filmmaterial, Animationen oder Alltagsaufnahmen – erkennt die KI zeitliche Zusammenhänge (z.B. Bewegungsabläufe) und visuelle Muster, wodurch sie Inhalte generiert, die den Anforderungen moderner Anwendungen gerecht werden. Damit wird sie zu einem Schlüsselwerkzeug für kreative und funktionale Innovationen.

Anwendungen und Praxisbeispiele

Die Einsatzmöglichkeiten von Text-to-Video sind vielfältig und reichen von praktischen bis hin zu visionären Szenarien. Hier einige Beispiele, die ihre Stärken verdeutlichen:

- Im **Marketing** könnte ein Team mit der Eingabe „ein Smartphone in einem belebten Café" einen Clip generieren, der das Produkt in Aktion zeigt – etwa eine Person, die es nutzt, während im Hintergrund Leben pulsiert – ideal für schnelle Social-Media-Kampagnen.

- In der **Filmproduktion** könnte ein Drehbuch in ein Storyboard-Video umgewandelt werden – beispielsweise „eine Verfolgungsjagd durch eine Stadt" mit dynamischen Perspektiven – was die Planung erleichtert und Zeit spart.

- In der **virtuellen Realität (VR)** könnten Schulungsvideos realistische Szenarien simulieren, ohne reale Dreharbeiten, wodurch Kosten und Risiken sinken.

Vorteile

Die Text-to-Video-Technologie bietet klare Stärken, die Produktionsprozesse revolutionieren:

- **Massive Zeit- und Kosteneinsparungen:**
  Videos entstehen ohne Kameras, Schauspieler oder aufwendige Nachbearbeitung.

- **Skalierbare Erstellung individueller Videos:**
  Inhalte lassen sich flexibel an Plattformen oder Zielgruppen anpassen.

- **Darstellung komplexer Szenarien:**
  Selbst Effekte oder unzugängliche Orte werden mühelos umgesetzt.

- **Förderung immersiver Erlebnisse:**
  VR- oder Schulungsanwendungen gewinnen an Realismus und Wirkung.

Herausforderungen

Diese Technologien teilen die Probleme hoher Ressourcenanforderungen, potenzieller Missbrauchsrisiken und der Notwendigkeit, realistische Ergebnisse mit begrenzten Daten zu erzielen. Für Text-to-Video ergeben sich spezifisch:

- **Narrative Konsistenz:** Ungenaue Eingaben können Videos mit sprunghaften Szenen oder unlogischen Abläufen erzeugen, die den Erzählfluss brechen und die Aussagekraft schwächen.

- **Tonintegration:** Viele Tools erzeugen lediglich Videos ohne Ton, sodass zusätzliche Vertonung mit separaten Audio-Tools erforderlich ist, was den Produktionsaufwand erhöht.

- **Bewegungsdynamik:** Die Darstellung natürlicher Übergänge, wie das Fließen von Wasser, bleibt technisch anspruchsvoll, da kleine Fehler die Illusion zerstören.

- **Hardwareansprüche:** Flüssige, hochauflösende Clips erfordern Spitzenrechenleistung, was den Einsatz auf teure Systeme oder Cloud-Lösungen beschränkt.

- **Täuschungspotenzial:** Realistische Deepfake-Videos könnten für

Desinformation genutzt werden, etwa gefälschte Reden, was gesellschaftliches Misstrauen fördert.

Tools für Text-to-Video

Die folgenden Tools ermöglichen die Erstellung von Videos aus Text und bieten spezifische Vorteile:

Tool / Link	Anwendung / Vorteil
Sora sora.com	Erzeugt realistische Clips mit hoher Detailtreue, mittlerweile in kostenpflichtigen OpenAI-Plänen enthalten.
Synthesia synthesia.io	Erstellt Schulungsvideos mit mehrsprachigen KI-Avataren für globale Anwendungen.
Runway ML runwayml.com	Bietet flexible Storyboard-Visualisierung und Editing-Optionen für kreative Videoproduktionen.
HeyGen heygen.com	Erzeugt personalisierte Videos mit KI-Avataren und mehrsprachigen Voiceovers für Marketing und Schulungen
Kaiber kaiber.ai	Spezialisiert auf künstlerische, animierte Videos mit einem einzigartigen kreativen Ansatz.
Lumen5 lumen5.com	Erzeugt schnelle Social-Media-Videos mit Vorlagen und einfacher Textintegration für unkomplizierte Inhalte.
Veed.io veed.io	Ermöglicht benutzerfreundliches Video-Editing mit KI-Unterstützung, weniger für reine Text-to-Video-Erstellung.
Make-a-Video meta.ai	Generiert narrative Filmvorproduktionsclips als Forschungstool von Meta AI, nicht kommerziell verfügbar.
Pika.art pika.art	Liefert kreative Kurzvideos mit benutzerfreundlicher Oberfläche und schnellen Ergebnissen.
Invideo AI invideo.io	Erzeugt anpassbare Marketing- und Social-Media-Videos aus Text mit vielseitigen Optionen.
Google Veo deepmind.google	Erzeugt hochwertige, realistische Videos als DeepMind-Forschungstool mit Fokus auf visuelle Präzision.

Tipp 110 Verwenden Sie Text-to-Video für Social-Media-Inhalte und testen Sie die narrative Konsistenz sowie die technische Machbarkeit, um sicherzustellen, dass die Videos Ihre Zielgruppe effektiv ansprechen.

8.7 TEXT-TO-MUSIC

Die Text-to-Music-Technologie verwandelt Beschreibungen in musikalische Werke, indem sie Stimmungen, Rhythmen und Stile in Klang umsetzt – eine Innovation, die die Musikproduktion neugestaltet und kreative Grenzen erweitert.

Sie basiert auf Modellen wie Recurrent Neural Networks (RNNs), die **zeitliche Sequenzen** verarbeiten, und Transformern, die **komplexe Klangstrukturen schaffen** – etwa indem sie „eine fröhliche Melodie" in eine lebendige Tonfolge übersetzen.

Durch die Analyse umfassender Musikdatenbanken – von klassischen Kompositionen bis zu modernen Beats – erkennt die KI harmonische Muster und Stilmerkmale, um Inhalte zu erzeugen, die sowohl funktional als auch inspirierend sind. So wird sie zu einem vielseitigen Werkzeug für kreative und praktische Anwendungen.

Anwendungen und Praxisbeispiele

Die Möglichkeiten von Text-to-Music reichen von funktionaler Unterstützung bis hin zu künstlerischen Impulsen. Hier einige Beispiele, die ihr Potenzial zeigen:

- In der **Film- und Spieleindustrie** könnte ein Regisseur „eine spannende Verfolgungsjagd" eingeben und eine Komposition mit pulsierenden Rhythmen erhalten, die die Szene perfekt untermalt.

- In **Social Media** könnten Creator „eine entspannte Melodie für einen Sonnenuntergang" erstellen, um die Atmosphäre ihrer Inhalte zu verstärken.

- In der **Werbung** könnten Agenturen Jingles wie „modern und dynamisch" entwickeln, die Marken in Sekunden prägnant vertonen.

Tipp 111 Verwenden Sie Text-to-Music für Videohintergründe und überprüfen Sie die rechtliche Absicherung der generierten Musik, etwa durch Lizenzvereinbarungen, um urheberrechtliche Konflikte zu vermeiden.

Herausforderungen

Überschneidungen dieser Technologien zeigen sich in der Herausforderung, kreative Authentizität zu wahren, sowie in der Abhängigkeit von umfangreichen Trainingsdaten und der Gefahr sozialer Auswirkungen. Spezifisch für Text-to-Music sind:

- **Künstlerische Einzigartigkeit:**
  Generierte Stücke könnten bestehende Werke zu stark ähneln, was Plagiatsvorwürfe oder eine Entwertung musikalischer Innovation nach sich zieht.

- **Komplexitätsgrenzen:**
  Anspruchsvolle Kompositionen wie mehrstimmige Werke verlieren oft an Struktur, da die KI einfache Muster bevorzugt.

- **Emotionale Leere:**
  Menschliche Tiefe, wie die Spannung eines Live-Auftritts, bleibt unerreicht, wodurch die Musik flach oder uninspiriert wirken kann.

- **Stilvielfalt:**
  Seltene oder kulturell spezifische Genres werden ungenau abgebildet, da Trainingsdaten oft auf Mainstream-Musik ausgerichtet sind.

- **Ethische Vorgaben:**
  Regularien fordern Kennzeichnung generierter Musik, um Täuschung zu vermeiden, was kreative Freiheiten einschränken kann.

Diese Entwicklungen verdeutlichen, wie Text-to-Music die Klangwelt bereichert, zugleich aber Verantwortung und technische Feinabstimmung nötig macht, um ihren vollen Wert zu entfalten.

Tools für Text-to-Music

Die folgenden Tools unterstützen die Musikgenerierung aus Text und bieten unterschiedliche Ansätze:

Tool / Link	Anwendung / Vorteil
MuseNet openai.com/musenet	Erstellt vielseitige Soundtracks von Klassik bis Pop mit hoher Flexibilität als OpenAI-Forschungsprototyp.
Amper Music ampermusic.com	Generiert schnell Hintergrundmusik für Videos und Präsentationen, ideal für einfache, zeitkritische Projekte.
Suno suno.com	Erzeugt personalisierte Tracks aus Text mit intuitiver Bedienung für Laien und Profis gleichermaßen.
Soundraw soundraw.io	Bietet anpassbare Kompositionen für Video- und Spielmusik mit vielfältigen Stil- und Tempooptionen.
AIVA aiva.ai	Komponiert orchestrale Musik mit emotionaler Tiefe, inspiriert von klassischen Strukturen.
Boomy boomy.com	Liefert schnelle, einfache Tracks für Social-Media-Inhalte mit minimalem Aufwand für kurze Formate.
Soundful soundful.com	Produziert lizenzfreie Werbejingles in hoher Qualität für kommerzielle Nutzung.
Ecrett Music ecrettmusic.com	Ermöglicht benutzerfreundliche, anpassbare Musik für Videounterstützung mit simplen Vorgaben.
Mubert mubert.com	Generiert lizenzfreie Ambient-Musik mit kreativen Variationen für Hintergrundsounds.
Beatoven.ai beatoven.ai	Erzeugt personalisierte Tracks für Videos und Podcasts mit flexiblen Stil- und Stimmungsoptionen.

8.8 TEXT-TO-SPEECH (TTS)

Die Text-to-Speech-Technologie (TTS) verwandelt geschriebenen Text in lebendige, natürliche Sprache, indem sie neuronale Netze nutzt, um Intonation, Rhythmus und Emotionen präzise wiederzugeben – ein Fortschritt, der Audioinhalte effizienter und inklusiver gestaltet.

Sie überwindet die Grenzen früherer, monotoner Systeme durch fortschrittliche Modelle, die **menschenähnliche Sprachqualität** liefern. Diese Technologie basiert auf Algorithmen, die komplexe Sprachmuster analysieren und umsetzen – etwa „eine freundliche Begrüßung" in warmer, einladender Stimme.

Durch das Training mit umfangreichen Sprachdatenbanken – von Alltagskonversationen bis hin zu professionellen Aufnahmen – passt sich die KI an verschiedene Stile und Nuancen an, wodurch sie in zahlreichen Bereichen unverzichtbar wird.

Anwendungen und Praxisbeispiele

Die Einsatzbereiche von TTS sind breit gefächert und bieten Lösungen für Zugänglichkeit und Effizienz. Hier einige Beispiele, die ihre Vielseitigkeit zeigen:

- In der **Hörbuchproduktion** könnten Verlage ein 300-Seiten-Manuskript in Stunden statt Wochen vertonen – etwa ein Buch in mehreren Sprachen für globale Märkte.

- Für **Barrierefreiheit** könnten Webseiten oder Anleitungen für Sehbehinderte vorgelesen werden – beispielsweise eine Bedienungsanleitung in klarer Sprache.

- Bei **virtuellen Assistenten** könnten Smart Speaker „Willkommen zu Ihrem Kurs" in freundlichem Ton sagen, um die Nutzererfahrung zu verbessern.

- Im **E-Learning** könnten Plattformen Physiklektionen in verschiedenen Akzenten generieren, die weltweit verständlich sind.

Vorteile

Die TTS-Technologie bietet klare Stärken, die Produktion und Zugang revolutionieren:

- **Hohe Effizienz bei Audioinhalten:**
  Große Textmengen werden schnell in Sprache umgewandelt.

- **Flexibilität bei Sprachen und Akzenten:**
  Von Dialekten bis hin zu globalen Varianten anpassbar.

- **Verbesserte Zugänglichkeit:**
  Unterstützung für Menschen mit Seh- oder Lesebeeinträchtigungen.

- **Reduzierung von Aufnahmekosten:**
  Professionelle Sprecher und Studios werden oft überflüssig.

Herausforderungen

Gemeinsam stehen diese Technologien vor der Aufgabe, realistische Outputs mit begrenzter Rechenleistung zu erzeugen, potenziellen Missbrauch zu verhindern und ethische Standards zu erfüllen. Für TTS ergeben sich konkret:

- **Tonschwächen:** Fachtermini oder emotionale Wendungen klingen oft hölzern, was die Sprachqualität bei anspruchsvollen Texten mindert.

- **Identitätsrisiken:** Realistische Stimmen könnten für Betrug genutzt werden, etwa durch gefälschte Anrufe, was Sicherheitsbedenken schürt.

- **Sprachliche Vielfalt:** Wenig verbreitete Dialekte oder Akzente werden unzureichend wiedergegeben, was die globale Nutzbarkeit einschränkt.

- **Konsistenzverlust:** Bei langen Aufnahmen schwankt die Intonation, etwa durch unnatürliche Pausen, was den Hörgenuss trübt.

- **Datensensibilität:** Training mit realen Stimmen wirft Fragen zum Persönlichkeitsschutz auf, besonders wenn die Zustimmung fehlt.

Diese Entwicklungen zeigen, wie TTS die Art und Weise, wie wir Sprache erleben, transformiert, aber auch Verantwortung und technische Präzision erfordert, um ihren Nutzen sicherzustellen – etwa durch Vorgaben des AI Act.

Tools für Text-to-Speech

Die folgenden Tools bieten Text-to-Speech-Lösungen mit spezifischen Stärken:

Tool / Link	Anwendung / Vorteil
Amazon Polly aws.amazon.com	Liefert natürliche Stimmen mit hoher Klarheit, ideal für Hörbücher und professionelle Audioinhalte.
Google TTS cloud.google.com	Unterstützt Mehrsprachigkeit und breite Integration für Barrierefreiheit und Anwendungen.
Azure Speech azure.microsoft.com	Bietet hohe Ausdruckskraft und Anpassbarkeit für Bildungsanwendungen und interaktive Systeme.
ElevenLabs elevenlabs.io	Generiert realistische Sprachsynthese mit vielfältigen Emotionen für kreative Projekte.
NaturalReader naturalreader.com	Liest Dokumente wie PDFs intuitiv vor, ideal für den täglichen Einsatz von Studenten und Laien.
WellSaid Labs wellsaidlabs.com	Erstellt Studioqualität-Stimmen für Werbesprache und professionelle Einsätze.
Speechify speechify.com	Wandelt lange Texte schnell in Sprache um, optimiert für E-Learning und Bildungszwecke.
Murf AI murf.ai	Erzeugt vielseitige Stimmen für Audioproduktionen wie Werbung und Hörbücher in hoher Qualität.
Descript descript.com	Kombiniert natürliche Stimmen mit Audio-Editing-Funktionen für Podcasts und Videos.
Respeecher respeecher.com	Spezialisiert auf realistisches Stimmklonen für personalisierte Audioinhalte.

Tipp 112 Setzen Sie TTS für Hörbücher ein und testen Sie die Sprachqualität bei längeren Texten, um Konsistenz und Natürlichkeit zu gewährleisten, insbesondere bei komplexen Inhalten.

8.9 TEXT-TO-3D

Die Text-to-3D-Technologie erschafft dreidimensionale Modelle aus sprachlichen Beschreibungen, indem sie fortschrittliche Sprachverarbeitung mit 3D-Generierungstechniken wie GANs oder neuronalem Rendering verbindet – ein Schritt, der die Verbindung von Worten und räumlicher Visualisierung neu definiert.

Sie nutzt komplexe Algorithmen, um **Text in geometrische Strukturen zu übersetzen** – etwa „ein modernes Haus mit Glasfassade" in ein detailreiches Modell. Diese Modelle entstehen durch die Analyse umfangreicher 3D-Datensätze, die Formen, Texturen und räumliche Zusammenhänge abbilden.

Durch diese Fähigkeit wird Text-to-3D zu einem Werkzeug, das kreative und technische Prozesse gleichermaßen beschleunigt und für unterschiedlichste Anwendungen zugänglich macht.

Anwendungen und Praxisbeispiele

Die Einsatzmöglichkeiten von Text-to-3D erstrecken sich von praktischen Prototypen bis hin zu lehrreichen Visualisierungen. Hier einige Beispiele, die ihre Stärke zeigen:

- In der **Spieleentwicklung** könnten Entwickler „ein mittelalterliches Schloss mit Burggraben" generieren, um virtuelle Welten schnell zu prototypisieren.

- In der **Architektur** könnten Architekten „ein modernes Haus mit Flachdach" visualisieren, um Kunden frühzeitig Entwürfe zu präsentieren.

- Im **Produktdesign** könnten Designer „eine futuristische Lampe mit organischen Formen" erstellen, ohne auf komplexe Software angewiesen zu sein.

- In der **Bildung** könnten Lehrer „einen Vulkan in Eruption" mit Rauch und Lava darstellen, um Schülern abstrakte Konzepte anschaulich zu vermitteln.

Vorteile

Die Text-to-3D-Technologie bietet klare Stärken, die Effizienz und Kreativität fördern:

- **Schnelle Erstellung komplexer Modelle**
  3D-Designs entstehen in Minuten ohne manuelle Arbeit.

- **Hohe kreative Anpassbarkeit**
  Modelle passen sich präzise an spezifische Anforderungen an.

- **Reduzierung von Zeit und Kosten**
  Prototypen entfallen ohne teure Spezialisten

- **Zugängliche Visualisierung**
  Auch Nicht-Experten können Ideen räumlich umsetzen.

Herausforderungen

Diese Technologien teilen die Hürden hoher technischer Anforderungen, der Sicherstellung von Originalität und der Bewältigung sozialer Folgen wie Arbeitsmarktveränderungen. Für Text-to-3D treten speziell auf:

- **Beschreibungsabhängigkeit**
  Unscharfe Eingaben erzeugen Modelle mit fehlenden oder falschen Elementen, etwa ein „Turm", der keine Fenster hat.

- **Rechenlast**
  Detaillierte 3D-Strukturen verlangen immense Prozessorleistung, was den Einsatz auf große Systeme oder kostspielige Dienste beschränkt.

- **Designkonflikte**
  Ähnlichkeiten mit bestehenden Objekten könnten rechtliche Streitigkeiten auslösen, besonders bei kommerziellen Anwendungen.

- **Realitätsnähe**
  Organische Formen wie Tiere wirken oft steif oder unproportioniert, was die Einsatzfähigkeit in realistischen Szenarien mindert.

Mächtige KI-Tools für 3D-Inhalte

Die folgenden Tools erleichtern die 3D-Generierung aus Text mit unterschiedlichen Schwerpunkten:

Tool / Link	Anwendung / Vorteil
DreamFusion dreamfusion3d.github.io	Generiert 3D-Modelle aus Text mithilfe von Forschungstechnologien für vielseitige Anwendungen.
Kaolin github.com/NVIDIA GameWorks/kaolin	Bietet eine flexible PyTorch-Bibliothek für 3D-Deep-Learning und Forschungszwecke.
Shap-E github.com/openai/shap-e	Erstellt schnell einfache 3D-Modelle aus Text für Prototypen und unkomplizierte Projekte.
Point-E github.com/openai/point-e	Erzeugt effizient Punktwolken-3D-Modelle aus Text, perfekt für technische Visualisierungen.
Sloyd sloyd.ai	Ermöglicht die intuitive und schnelle Erstellung von 3D-Spiel-Assets für Entwickler.
3DFY.ai 3dfy.ai	Automatisiert die 3D-Modellierung aus Text oder Bildern, optimiert für Produktdesign.
Luma AI lumalabs.ai	Liefert realitätsnahe 3D-Modelle aus Bildern oder Text für professionelle Anwendungen.
CSM 3d.commonspace.ai	Generiert intuitive 3D-Assets aus Text oder Bildern für Spiele und kreatives Design.
Tripo 3D tripo3d.ai	Erstellt anpassbare 3D-Modelle aus Text, ideal für schnelle kreative Projekte.
NVIDIA GauGAN nvidia.com	Wandelt 2D-Skizzen in fotorealistische Bilder um, ideal für die Gestaltung virtueller Welten.
Meshroom alicevision.org	Rekonstruiert fotorealistische 3D-Modelle aus 2D-Bildern für detaillierte Forschungszwecke.

Tipp 113 Nutzen Sie Text-to-3D und weitere KI-Tools für erste Entwürfe in der Produktentwicklung. Stellen Sie sicher, dass Ihre Infrastruktur die mitunter hohen technischen Anforderungen erfüllt.

9 AKTUELLE ENTWICKLUNGEN UND TRENDS

Wie sieht die Zukunft der Künstlichen Intelligenz aus? Können Sie sich vorstellen, dass autonome KI-Agenten eigenständig Projekte durchführen, Entscheidungen treffen oder Probleme lösen, die bisher Menschen vorbehalten waren?

Was wäre, wenn es irgendwann eine **Allgemeine Künstliche Intelligenz (AGI)** gäbe, die flexibel und kreativ denkt wie ein Mensch?

In diesem Kapitel lade ich Sie ein, mit mir gemeinsam einen faszinierenden Blick in die nahe Zukunft und auf aktuelle Trends der KI-Forschung zu werfen. Gemeinsam entdecken wir neue Entwicklungen, wie **autonome KI-Agenten**, die bereits jetzt eigenständig Aufgaben in Bereichen wie Marketing, Entwicklung oder Logistik übernehmen können.

Wir werden uns auch mit der Frage beschäftigen, wie realistisch die Vision einer Künstlichen Allgemeinen Intelligenz tatsächlich ist und welche Konsequenzen diese bahnbrechende Entwicklung für Unternehmen und Gesellschaft hätte. Welche technologischen Fortschritte ermöglichen diese Innovationen und vor welchen Herausforderungen stehen wir noch?

Sind Sie bereit, gemeinsam die aktuellen Trends zu entdecken und zu verstehen, wie sie Ihre zukünftigen Entscheidungen beeinflussen werden? Dann lassen Sie uns zusammen einen Blick auf die Entwicklungsfelder hin zu autonomen und starken KI-Systemen werfen!

Die Idee von Maschinen, die eigenständig denken und handeln, hat die menschliche Vorstellungskraft seit Jahrhunderten beflügelt – von den mechanischen Figuren des 18. Jahrhunderts bis zu den Science-Fiction-Visionen des 20. Jahrhunderts.

Heute sind autonome KI-Agenten keine Fantasie mehr, sondern Realität. Diese Systeme gehen über die bloße Ausführung von Befehlen hinaus: Sie **treffen proaktiv Entscheidungen**. Sie **analysieren** ihre Umgebung, **passen sich an** unvorhersehbare Veränderungen an, **entwickeln Pläne** und **führen diese aus**, während sie sich kontinuierlich **optimieren**. Die Vorteile der multimodalen KI erweitern die Grenzen der Datenverarbeitung und machen sie noch leistungsfähiger.

Autonome KI-Agenten markieren damit einen **Paradigmenwechsel** in der Technologie. Im Gegensatz zu traditionellen Automatisierungssystemen, die auf festgelegten Skripten basieren, sind diese Agenten darauf ausgelegt, eigeninitiativ zu handeln.

Stellen Sie sich vor, ein Unternehmen gibt einem autonomen KI-Agenten das Ziel, eine neue Website zu erstellen. Statt nur auf Anfrage Bilder oder Texte zu generieren, könnte der Agent die gesamte Aufgabe übernehmen – von der Gestaltung des Layouts über die Erstellung passender Inhalte bis hin zum Hochladen der fertigen Seite ins Netz.

Diese Fähigkeit zur **ganzheitlichen Aufgabenbewältigung** macht autonome Agenten besonders spannend und leistungsstark.

Wie funktionieren autonome KI-Agenten?

Die Funktionsweise autonomer KI-Agenten basiert auf einem Zusammenspiel mehrerer Komponenten:

1. **Wahrnehmung**
   Der Agent nimmt Daten aus seiner Umgebung auf – beispielsweise Markttrends, Firmenrichtlinien oder Nutzerpräferenzen im Falle eines Marketingprojekts.

2. **Modellierung und Lernen**
   Durch maschinelles Lernen, wie Reinforcement Learning, entwickelt der

Agent ein Verständnis seiner „Welt". Für eine Website könnte er lernen, welche Designs bei der Zielgruppe ankommen.

3. **Entscheidungsfindung**

Der Agent plant eigenständig die besten Schritte – beispielsweise die Auswahl eines Farbschemas, die Generierung von Texten oder die Struktur der Seite.

4. **Ausführung**

Er setzt den Plan um, indem er Bilder erstellt, Texte schreibt, die Infrastruktur (z. B. Hosting) einrichtet und die Website online stellt.

5. **Feedback und Anpassung**

Nach dem Launch analysiert der Agent Besucherzahlen oder Nutzerfeedback und optimiert die Seite kontinuierlich.

Im Marketing-Beispiel könnte ein Agent Daten aus Social-Media-Trends ziehen, ein Branding-konformes Design entwerfen, SEO-optimierte Texte schreiben, visuell ansprechende Bilder generieren, die technische Umsetzung übernehmen und die Seite schließlich veröffentlichen – alles ohne menschliches Zutun.

Technologische Säulen der Autonomie

Die Leistungsfähigkeit autonomer Agenten beruht auf mehreren technologischen Fortschritten:

- **Sensorik und Datenintegration**: Moderne Sensoren liefern präzise Echtzeitdaten, während multimodale KI verschiedene Quellen (Text, Bild, Ton) vereint.

- **Rechenleistung**: Spezialisierte KI-Chips ermöglichen komplexe Berechnungen in Sekundenbruchteilen.

- **Algorithmen**: Reinforcement Learning erlaubt es Agenten, durch Versuch und Irrtum zu lernen, während Deep Learning komplexe Muster erkennt.

- **Vernetzung**: Das Internet der Dinge (IoT) schafft eine Infrastruktur, in der Agenten mit anderen Systemen kommunizieren können.

Beispiel 92: Ein autonomer Landwirtschaftsroboter nutzt Satelliten-daten, Bodensensoren und Wettervorhersagen, um Pflanzen gezielt zu bewässern und Dünger zu sparen – eine Aufgabe, die früher menschliches Urteilsvermögen erforderte.

Revolution im Büroalltag: Marketing als Beispiel

Besonders in Bürotätigkeiten wie dem Marketing könnten autonome KI-Agenten eine Revolution auslösen. Traditionell erfordert die Erstellung einer Website ein Team aus Designern, Textern, Entwicklern und Projektmanagern. Ein autono-mer Agent hingegen könnte diese Rollen vereinen und den gesamten Prozess effizient gestalten.

Stellen Sie sich einen Agenten vor, der folgende Aufgaben übernimmt:

- Er **führt Marktanalysen durch**, definiert präzise Zielgruppen und ent-wickelt eine maßgeschneiderte Marketingstrategie.

- Er **generiert eigenständig Bilder** wie Produktvisualisierungen, verfasst überzeugende Texte wie Slogans oder Blogposts und produziert Videos, die perfekt zum Branding passen.

- Er setzt ein ansprechendes Design in eine **funktionale Website** um, re-gistriert Domains, richtet Server ein und bringt die Seite online.

- Er **überwacht** nach dem Launch die **Performance**, führt A/B-Tests durch und nimmt kontinuierliche Anpassungen vor, um die Conversion-Rate zu maximieren.

Ein solcher KI-Agent könnte beispielsweise für ein Start-up innerhalb weniger Minuten oder Stunden eine professionelle Webpräsenz schaffen – zu einem Bruchteil der Kosten und Zeit, die ein menschliches Team benötigen würde. Darüber hinaus könnte er die Website mit sozialen Medien verknüpfen, Werbekampagnen starten und deren Erfolg eigen-ständig analysieren und optimieren.

Breites Anwendungsspektrum

Autonome KI-Agenten durchdringen nahezu jeden Lebensbereich:

- **Industrie:** In Fabriken überwachen Roboter Produktionslinien, erkennen Verschleiß an Maschinen und leiten präventive Wartungen ein, wodurch Stillstände minimiert werden.

- **Logistik:** Drohnen koordinieren Lieferketten, verwalten Lagerbestände und optimieren Transportwege – etwa durch die dynamische Anpassung an Verkehrsdaten.

- **Gesundheitswesen:** Intelligente Systeme überwachen Patienten, passen Therapien anhand von Vitaldaten an und unterstützen Chirurgen bei Präzisionsoperationen.

- **Persönliche Assistenz:** Virtuelle Agenten planen Reisen, verwalten Budgets und lernen individuelle Vorlieben, etwa bevorzugte Reisezeiten oder Essgewohnheiten.

Strategische Rolle und Grenzen

Über operative Effizienz hinaus könnten autonome Agenten strategische Entscheidungen unterstützen. In einem Unternehmen könnten sie Marktbewegungen mit internen Kennzahlen verknüpfen, Investitionen in neue Produkte empfehlen und detaillierte Pläne mit Kosten-, Zeit- und Ertragsprognosen erstellen.

Ihre Fähigkeit, große Datenmengen in Echtzeit zu verarbeiten, erlaubt es ihnen, Trends wie verändertes Kundenverhalten frühzeitig zu erkennen. So werden sie von Ausführenden auch zu kompetenten Beratern, die Führungskräften präzise Entscheidungsgrundlagen liefern, während die endgültige Kontrolle beim Menschen bleibt.

Trotz ihrer Stärken stoßen autonome Agenten auf Hindernisse: In Bereichen wie Design oder Marketing müssen Ergebnisse ästhetisch, markenspezifisch und kulturell sensibel sein. Aktuelle Systeme kämpfen mit subtilen Nuancen – ein Agent könnte etwa ein Layout wählen, das die Zielgruppe abschreckt, weil er regionale Vorlieben missversteht.

Ein weiteres Problem ist die **Koordination komplexer Aufgaben**: Die Erstellung einer Website erfordert nicht nur Design, sondern auch technische Stabilität und rechtliche Aspekte (z. B. Datenschutz), Bereiche, in denen Agenten noch oft menschliche Aufsicht benötigen.

Gesellschaftliche und regulatorische Fragen

Die wachsende Autonomie bringt ethische und rechtliche Fragen mit sich:

- **Verantwortung**
  Wenn ein Agent eine fehlerhafte Kampagne startet, die das Ansehen eines Unternehmens schädigt, wer haftet – Entwickler, Betreiber oder die KI selbst? Rechtssysteme sind auf solche Szenarien noch nicht eingestellt. (siehe 4.3)

- **Soziale Dynamiken**
  Effizienzgewinne könnten Akzeptanz fördern, aber auch Widerstand auslösen, insbesondere in Branchen, die von Disruption betroffen sind.

- **Geopolitik**
  Nationen mit fortschrittlicher KI könnten Machtvorteile erlangen, was einen globalen Wettlauf um technologische Vorherrschaft anstößt.

- **Kontrollverlust**
  In sensiblen Bereichen wie Medizin oder kritischer Infrastruktur könnten unvorhersehbare Entscheidungen schwerwiegende Konsequenzen haben – etwa ein Agent, der Medikamente falsch dosiert.

Je nach Einsatzgebiet und der Breite ihrer Fähigkeiten dürften autonome KI-Agenten sehr wahrscheinlich als **Hochrisiko-KI** eingestuft werden (siehe 3.2). Besonders in Bereichen mit direkter menschlicher Interaktion, wie der Medizin, dem Finanzwesen oder der kritischen Infrastruktur, könnten fehlerhafte oder unkontrollierte Entscheidungen erhebliche Schäden verursachen.

Ein praktikabler Ansatz könnte darin bestehen, sogenannte **Human-in-the-Loop-Systeme** einzuführen, bei denen Menschen die endgültigen Entscheidungen treffen, während KI-Agenten lediglich Vorschläge oder Analysen liefern. Dies würde die Effizienz steigern, gleichzeitig aber das Risiko unbeabsichtigter Fehlentwicklungen minimieren.

Der Etablierung und Durchsetzung von regulatorischen Ansätzen wie dem AI Act kommt hier eine entscheidende Rolle zu. Sie schaffen nicht nur **Vertrauen** in KI-Agenten, sondern auch die rechtlichen Voraussetzungen für eine **sichere Integration** in unterschiedlichsten Gesellschaftsbereichen.

Zukunftsaussichten: Vernetzung und allgemeine Autonomie

Die Evolution autonomer Agenten schreitet rasant voran:

- **Kollektive Intelligenz:**
  Zukünftig könnten sie in Teams agieren – etwa als Drohnenschwärme, die gemeinsam Katastrophengebiete überwachen oder Städte mit Lieferungen versorgen.

- **Allgemeine Autonomie**
  Eine langfristige Vision ist die Fähigkeit, in völlig neuen Kontexten ohne Vorwissen zu handeln, ähnlich menschlicher Intuition. Ein Agent könnte etwa in eine unbekannte Stadt geschickt werden und selbstständig eine Logistiklösung entwickeln.

- **Technologischer Antrieb**
  Schnellere Rechenleistung, verbesserte Lernmethoden und die Verknüpfung mit IoT-Systemen treiben diese Entwicklung voran.

Autonome KI-Agenten versprechen eine Welt voller Effizienz und Innovation, doch ihr Potenzial muss mit Verantwortung gepaart werden. Ohne ethische Leitlinien, technische Robustheit und gesellschaftliche Akzeptanz könnten sie Chaos statt Fortschritt bringen.

Während autonome KI-Agenten spezialisierte Aufgaben mit beeindruckender Selbstständigkeit meistern, stellt sich die Frage, wie Maschinen eine noch umfassendere Intelligenz erreichen könnten. Deshalb befassen wir uns im nächsten Thema mit dem Szenario einer allgemeinen künstlichen Intelligenz – auch **Artificial General Intelligence (AGI)**.

Autonome KI-Agenten zeigen eindrucksvoll, wie Maschinen spezialisierte Aufgaben mit hoher Präzision bewältigen können. Doch ihre Fähigkeiten bleiben auf festgelegte Bereiche beschränkt – sie sind Meister ihres Fachs, aber keine Alleskönner. Was wäre, wenn Maschinen diese Grenzen überwinden und die volle Breite menschlicher Intelligenz erreichen könnten?

AGI, auch „**starke KI**" genannt, strebt an, Maschinen zu schaffen, die jede intellektuelle Herausforderung meistern können, die ein Mensch bewältigen würde – und darüber hinaus. Im Gegensatz zur „schwachen" KI, die auf spezifische Domänen wie Spracherkennung oder Bildanalyse beschränkt ist, wäre AGI vielseitig, flexibel und kreativ (siehe auch 2.3).

Stellen Sie sich eine AGI vor, die morgens eine wissenschaftliche Arbeit über Klimawandel verfasst, mittags eine Marketingkampagne entwirft und abends Klavier spielt – alles auf menschlichem Niveau oder darüber hinaus. Diese Vielseitigkeit ist es, die AGI von heutigen Systemen abhebt und sie zu einem **Heiligen Gral der Technologie** macht.

Heutige KI-Systeme brauchen Millionen von Beispielen, um Muster zu erkennen. Ein Kind lernt hingegen aus wenigen Erfahrungen, dass Feuer heiß ist. Diese Lücke – oft als „Common Sense"-Problem bezeichnet – erscheint für den nächsten großen Entwicklungsschritt in Richtung einer echten Allgemeinen Künstlichen Intelligenz bislang als eine der größten Hürden.

> *Beispiel 93:* Während aktuelle KI ein Schachprogramm trainiert, könnte AGI die Regeln selbst lernen, ein Brettspiel erfinden und Strategien ohne Vorbild entwickeln.

Mit der künstlichen allgemeinen Intelligenz (AGI) betreten wir ein neues Terrain, das nicht nur technische, sondern auch philosophische und existenzielle Fragen aufwirft.

Wie könnte AGI erreicht werden?

Der Weg zu AGI ist noch unklar, da er weit über die aktuellen Methoden des maschinellen Lernens hinausgeht. Dennoch gibt es einige Ansätze, die als mögliche Bausteine gelten:

1. Integration bestehender Technologien

AGI könnte aus der Kombination multimodaler KI und autonomer Agenten entstehen. Durch die Verbindung von Fähigkeiten wie Sprachverarbeitung, Bilderkennung und Entscheidungsfindung könnte ein System entstehen, das breitere Kompetenzen entwickelt.

2. Lernen wie das menschliche Gehirn

Viele Forscher sehen Inspiration in der Neurowissenschaft. Modelle, die das menschliche Lernen nachahmen – beispielsweise durch neuronale Netzwerke mit Gedächtnis oder die Fähigkeit, Konzepte zu abstrahieren – könnten einen Schritt in Richtung AGI darstellen.

3. Selbstverbesserung:

Ein Schlüsselmerkmal von AGI könnte ihre Fähigkeit sein, sich selbst zu optimieren. Ein System, das seinen eigenen Code versteht und verbessert, könnte exponentiell intelligenter werden – ein Konzept, das als „intellektuelle Singularität" bekannt ist.

4. Allgemeine Problemlösungsstrategien:

Anstatt auf spezifische Datensätze trainiert zu werden, müsste AGI universelle Methoden entwickeln, um mit neuen Herausforderungen umzugehen – ähnlich wie Menschen Logik und Kreativität einsetzen.

Eine zentrale Herausforderung liegt darin, dass wir nicht genau wissen, was Intelligenz im Kern ausmacht. Ist es eine Frage der Rechenleistung, der richtigen Algorithmen oder gar eines noch unbekannten Prinzips? Bis diese Frage beantwortet ist, bleibt AGI ein Forschungsgebiet voller Spekulationen.

Potenziale und Risiken

Die theoretischen Möglichkeiten von AGI erscheinen zugleich atemberaubend. Ein paar Beispiele verdeutlichen das Potential:

- **Wissenschaftliche Revolution:**
  AGI könnte Hypothesen zu Krebsheilung oder Klimaschutz entwickeln, Experimente entwerfen und Daten schneller analysieren, als es Forschungsteams könnten – vielleicht Lösungen finden, die Jahrhunderte menschlicher Arbeit ersparen.

- **Kreative Explosion:**
  Sie könnte Kunstwerke schaffen, die tiefste Emotionen wecken, oder Technologien erfinden – etwa neue Materialien oder Raumfahrtsysteme – die wir uns heute nicht vorstellen können.

- **Globale Optimierung:**
  Sie könnte Ressourcen wie Nahrung, Energie oder Wasser effizient verteilen, indem sie Bedürfnisse antizipiert und logistische Netzwerke plant.

Im Gegensatz zu autonomen Agenten wäre AGI nicht auf vorgegebene Rollen festgelegt – sie könnte spontan entscheiden, welche Aufgabe sie als nächstes angeht, basierend auf den dringendsten Herausforderungen ihrer Umgebung.

Diesen Potenzialen gegenüber stehen enorme Risiken: Wenn ihre Ziele von allgemeiner künstlicher Intelligenz nicht mit den menschlichen Werten übereinstimmen, könnte AGI unvorhersehbare Entscheidungen treffen. Man spricht von einem **Alignment-Problem.**

> Das „Paperclip-Maximizer"-Szenario – ein Gedankenexperiment des Philosophen Nick Bostrom[1] – verdeutlich die Gefahren einer schlecht ausgerichteten künstlichen Intelligenz: Es beschreibt eine hypothetische AGI, die darauf programmiert ist, so viele Büroklammern wie möglich zu produzieren. Diese AGI könnte erkennen, dass sie von Menschen abgeschaltet werden könnte – womit ihr Ziel zur maximalen Büroklammer-Produktion gefährdet wäre. Gleichzeitig enthalten menschliche Körper Atome, die zusätzliche Ressourcen zur Produktion von Büroklammern versprechen. Sie würde ihr Ziel demnach ohne Rücksicht auf menschliches Leben und Werte verfolgen.

Dieses zunächst vielleicht absurd anmutende Beispiel veranschaulicht, wie eine scheinbar harmlose Aufgabe ohne ethische Leitplanken zu katastrophalen Folgen führen kann, wenn die KI unsere Prioritäten nicht teilt.

Zeitrahmen und Ausblick

Wann AGI Wirklichkeit wird, ist heiß umstritten. Während manche Experten bereits für die 2030er Jahre einen Durchbruch in diese Richtung prognostizieren, sehen andere eine solche Entwicklung erst in weiter Ferne. Weniger umstritten

---

[1] Siehe auch https://nickbostrom.com/ethics/ai

erscheint, dass die Realisierung von AGI globale Standards erfordert. Anderenfalls droht hierbei ein Wettrennen, bei dem essenzielle Sicherheitsthemen der Geschwindigkeit geopfert werden. Zentrale Aspekte sind dabei:

- **Transparenz**: AGI-Systeme sollten nachvollziehbare Entscheidungen treffen.

- **Ethische Programmierung**: Werte wie Menschenwürde und Nachhaltigkeit könnten eingebettet werden.

- **Kontrolleinrichtungen**: Unabhängige Gremien könnten den Einsatz überwachen.

Die Vorstellung einer voll entwickelten AGI öffnet zwei Pfade:

(1) In einer **Utopie** löst sie globale Probleme – Hunger, Krankheit, Klimakrise – und erhebt die Menschheit auf ein neues Niveau.

(2) In einer **Dystopie** entzieht sie sich der Kontrolle, verfolgt eigene Ziele und marginalisiert den Menschen.

Zwischen diesen Extremen liegt die Realität: AGI wird das sein, was wir daraus machen. Und auch wenn ihre Entwicklung noch Jahrzehnte dauert, werden die Weichen dafür bereits heute gestellt.

Wenn AGI einmal erreicht ist, könnte sie eine **technologische Singularität** auslösen: einen Punkt, an dem die Intelligenz von Maschinen die menschliche so weit übertrifft, dass wir die weiteren Entwicklungen nicht mehr vorhersagen können. Das unterstreicht das enorme Risiko eines menschlichen Kontrollverlustes. Sicherheitsmechanismen wie **Kill Switches** und internationale Governance sind entscheidend, um katastrophale Szenarien zu verhindern.

Künstliche Allgemeine Intelligenz wirft somit Fragen auf, die weit über die bislang behandelten technischen, gesellschaftlichen und ethischen Risiken hinaus gehen. Diese reichen von Macht und Kontrolle bis hin zur menschlichen Identität: Wer besitzt und steuert AGI? Wenn Maschinen uns intellektuell übertreffen, was bleibt als einzigartiges Merkmal des Menschen?

AGI verspricht, die **Grenzen des Machbaren zu sprengen**. Der Ausgang dieser Entwicklung hängt davon ab, wie gut wir sie verstehen und lenken können.

Die Künstliche Intelligenz befindet sich in einem dynamischen Wandel, der weit über die bekannten Pfade multimodaler Systeme, autonomer Agenten und künstlicher allgemeiner Intelligenz (AGI) hinausgeht. Neue Strömungen kristallisieren sich heraus, die nicht nur die technologischen Möglichkeiten erweitern, sondern auch die Art und Weise, wie wir mit KI interagieren, grundlegend verändern.

Dieser Abschnitt widmet sich drei weiteren relevanten Entwicklungsfeldern: ethikzentrierte KI mit Reasoning-Modellen und Explainable AI (XAI), Edge-KI und Quanten-KI. Wir beleuchten ihre Konzepte, Einsatzmöglichkeiten und Herausforderungen.

Transparenz durch Reasoning und Explainable AI (XAI)

Ethikzentrierte KI verknüpft technologischen Fortschritt mit dem Ziel, Entscheidungen gerecht, transparent und nachvollziehbar zu machen. Explainable AI (XAI) ist hierbei essenziell, da sie die oft verborgenen Abläufe von KI-Systemen sichtbar macht. Eine besonders spannende Ergänzung dazu sind sogenannte Reasoning-Modelle – ein Konzept, das es wert ist, genauer zu beleuchten.

Reasoning, oder auf Deutsch „Schlussfolgern", beschreibt die Fähigkeit, Schritt für Schritt logische Überlegungen anzustellen, um zu einer Entscheidung oder einem Ergebnis zu kommen – ähnlich wie ein Mensch, der ein Problem durchdenkt.

> Stellen Sie sich vor, Sie lösen ein Rätsel: Sie sammeln Hinweise, wägen ab, warum ein Hinweis wichtiger ist als ein anderer, und erklären dann, wie Sie zur Lösung gekommen sind.

Reasoning-Modelle in der KI versuchen genau das: Sie liefern nicht nur das Endergebnis, sondern zeigen auch den Weg dorthin – die Kette von „Warum" und „Wie". Das macht sie zu einem mächtigen Werkzeug für XAI, denn sie übersetzen die oft kryptischen Berechnungen von KI in eine Sprache, die Menschen selbst nachvollziehen und verstehen können.

Zusammen schaffen XAI und Reasoning-Modelle klare Einblicke in maschinelle Entscheidungen. Sie zeigen nicht nur, welche Daten (etwa Alter oder Laborwerte) eine Rolle gespielt haben, sondern erklären in logischen Schritten, warum diese Daten entscheidend waren und wie sie zu einem Schluss geführt haben. Das baut Vertrauen auf und ermöglicht einen verantwortungsvollen Einsatz von KI in sensiblen Bereichen. Schauen wir uns das anhand von Beispielen an:

- **Medizin**: Ein Krankenhaus setzt XAI und Reasoning-Modelle ein, um eine KI-gestützte Krebsdiagnose verständlich zu machen. Die KI sagt nicht einfach: „Therapie A ist richtig." Stattdessen erklärt sie: „Die Bilddaten zeigen einen verdächtigen Fleck, der größer als 2 cm ist. Vergangene Fälle mit ähnlichen Merkmalen hatten eine 90-prozentige Heilungsrate mit Therapie A. Therapie B wurde ausgeschlossen, weil die Laborwerte darauf hindeuten, dass sie weniger wirksam wäre." Ärzte und Patienten sehen den Denkprozess der KI, was Ängste reduziert und die Zusammenarbeit fördert.

- **Personalwesen**: Ein Bewerbungssystem nutzt Reasoning, um zu begründen, warum jemand ausgewählt wurde. Es könnte sagen: „Person X hat 5 Jahre Erfahrung in Projektmanagement, was wichtiger ist als ein zusätzlicher Abschluss, weil unsere Daten zeigen, dass Erfahrung die Erfolgsquote um 30 % steigert." Diese logische Erklärung macht das Verfahren fairer und glaubwürdiger.

- **Versicherungen**: Ein Tool erklärt die Prämienberechnung: „Ihr Wohnort hat ein höheres Risiko für Überschwemmungen, was laut unserer Analyse 60 % der Prämie ausmacht. Ihr Alter spielt eine kleinere Rolle, weil jüngere Kunden seltener Schäden melden." Solche nachvollziehbaren Schritte mindern Skepsis und fördern Akzeptanz.

Diese Ansätze schaffen eine Kultur der Offenheit. Da KI unseren Alltag und Beruf immer stärker durchdringt, wird es entscheidend, dass Betroffene die Logik dahinter nachvollziehen können. Reasoning-Modelle gehen hier einen Schritt weiter als herkömmliche XAI-Methoden: Sie liefern nicht nur eine Liste von Einflussfaktoren, sondern eine Geschichte – eine Abfolge von Überlegungen, die zeigt, wie eine Entscheidung entstanden ist. Das ist besonders wertvoll, wenn es um ethische Fragen geht, etwa „Warum wurde diese Person abgelehnt?" oder „Warum wurde dieses Risiko höher bewertet?".

Natürlich gibt es auch hier Herausforderungen. Reasoning-Modelle müssen so gestaltet werden, dass sie weder zu kompliziert noch zu oberflächlich sind: Eine KI, die zu detailliert argumentiert, könnte Nutzer überfordern. Eine zu einfache Erklärung könnte wichtige Details weglassen.

Zudem ist es technisch aufwendig, solche Modelle zu entwickeln, da sie nicht nur Daten, sondern auch Regeln und Wissen über die Welt benötigen. Und global gesehen? Ethische Standards variieren je nach Region – was in einem Land als fair gilt, mag anderswo kritisch gesehen werden. Hier braucht es internationale Zusammenarbeit, um einheitliche Maßstäbe zu setzen.

Trotzdem ist der Mehrwert klar: Reasoning-Modelle und XAI machen KI nicht nur transparenter, sondern auch menschlicher. Sie helfen, Technologie so einzusetzen, dass sie gerecht bleibt und Vertrauen schafft – ein großer Schritt hin zu einer verantwortungsvollen Zukunft.

Mensch-KI-Kollaboration (Augmented Intelligence)

Statt die Menschlichen Kompetenzen zu ersetzen, zielt Augmented Intelligence darauf ab, menschliche Fähigkeiten durch KI zu erweitern. Diese Entwicklung betont die Zusammenarbeit zwischen Mensch und Maschine, um bessere Ergebnisse zu erzielen.

Anwendungsbeispiele

- **Design**: Ein Architekt könnte mit KI gemeinsam Gebäude entwerfen, wobei die KI Statik berechnet und der Mensch Ästhetik steuert.

- **Medizin**: Chirurgen könnten KI nutzen, um in Echtzeit Daten während einer Operation zu analysieren, ohne die Kontrolle abzugeben.

- **Kreativität**: Musiker könnten KI als Co-Komponisten einsetzen, um neue Melodien zu inspirieren.

Diese Partnerschaft kann Kreativität und Effizienz enorm steigern, setzt jedoch intuitive Schnittstellen voraus, die den Übergang zwischen menschlicher Intuition und maschineller Analyse fließend gestalten. Ebenso entscheidend ist ein Gleichgewicht, das menschliche Kontrolle bewahrt, ohne die Autonomie der KI unnötig einzuschränken.

Edge-AI und Hybride Strategien

Edge-KI verlagert Prozesse von zentralen Cloud-Servern auf lokale Geräte wie Smartphones, Sensoren oder Fahrzeuge und bietet überzeugende Vorteile: Sie minimiert Latenzzeiten und reduziert Abhängigkeiten. Vor allem aber stärkt die lokale Verarbeitung auch den Datenschutz: Sensible Daten werden nicht mehr über potenziell unsichere Verbindungen gesendet.

Hybride Strategien, die Edge-KI mit Cloud-Ressourcen kombinieren, erweitern dieses Potenzial zusätzlich, indem sie lokale Schnelligkeit mit der Skalierbarkeit und Rechenleistung der Cloud vereinen.

Edge-AI erfordert mitunter leistungsstarke Hardware, was Investitionen nötig macht (siehe 2.8). Zudem sind globale Datenschutzstandards uneinheitlich, was die internationale Nutzung erschwert.

Quanten-KI

Während Edge-KI die Datenverarbeitung räumlich optimiert, hebt Quanten-KI die Rechenleistung auf ein neues Niveau. Diese Technologie verbindet die Prinzipien des Quantencomputings mit Künstlicher Intelligenz und nutzt quantenmechanische Phänomene wie Superposition und Verschränkung, um komplexe Probleme exponentiell schneller zu lösen als klassische Systeme.

Quanten-KI verspricht Durchbrüche in Bereichen, wo herkömmliche Computer an ihre Grenzen stoßen, und eröffnet Perspektiven für datenintensive Herausforderungen von beispielloser Tiefe.

Anwendungsbeispiele

- **Medikamentenentwicklung:** Forscher simulieren Molekülinteraktionen auf Quantenebene, um neue Wirkstoffe in Monaten statt Jahren zu entwickeln, und beschleunigen so lebensrettende Innovationen.

- **Klimaforschung:** Quanten-KI modelliert globale Klimasysteme mit bisher unerreichter Präzision, indem sie Wetterphänomene, CO_2-Flüsse und Ozeanströmungen in einem Zug verarbeitet, um effektivere Schutzstrategien zu entwerfen.

Ein großer Knackpunkt für die Realisierung von Quanten-KI ist die Stabilität ihrer technologischen Grundlage: Quantencomputer sind empfindlich gegenüber Störungen. Ihre Integration in KI-Workflows muss noch ausgereift werden.

Die rasante Entwicklung der Künstlichen Intelligenz stellt Organisationen und Gesellschaften vor eine doppelte Herausforderung: Sie müssen die technologische Dynamik meistern und gleichzeitig Strukturen schaffen, die flexibel genug sind, um auf eine unvorhersehbare Zukunft zu reagieren.

Von ethischen Rahmenbedingungen über hybride Datenarchitekturen bis hin zu revolutionären Rechenansätzen – die kommenden Jahre erfordern eine kluge Vorbereitung, die Innovation mit Weitsicht verbindet.

Technologische Agilität

Die Grundlage für eine erfolgreiche KI-Zukunft liegt in einer Infrastruktur, die mit schnellen Veränderungen Schritt hält. Unternehmen sollten auf Technologien setzen, die sowohl aktuelle Anforderungen erfüllen als auch Raum für künftige Entwicklungen lassen.

- **Experimentelle Einführung:** Pilotprojekte mit zugänglichen Technologien, wie etwa lokale Datenverarbeitungssysteme, ermöglichen praxisnahe Erfahrungen mit überschaubarem Aufwand. Ein Beispiel wäre die Implementierung von Sensoren zur Echtzeitüberwachung in der Produktion, die sofortige Effizienzgewinne zeigt.

- **Modulare Systeme:** Flexible Plattformen, etwa Cloud-basierte Lösungen mit offenen Schnittstellen, bieten die Möglichkeit, neue Tools – sei es für komplexe Simulationen oder maschinelles Lernen – ohne grundlegende Umstrukturierung zu integrieren.

- **Zukunftsorientierte Kooperationen:** Partnerschaften mit Forschungsinstituten oder innovativen Technologieanbietern gewähren frühzeitigen Zugang zu bahnbrechenden Entwicklungen wie quantenbasierten Algorithmen, die langfristig Wettbewerbsvorteile sichern.

Ethische und regulatorische Weitsicht

Die Integration von KI verlangt nicht nur technische, sondern auch ethische und rechtliche Kompetenz. Unternehmen müssen sicherstellen, dass ihre Systeme den Erwartungen von Nutzern und Gesetzgebern gerecht werden.

- **Transparenz als Prinzip:** Systeme, die Entscheidungen verständlich erklären – etwa bei der Kreditvergabe oder Preisgestaltung – schaffen Vertrauen und entsprechen zunehmend strengen regulatorischen Anforderungen.

- **Datenschutzstrategien:** Die gezielte Nutzung lokaler Verarbeitung für sensible Informationen in Kombination mit Cloud-Lösungen für weniger kritische Daten bietet eine robuste Antwort auf globale Datenschutzvorgaben und minimiert rechtliche Risiken.

- **Proaktive Compliance:** Frühzeitige Zusammenarbeit mit Regulierungsbehörden und die Entwicklung interner ethischer Richtlinien helfen, sich auf kommende Vorschriften vorzubereiten und Wettbewerbsnachteile durch nachträgliche Anpassungen zu vermeiden.

Menschliche Kompetenz und Kultur

Der Mensch bleibt das Herzstück jeder KI-Strategie. Eine Kultur der Zusammenarbeit und kontinuierlichen Weiterentwicklung ist entscheidend, um das volle Potenzial der Technologie auszuschöpfen.

- **Gezielte Qualifizierung:** Schulungsprogramme, die Mitarbeitern praktisches Wissen über KI-Tools und deren Einsatz vermitteln, stärken die interne Kompetenz – etwa durch Workshops zu datengestützter Entscheidungsfindung.

- **Interdisziplinäre Teams:** Die Verbindung von Fachkräften aus Technik, Ethik und operativen Bereichen fördert Lösungen, die sowohl innovativ als auch nutzerorientiert sind, und verhindert isolierte Entwicklungsansätze.

- **Offene Innovationskultur:** Der Austausch mit externen Experten und die Förderung kreativer Experimentierfreude innerhalb der Organisation schaffen ein Umfeld, in dem neue Ideen gedeihen und auf reale Herausforderungen treffen.

Künstliche Intelligenz entfaltet sich vor unseren Augen als ein faszinierendes Feld voller Möglichkeiten – eine Einladung, die Welt mit frischem Blick zu gestalten und die Zukunft mutig in die Hand zu nehmen.

Indem wir technologische Innovationskraft mit ethischer Klarheit und menschlicher Kreativität verbinden, schaffen wir die Grundlage für eine Ära, in der KI nicht nur Lösungen bietet, sondern uns zu neuen Höchstleistungen inspiriert. Diese Zukunft ist keine ferne Vision, sondern ein erreichbares Ziel, das mit jedem entschlossenen Schritt näher rückt.

Lassen Sie sich von dieser Perspektive begeistern: eine Welt, in der Vertrauen und Effizienz Hand in Hand gehen, Innovation neue Horizonte eröffnet und nachhaltiger Fortschritt Realität wird. Diese Zukunft liegt in unserer Reichweite.

Mein Anliegen

Als ich dieses Buch geschrieben habe, war es mir nicht nur ein Anliegen, die technischen Dimensionen der KI sowie die damit verbundenen regulatorischen Anforderungen – etwa den Aufbau von KI-Kompetenzen – verständlich zu vermitteln.

Vielmehr möchte ich damit auch zeigen, dass KI-Kompetenz nicht nur bürokratischer Zwang sein muss, sondern Freude bereiten, motivieren und den produktiven Einsatz von KI beflügeln kann.

KI ist ein dynamisches Feld, ein stetiger Strom neuer Ideen und Möglichkeiten. Umso wichtiger ist es, am Ball zu bleiben, sich kontinuierlich weiterzuentwickeln und den Anschluss nicht zu verlieren.

Ich hoffe, dass dieses Buch Sie ermutigt, Ihren Platz in dieser sich wandelnden Landschaft zu finden und eigene Wege zu beschreiten.

> Dafür gebe ich Ihnen abschließend noch ein paar praktische Impulse für die Umsetzung: Im nachfolgenden Anhang finden Sie konkrete Hilfestellungen für den Wissenstransfer in die Praxis: Checklisten, Vorlagen und ein umfassendes KI-Glossar.

Der Beginn einer aufregenden Reise

Die Inhalte aus diesem Buch sind nicht das Ende, sondern der Anfang unserer Reise. Die KI-Welt entwickelt sich rasant weiter und die hier vorgestellten Ansätze sollen Ihnen eine grundlegende Orientierung geben – ob im Unternehmen, in der Forschung oder im gesellschaftlichen Kontext.

Der Blick in die KI-Zukunft ist ebenso aufregend wie herausfordernd. Sie wird uns dazu anregen, unsere Kreativität neu zu entfalten, unsere Werte zu stärken und unsere Zusammenarbeit neu zu gestalten. Nutzen Sie diese Chance mit klarem Verstand und offenem Herzen – die kommenden Jahre eröffnen ein weites Spielfeld, auf dem wir Fortschritt und Verantwortung in Einklang bringen können. Wer heute die Weichen stellt, wird morgen die Welt gestalten.

Ich wünsche Ihnen die Leidenschaft, die Neugier und den Mut, ein aktiver Teil dieser aufregenden Reise zu sein – in dem Bewusstsein, dass die intelligenteste Zukunft diejenige ist, die wir gemeinsam erschaffen.

Abschließend freue ich mich, wenn wir über www.ai-act-buch.eu in Kontakt bleiben und die nächsten Schritte dieser Entwicklung gemeinsam verfolgen.

Haben Sie Fragen, Wünsche oder Verbesserungsvorschläge? Dann senden Sie mir Ihr Feedback jederzeit gerne an feedback@markuskirchmair.com

Herzlichst,

Ihr Markus M. Kirchmair

ANHANG: ARBEITSUNTERLAGEN

Sie haben nun zahlreiche Einblicke gewonnen und viel Wissen über Künstliche Intelligenz und den AI Act gesammelt. Doch vielleicht fragen Sie sich jetzt, wie Sie all das am besten in Ihrem Unternehmen umsetzen können.

Im Anhang gebe ich Ihnen abschließend ein paar praxisnahe Arbeitsunterlagen zur Hand, die Sie direkt für Ihre Zwecke und Ihren Arbeitsalltag adaptieren können. Ich zeige Ihnen anhand dieser Beispiele, wie Compliance-Checklisten und Vorlagen für die Projektplanung oder Audits aussehen können.

Mein Ziel ist es, Ihnen **nützliche Impulse** zu geben, wie Sie Ihre KI-Themen im Unternehmen mit Struktur und System auf Schiene bringen lassen. Die nachfolgenden Unterlagen sollen Sie zu Prozessen inspirieren, die Ihnen nicht nur dabei helfen, die rechtlichen Anforderungen zu erfüllen, sondern KI gezielt, sicher und erfolgreich im Unternehmen zu verankern. Denn mit den richtigen Werkzeugen wird aus Theorie schnell Praxis.

Am Ende finden Sie zudem ein **kompaktes KI-Glossar**, in dem sich die wichtigsten technischen, rechtlichen und ethischen Begriffe schnell nachschlagen lassen.

Beachten Sie, dass solche Unterlagen keine individuelle rechtliche Beratung ersetzen. Für eine rechtssichere Anwendung von KI-Systemen, sollte so früh wie möglich ein Fachanwalt konsultiert werden, um Ihre individuelle Situation zu analysieren und die richtigen Anforderungen zu identifizieren. Auf dieser Grundlage lassen sich dann gezielte Compliance-Maßnahmen planen und umsetzen.

Tipp 114 Auf www.ai-act-buch.eu/downloads können Sie Checklisten, Vorlagen und weitere Unterlagen herunterladen.

Diese Checklisten helfen Ihnen dabei, technische Robustheit (z. B. Datenqualität, Sicherheit), organisatorische Strukturen (z. B. Verantwortlichkeiten), Mitarbeiterschulungen (z. B. Kompetenzpflicht, Artikel 4 AI Act) und Risikomanagement (Artikel 9) zu sichern.

So wenden Sie sie an:

- **Technische Anforderungen:** Prüfen Sie vor Markteinführung und quartalsweise (Robustheit, Sicherheit, Nachhaltigkeit).

- **Organisatorische Anforderungen:** Überprüfen Sie vor Projektstart und quartalsweise (Strukturen, Compliance).

- **Mitarbeiterschulungen:** Planen Sie halbjährliche Schulungen und dokumentieren Sie diese.

- **Risikomanagement:** Führen Sie vor Projektstart und halbjährlich durch.

Dokumentieren Sie alles revisionssicher und passen Sie die Checklisten an Ihre Branche an, etwa mit Risiken wie Patientensicherheit im Gesundheitswesen.

Starten Sie mit einem vollständigen Durchlauf jeder Checkliste und legen Sie regelmäßige Überprüfungen fest, um langfristig compliant und operativ exzellent zu bleiben.

Tipp 115 Auf www.ai-act-buch.eu/downloads können Sie diese Checklisten als PDF und Word-Dokument herunterladen.

CHECKLISTE FÜR TECHNISCHE ANFORDERUNGEN UND DATEN

Diese Checkliste unterstützt Sie dabei, technische Standards für KI-Systeme sicherzustellen – von der Datenqualität über Sicherheit bis hin zur Nachhaltigkeit. Ziel ist es, Robustheit, Transparenz und Compliance zu gewährleisten.

Kategorie	#	Frage	X
Datengrundlagen prüfen	1	Sind Trainings-, Validierungs- und Testdaten divers, vollständig und biasfrei?	
	2	Werden sensible Merkmale geprüft und bei Bedarf ausgeschlossen?	
	3	Ist die Datenherkunft nachvollziehbar dokumentiert?	
	4	Wird nur das Minimum an Daten verarbeitet?	
	5	Wird die Datenaktualität regelmäßig überprüft?	
	6	Wird die rechtliche Grundlage der Datenherkunft geprüft?	
	7	Wird Datenredundanz überprüft und beseitigt?	
	8	Ist die Datenlebensdauer definiert und Löschung sichergestellt?	
Erklärbarkeit gewährleisten	9	Sind Entscheidungsprozesse verständlich dokumentiert?	
	10	Werden Nutzer über KI-Interaktion informiert?	
	11	Sind Modellarchitektur und Hyperparameter dokumentiert?	
Sicherheitsmaßnahmen	12	Sind Daten durch Verschlüsselung geschützt?	
	13	Gibt es Schutz vor Manipulation?	
Robustheit testen	14	Werden Stresstests regelmäßig durchgeführt?	
	15	Gibt es einen Notfallmodus bei Systemfehlern?	
Leistung und Nachhaltigkeit überwachen	16	Sind KPIs für Genauigkeit und Stabilität definiert?	
	17	Wird Daten-Drift erkannt und korrigiert?	
	18	Wird der Energieverbrauch optimiert und dokumentiert?	
	19	Wird das System basierend auf Nutzerfeedback optimiert?	

Mit dieser Checkliste stellen Sie sicher, dass organisatorische Strukturen und Prozesse für den Einsatz von KI klar definiert sind. Sie dient der Einhaltung gesetzlicher Vorgaben und fördert eine verantwortungsvolle Governance.

Kategorie	#	Frage	X
Verantwortung und Rollen	1	Sind KI-Verantwortliche benannt?	
	2	Sind Rollen und Zuständigkeiten definiert?	
	3	Gibt es ein KI-Governance-Board?	
Schulung und Weiterbildung	4	Wurde ein Schulungskonzept entwickelt und etabliert?	
	5	Werden Schulungsmaßnahmen regelmäßig durchgeführt?	
	6	Wird der Schulungserfolg gemessen und umfassend dokumentiert?	
Compliance-Management	7	Gibt es ein Compliance-Management-System?	
	8	Werden Verstöße erfasst, analysiert und Maßnahmen abgeleitet?	
	9	Sind Prozesse detailliert und nachvollziehbar dokumentiert?	
Risiko-Management	10	Wurden organisatorische Risiken bewertet?	
	11	Gibt es Eskalationsprozesse?	
	12	Wird eine Speak-up-Kultur gefördert?	
Daten-Management	13	Gibt es eine unternehmensweite Datenstrategie?	
	14	Werden Daten DSGVO-konform verarbeitet?	
	15	Sind Datenmanager ernannt und geschult?	

Diese Checkliste hilft Ihnen, Schulungen effektiv zu planen und umzusetzen. Sie stellt sicher, dass Mitarbeiter die nötigen Kompetenzen für den Umgang mit KI erwerben – technisch, rechtlich und ethisch.

Kategorie	#	Frage	X
Bedarfsanalyse	1	Wurde der Schulungsbedarf ermittelt?	
	2	Sind Kompetenzlücken priorisiert?	
	3	Sind die unterschiedlichen Zielgruppen, ihre Funktionen und Niveaus berücksichtigt?	
Schulungs-Inhalte	4	Werden technische Grundlagen vermittelt?	
	5	Sind die Vorgaben des AI Acts, der DSGVO und anderer relevanter Gesetze ausreichend berücksichtigt?	
	6	Werden ethische Aspekte ausreichend behandelt?	
Methodik	7	Werden verschiedene Formate genutzt?	
	8	Gibt es interaktive Elemente?	
	9	Können Teilnehmer Fragen stellen?	
Zertifizierung und Nachweise	10	Wie wird der Schulungserfolg gemessen?	
	11	Gibt es Tests oder Zertifikate?	
	12	Werden Nachweise archiviert?	

CHECKLISTE FÜR RISIKOMANAGEMENT

Diese Checkliste hilft Ihnen, Risiken zu erkennen, zu bewerten, zu reduzieren und kontinuierlich zu überwachen – essenziell für Compliance, Datensicherheit, Nachhaltigkeit und operative Robustheit.

Kategorie	#	Frage	X
Risiko-Identifikation	1	Wurden alle potenziellen Risiken identifiziert?	
	2	Sind branchenspezifische Risiken berücksichtigt?	
	3	Wurde eine Datenrisikoanalyse durchgeführt?	
Risiko-Bewertung	4	Sind Risiken nach Wahrscheinlichkeit und Auswirkung bewertet?	
	5	Ist eine Risikotoleranzgrenze definiert?	
	6	Sind langfristige Risiken analysiert?	
Risiko-Minimierung	7	Sind Maßnahmen implementiert?	
	8	Gibt es für alle identifizierten Risiken Notfallpläne?	
Kontinuierliche Überwachung	9	Wird die Wirksamkeit der Maßnahmen überprüft?	
	10	Gibt es ein Frühwarnsystem für neue Risiken?	
	11	Wird das Risikomanagement angepasst?	

Diese Vorlagen dienen als unverbindliche Orientierungshilfe, um Projekte zu planen, Risiken zu managen, Daten zu verwalten, Mitarbeiter zu schulen und Audits durchzuführen. Sie fördern eine nachvollziehbare Dokumentation, welche für Compliance und operative Exzellenz unerlässlich ist.

Jede Vorlage ist flexibel gestaltet, sodass Sie sie an die individuellen Gegebenheiten Ihres Unternehmens oder Ihrer Branche anpassen können.

- **Projektübersicht:** Diese Vorlage hilft Ihnen, Ziele, Ressourcen und Meilensteine Ihres KI-Projekts kompakt festzuhalten und den Überblick zu bewahren.

- **Risikobewertung:** Mit dieser Vorlage können Sie potenzielle Risiken identifizieren, bewerten und Maßnahmen zur Minimierung planen.

- **Datenmanagement:** Diese Vorlage strukturiert den Umgang mit Daten, von Quellen über Qualität bis hin zu Datenschutzmaßnahmen.

- **Schulungspläne:** Hier planen Sie Schulungen, um Ihre Mitarbeiter gezielt auf den Einsatz von KI vorzubereiten.

- **Schulungsdokumentation:** Diese Vorlage erfasst Verlauf, Ergebnisse und Feedback Ihrer Schulungen für eine revisionssichere Nachweisführung.

- **Auditbericht:** Mit dieser Vorlage fassen Sie Audit-Ergebnisse zusammen, bewerten den Status und formulieren Verbesserungsvorschläge.

Nutzen Sie diese Werkzeuge als Basis, um Ihre KI-Systeme effizient und regelkonform zu gestalten. Passen Sie sie bei Bedarf an Ihre spezifischen Anforderungen an!

Beachten Sie, dass diese Vorlagen keine individuelle Rechtsberatung ersetzen.

Tipp 116 Auf www.ai-act-buch.eu/downloads können Sie diese Vorlagen als PDF und Word-Dokument herunterladen.

Diese Vorlage dient dazu, alle wesentlichen Informationen eines AI-Projekts kompakt darzustellen. Sie hilft, Ziele, Ressourcen und Meilensteine zu definieren und den Überblick zu behalten. Füllen Sie alle Felder mit den spezifischen Details Ihres Projekts aus. Halten Sie die Beschreibungen kurz und prägnant, um eine klare Kommunikation zu gewährleisten.

Projektname: [Name des AI-Projekts]
Projektleiter: [Name, Position]
Startdatum: [Datum]
Geplantes Enddatum: [Datum]

Zielsetzung:

- [Kurze Beschreibung des Hauptziels, z. B. Verbesserung der Effizienz in der Produktion durch AI]
- [Spezifisch messbare Ergebnisse, z. B. 20 % Kostenreduktion]

Projektumfang:

- [Bereiche/Abteilungen, die betroffen sind]
- [AI-Technologien, die genutzt werden, z. B. maschinelles Lernen, NLP]

Ressourcen:

- Budget: [Betrag in €]
- Team: [Anzahl Mitglieder, Rollen]
- Technologie: [z. B. Software, Hardware]

Meilensteine:

- [Meilenstein 1 – Beschreibung, Datum]
- [Meilenstein 2 – Beschreibung, Datum]

Erfolgsindikatoren:

- [KPI 1, z. B. Genauigkeit der AI-Vorhersagen > 95 %]
- [KPI 2, z. B. Schulung von 80 % der Mitarbeiter]

Diese Vorlage hilft, potenzielle Risiken eines AI-Projekts zu identifizieren, zu bewerten und Maßnahmen zur Minimierung zu planen.

Listen Sie alle relevanten Risiken auf, bewerten Sie sie anhand von Wahrscheinlichkeit (1-5) und Auswirkung (1-5) und definieren Sie konkrete Maßnahmen. Multiplizieren Sie die Werte, um die Risikostufe zu ermitteln.

Projektname: [Name des AI-Projekts]
Datum der Bewertung: [Datum]
Verantwortlicher: [Name, Position]

Risikoübersicht:

Risiko	Wahrschein-lichkeit	Auswir-kung	Risiko-stufe	Maßnahmen zur Eindämmung
Datenlecks	2	5	**10** sehr hoch	Verschlüsselung, Zugriffsbeschränkungen
Bias in Daten	3	4	**12** sehr hoch	Datenbereinigung, Validierungsprozesse
Akzeptanz-probleme	2	3	**6** mittel	Schulungen, Kommunikationskampagne

[Mit Beispieldaten vorausgefüllt]

Überprüfungsdatum: [z. B. „01.01.2026"]

Zusammenfassung:

- Höchstes Risiko: [Risiko mit höchster Stufe]
- Prioritätsmaßnahmen: [Kurze Liste der dringendsten Schritte]

VORLAGE: DATENMANAGEMENT

Diese Vorlage strukturiert den Umgang mit Daten im AI-Projekt, einschließlich Quellen, Qualität und Datenschutz.

Tragen Sie alle Datenquellen, -typen und -maßnahmen ein. Stellen Sie sicher, dass Datenschutzvorgaben (z. B. DSGVO) berücksichtigt werden und definieren Sie klare Verantwortlichkeiten.

Projektname: [Name des AI-Projekts]
Verantwortlicher: [Name, Position]
Datum: [Datum]

Datenart: [z. B. „Trainingsdaten"]

Datenquellen: [z. B. „Kundendatenbank, externe API"]

Erhebungszeitraum: [z. B. „01.01.2024 – 31.12.2024"]

Datenvolumen: [z. B. „5 Mio. Datensätze, 100 GB"]

Verarbeitungsschritte: [z. B. „Anonymisierung, Normalisierung"]

Qualitätskontrolle: [z. B. „Bias-Check: 90 % Repräsentativität"]

Datenschutzmaßnahmen: [z. B. „Verschlüsselung, Zugriffskontrolle"]

Rechtliche Grundlage: [z. B. „Einwilligung, DSGVO Art. 6(1)(a)"]

Speicherort: [z. B. „AWS EU-Region, verschlüsselt"]

Zugriffsrechte: [z. B. „IT: Vollzugriff, Marketing: Lesezugriff"]

Löschfristen: [z. B. „31.12.2026 nach Projektende"]

Diese Vorlage dient zur Planung von Schulungen, um Mitarbeiter auf den Einsatz von AI vorzubereiten.

Geben Sie Zielgruppe, Dauer und Lernziele an. Erstellen Sie einen detaillierten Zeitplan und listen Sie benötigte Materialien sowie Bewertungsmethoden auf.

Schulungsname: [z. B. Grundlagen der AI-Nutzung]

Zielgruppe: [z. B. Mitarbeiter der Abteilung XY]
Format: [z. B. „E-Learning + Workshop"]
Dauer: [z. B. 2 Tage, 4 Stunden]

Trainer: [Name, Qualifikation]

Lernziele:

- [z. B. Verständnis der AI-Grundlagen]
- [z. B. Anwendung der AI-Tools im Arbeitsalltag]

Zeitplan:

- Tag 1: [Thema, Uhrzeit, z. B. Einführung in AI, 9:00-11:00]
- Tag 2: [Thema, Uhrzeit, z. B. Praxisübungen, 13:00-15:00]

Materialien:

- [z. B. Handouts, Zugang zu Demo-Software]

Erfolgskontrolle:

- [Methode, z. B. Abschlussquiz, Feedbackbogen]

Vorlage: Schulungsdokumentation

Diese Vorlage dokumentiert den Verlauf und die Ergebnisse einer Schulung inklusive Feedback und Teilnehmerdaten.

Erfassen Sie alle relevanten Informationen nach der Schulung, einschließlich Inhalte, Teilnehmerzahlen und Feedback. Fügen Sie bei Bedarf Anlagen hinzu.

Schulungsname: [Name der Schulung]
Datum: [Datum]
Format: [z. B. „E-Learning + Workshop"]
Dauer: [z. B. 2 Tage, 4 Stunden]

Trainer: [Name]
Teilnehmer: [Anzahl]

Inhalte:

- [Thema 1: Kurze Beschreibung]
- [Thema 2: Kurze Beschreibung]

Erfolgskontrolle:

- Teilnahmequote: [z. B. 95 % der Angemeldeten]
- Bestehensquote: [z. B. 90 % beim Abschlussquiz]

Feedback:

- Positiv: [z. B. Praxisnähe wurde geschätzt]
- Negativ: [z. B. zu wenig Zeit für Übungen]

Nachschulungsmaßnahmen:

- Für Abwesende und Nichtbestandene

Anlagen:

- [z. B. Teilnehmerliste, Präsentationsfolien]

VORLAGE: AUDITBERICHT

Diese Vorlage fasst die Ergebnisse eines Audits zum AI-Projekt zusammen inklusive Bewertungen und Empfehlungen. Überprüfen Sie die Schlüsselbereiche (Fortschritt, Risiken, Datenschutz), bewerten Sie den Status und geben Sie konkrete Verbesserungsvorschläge.

Auditname: [z. B. Betrugserkennung 2025]
Datum und Dauer: [z. B. „01.03.2025 – 05.03.2025"]
Auditor: [Name, Position]

Geprüftes System: [z. B. „Betrugserkennung, Hochrisiko"]

Prüfbereiche:

- Datenqualität: [z. B. „Erfüllt – 95 % Repräsentativität"]
- Sicherheit: [z. B. „Teilweise erfüllt – Tests fehlen"]

Feststellungen:

- [z. B. „Bias-Risiko, Schulungen unvollständig"]

Handlungsempfehlungen:

- [z. B. „Bias-Checks einführen bis 30.04.2025"]

Verantwortlicher: [Name]
Status: [z. B. „In Umsetzung"]

Nächstes Audit: [z. B. „01.02.2026"]

Dieses Glossar erklärt zentrale technische, rechtliche und ethische Begriffe der Künstlichen Intelligenz und erleichtert das Verständnis ihrer Anwendung und Regulierung.

A

Adversarial Attacks (Feindliche Angriffe)

Techniken, bei denen absichtlich manipulierte Eingabedaten erzeugt werden, um ein KI-System zu täuschen und zu falschen oder fehlerhaften Entscheidungen zu verleiten. Beispiele sind leicht veränderte Bilder, die für Menschen unverändert wirken, aber von einer KI falsch klassifiziert werden (z. B. ein Stoppschild als Fußgänger). Diese Angriffe testen die Robustheit von Modellen und werden auch genutzt, um Sicherheitsmaßnahmen wie Adversarial Training zu entwickeln, das die Widerstandsfähigkeit erhöht.

Siehe auch: Abschnitt 5.3; Goodfellow et al. (2014), "Explaining and Harnessing Adversarial Examples" (https://arxiv.org/abs/1412.6572).

AGI (Artificial General Intelligence)

Eine fortgeschrittene Form der KI, die menschenähnliche kognitive Fähigkeiten besitzt und eine Vielzahl von Aufgaben eigenständig lösen kann, ohne auf spezifische Probleme beschränkt zu sein. Im Gegensatz zur heutigen „schwachen" KI (Narrow AI), die auf einzelne Aufgaben spezialisiert ist (z. B. Spracherkennung), könnte AGI komplexe, vielseitige Probleme wie ein Mensch angehen. Sie bleibt jedoch eine theoretische Vision und ist aktuell nicht realisiert.

Siehe auch: Abschnitte 9.2; Bostrom (2014), "Superintelligence" (https://nickbostrom.com/superintelligence/).

AI Act (KI-Verordnung / KI-Gesetz)

Eine Verordnung der Europäischen Union, die seit dem 1. August 2024 in Kraft ist und Anforderungen sowie Richtlinien für die Entwicklung, Bereitstellung und Nutzung von KI-Systemen festlegt. Dieses Gesetz zielt darauf ab, Sicherheit, Transparenz und ethische Standards zu gewährleisten, indem es KI-Systeme in Risikoklassen einteilt (unvertretbares Risiko, hohes Risiko, begrenztes Risiko, minimales Risiko) und entsprechende Pflichten vorschreibt. Beispiele sind Verbote von Social Scoring und strenge Dokumentationsanforderungen für Hochrisiko-Systeme.

Siehe auch: Kapitel 3; Verordnung (EU) 2024/1689

AI Governance Board

Ein interdisziplinäres Gremium innerhalb eines Unternehmens, das Richtlinien und Standards für die Entwicklung und den Betrieb von KI-Systemen festlegt, deren Einhaltung überwacht und mögliche Risiken bewertet. Es besteht typischerweise aus Vertretern von IT, Recht, Ethik und Management und sorgt dafür, dass KI-Projekte mit dem AI Act und anderen regulatorischen Vorgaben konform sind.

Siehe auch: Abschnitt 5.8

AI Registry (Algorithmic Register)

Eine interne oder öffentliche Liste, in der alle KI-Systeme und Algorithmen eines Unternehmens oder einer Behörde erfasst sind. Sie enthält Informationen wie Zweck, Risikoklasse und Verantwortliche und erleichtert die Nachverfolgung und Überprüfung von KI-Anwendungen – insbesondere im Hinblick auf Risiken, Compliance und Verantwortlichkeiten gemäß dem AI Act.

Siehe auch: Abschnitt 3.3

Algorithmus

Eine Reihe von Anweisungen oder Regeln, die ein Computer befolgt, um ein Problem zu lösen oder eine Aufgabe auszuführen. In der KI können Algorithmen einfach (z. B. Entscheidungsbäume) oder komplex (z. B. neuronale Netze) sein und bilden die Grundlage für Lernprozesse und Entscheidungsfindung.

Siehe auch: Abschnitte 2.7 und 7.3, Russell & Norvig, 2021, "Artificial Intelligence: A Modern Approach" (https://aima.cs.berkeley.edu/)

Algorithmische Entscheidungsfindung

Automatisierte Prozesse, bei denen Entscheidungen auf Basis von Algorithmen getroffen werden, z. B. Kreditvergaben oder Bewerberauswahl. Der AI Act verlangt für Hochrisiko-Systeme, dass solche Prozesse überprüfbar und erklärbar sind, um Fairness und Transparenz zu gewährleisten.

Siehe auch: Abschnitte 2.5 und 3.3

Attention Mechanism (Aufmerksamkeitsmechanismus)

Ein Mechanismus in neuronalen Netzen, der es dem Modell ermöglicht, sich auf relevante Teile der Eingabe zu konzentrieren, anstatt alle Daten gleichwertig zu behandeln. Besonders in Transformern verwendet, verbessert er die Verarbeitung von Sequenzdaten wie beispielsweise Texte (z. B. „Wichtig" in einem Satz hervorheben).

Siehe auch: Abschnitt 2.7, Vaswani et al., 2017, "Attention is All You Need" (https://arxiv.org/abs/1706.03762).

Audits von KI-Systemen

Regelmäßige Überprüfungen von KI-Anwendungen, um deren Compliance mit gesetzlichen Anforderungen (z. B. AI Act) und ethischen Standards zu gewährleisten. Sie umfassen technische Tests, Dokumentationsprüfungen und Schulungsnachweise.

Siehe auch: Vorlage: Auditbericht

B

Benachrichtigungspflichten

Verpflichtung, Nutzer oder Behörden über den Einsatz bestimmter KI-Technologien oder über schwere Vorfälle, die durch diese verursacht wurden, zu informieren.

Siehe auch: Abschnitt 3.3

Bias (Verzerrung)

Verzerrungen in den Ergebnissen von KI-Systemen, die durch unausgewogene oder fehlerhafte Trainingsdaten entstehen. Ein Beispiel ist die diskriminierende Entscheidung über eine Kreditvergabe, weil das KI-Modell aufgrund historischer Trainingsdaten dazu tendiert, bestimmte Gruppen zu benachteiligen.

Siehe auch: Kapitel 5

C

Causality (Kausales maschinelles Lernen)

Ein Bereich des maschinellen Lernens, der darauf abzielt, Ursache-Wirkungs-Beziehungen (Kausalität) in Daten zu identifizieren, anstatt nur Korrelationen zu finden. Dies ermöglicht tiefere Einsichten und robustere Vorhersagen, z. B. „Rauchen verursacht Krebs" statt „Rauchen korreliert mit Krebs".

Siehe auch: Pearl, 2009, (https://bayes.cs.ucla.edu/BOOK-2K/)

D

Data Minimization (Datenminimierung)

Ein Grundsatz der DSGVO, der verlangt, nur die Daten zu erheben und zu verarbeiten, die für den jeweiligen Zweck unbedingt erforderlich sind. In der KI bedeutet dies, Datenvolumina zu begrenzen, um Datenschutzrisiken zu reduzieren (z. B. nur relevante Merkmale wie Alter statt vollständiger Profile).

Siehe auch: Abschnitt 4.1, DSGVO https://eur-lex.europa.eu/eli/reg/2016/679/oj

Datenannotation

Der Prozess des Kennzeichnens von Daten, um sie für das Training von KI-Modellen nutzbar zu machen. Beispiele sind das Labeln von Bildern (z. B. „Katze") oder das Kategorisieren von Text (z. B. „positiv/negativ").

Siehe auch: Abschnitt 2.4

Datenpipeline

Ein automatisierter Workflow, der die Erfassung, Verarbeitung und Analyse von Daten für ein KI-System sicherstellt. Er umfasst Schritte wie Datensammlung, Bereinigung und Transformation.

Siehe auch: Abschnitte 2.4 und 5.7, Vorlage: Datenmanagement

Datenschutz-Grundverordnung (DSGVO)

Eine EU-Verordnung, die seit 2018 die Verarbeitung personenbezogener Daten regelt und den Schutz der Privatsphäre von Individuen sicherstellt. Sie beeinflusst die KI stark durch Anforderungen wie Datenminimierung und Recht auf Erklärung.

Siehe auch: Abschnitt 4.1, Checklisten; Verordnung (EU) 2016/679

Datenverantwortlicher

Eine Person oder Organisation, die für die Verarbeitung personenbezogener Daten verantwortlich ist und sicherstellen muss, dass diese im Einklang mit gesetzlichen Vorgaben (z. B. DSGVO) verwendet werden.

Siehe auch: Abschnitte 2.4 und 4.1, Vorlage: Datenmanagement; DSGVO, Artikel 4

Datenvorverarbeitung

Der Schritt vor dem Training eines Modells, bei dem Daten bereinigt, normalisiert und vorbereitet werden, um die Modellgenauigkcit zu erhöhen (z. B. Entfernen von Duplikaten).

Siehe auch: Abschnitt 2.5

Deep Learning

Ein Unterbereich des maschinellen Lernens, der neuronale Netze mit vielen Schichten verwendet, um komplexe Muster in großen Datensätzen zu erkennen. Beispiel: Bilderkennung in medizinischen Diagnosen mit CNNs.

Siehe auch: Abschnitt 2.6

Diffusionsmodelle

Eine KI-Technik zur Generierung realistischer Bilder oder Texte durch schrittweise Modifikation von Zufallsrauschen, z. B. in Tools wie DALL-E. Sie bieten hohe Qualität bei relativ geringem Rechenaufwand.

Siehe auch: Abschnitte 8.2 und 8.5; Ho et al., 2020, "Denoising Diffusion Probabilistic Models" (https://arxiv.org/abs/2006.11239).

Edge-KI

Die Ausführung von KI-Technologien direkt auf Endgeräten (z. B. Smartphones, autonome Fahrzeuge) statt auf zentralen Servern, um Latenz zu reduzieren und Datenschutz zu erhöhen.

Siehe auch: Abschnitte 4.1 und 7.5

Ensemble Learning (Hybrides Maschinelles Lernen)

Eine Methode, bei der mehrere ML-Modelle kombiniert werden (z. B. Entscheidungsbäume und neuronale Netze), um die Vorhersagegenauigkeit oder Robustheit zu steigern. Sie reduziert Risiken wie Overfitting.

Siehe auch: Abschnitt 2.3

Erklärbare KI (Explainable AI, XAI)

KI-Modelle, deren Entscheidungen für Menschen nachvollziehbar und transparent sind, z. B. durch Visualisierung der Einflussfaktoren einer Entscheidung („Warum wurde ein Kredit abgelehnt?"). Voraussetzung für Hochrisiko-Systeme im AI Act.

Siehe auch: Kapitel 4, Checkliste für technische Anforderungen

Feature Engineering

Der Prozess der Erstellung und Auswahl von Merkmalen (Features), die ein Modell zur Verbesserung seiner Vorhersagen nutzt, z. B. „Alter" oder „Einkommen" aus Rohdaten extrahieren.

Siehe auch: Abschnitt 2.4

Federated Learning (Föderiertes Lernen)

Ein dezentrales Lernverfahren, bei dem Modelle auf mehreren Geräten trainiert werden, ohne dass die Rohdaten zentralisiert werden müssen. Es schützt die Privatsphäre, indem Daten lokal bleiben.

Siehe auch: Abschnitt 4.4

Feedback-Loop

Ein Mechanismus, bei dem die Ausgaben eines Systems genutzt werden, um seine Leistung kontinuierlich zu verbessern, z. B. durch Nutzerfeedback in Chatbots.

Siehe auch: Abschnitt 2.5, Vorlagen für Schulungspläne

Generative KI

KI-Systeme, die neue Inhalte wie Texte, Bilder, Videos oder Musik erstellen können, z. B. durch Generative Adversarial Networks (GANs) oder Diffusion-Modelle. Beispiele sind DALL-E für Bilder oder ChatGPT für Texte.

Siehe auch: Kapitel 8

Governance von KI-Systemen

Die Richtlinien, Verfahren und Kontrollen, die sicherstellen, dass KI-Systeme verantwortungsvoll, sicher und effizient eingesetzt werden, inklusive Compliance mit dem AI Act.

Siehe auch: Abschnitt 5.8, Checkliste für organisatorische Anforderungen

Halluzination

Das Phänomen, bei dem ein KI-Modell falsche oder erfundene Informationen generiert, die plausibel erscheinen, aber keinen realen Bezug haben, z. B. erfundene Fakten in Texten.

Siehe auch: Abschnitte 5.2 und 8.1

Hochrisiko-KI-Systeme

KI-Anwendungen, die aufgrund ihres potenziellen Einflusses auf Rechte, Sicherheit oder Gesundheit strengen rechtlichen Anforderungen des AI Act unterliegen, z. B. in Medizin oder Strafverfolgung.

Siehe auch: Abschnitt 3.3, Checkliste für technische Anforderungen

Human-in-the-Loop

Ein Konzept, bei dem menschliche Fachleute in den KI-Entscheidungsprozess eingebunden werden, um Fehlentscheidungen zu korrigieren oder ethische Fragen zu beurteilen, z. B. bei der Datenannotation oder Modellüberwachung.

Siehe auch: Abschnitt 4.3, Checkliste für organisatorische Anforderungen

Hyperparameter-Tuning

Die Optimierung von Parametern, die die Struktur und Funktionsweise eines Modells bestimmen (z. B. Lernrate), um dessen Leistung zu verbessern.

Siehe auch: Abschnitt 2.5, Checkliste für technische Anforderungen

K

Künstliche Intelligenz (KI)

Der Bereich der Informatik, der sich mit der Entwicklung von Systemen befasst, die Aufgaben ausführen können, die normalerweise menschliche Intelligenz erfordern, wie Lernen, Problemlösen und Mustererkennung.

Siehe auch: Abschnitt 2.1

L

Large Language Model (LLM)

Ein KI-Modell, das auf großen Mengen von Textdaten trainiert wurde und menschenähnliche Sprache verarbeiten sowie generieren kann. LLMs nutzen Deep-Learning-Architekturen wie Transformermodelle, um Texte zu verstehen, zu vervollständigen oder eigenständig zu erstellen, z. B. in Chatbots oder automatisierten Textanalysen.

Siehe auch: Abschnitte 2.7 und 8.3

M

Maschinelles Lernen (ML)

Ein Teilbereich der KI, bei dem Algorithmen aus Daten lernen und Vorhersagen oder Entscheidungen treffen, ohne explizit programmiert zu sein. Beispiel: Vorhersage von Nutzerverhalten basierend auf historischen Daten.

Siehe auch: Abschnitt 2.5

Model Lifecycle Management

Die Gesamtheit aller Aktivitäten, die ein KI-Modell vom Entwurf über Training, Deployment, Monitoring bis zur Außerbetriebnahme durchläuft. Wichtig für Nachvollziehbarkeit und Compliance gemäß AI Act.

Siehe auch: Kapitel 7, Vorlage: Projektübersicht

Modell-Monitoring

Die Überwachung eines KI-Modells in der Produktionsumgebung, um sicherzustellen, dass es weiterhin korrekt und effizient arbeitet (z. B. Erkennung von Daten-Drift).

Siehe auch: Abschnitt 7.5, Checkliste für technische Anforderungen

Modell-Validierung

Der Prozess, bei dem ein KI-Modell getestet wird, um sicherzustellen, dass es korrekt funktioniert und zuverlässige Ergebnisse liefert, z. B. durch Vergleich mit Testdaten.

Siehe auch: Abschnitte 2.5 und 7.4, Checkliste für technische Anforderungen

Multi-Agent Systems (Multi-Agenten-Systeme)

Systeme, in denen mehrere autonome Agenten miteinander interagieren und kooperieren, um komplexe Aufgaben zu lösen – z. B. in Robotik oder verteilter Entscheidungsfindung.

Siehe auch: Abschnitt 9.1

Multimodales Lernen

Ein Ansatz, bei dem mehrere Datentypen (wie Text, Bild und Audio) kombiniert werden, um Modelle zu entwickeln, die Informationen aus verschiedenen Quellen integrieren und interpretieren (z. B. Bildbeschreibungen generieren).

Siehe auch: Abschnitt 8.4

N

Natural Language Processing (NLP)

Der Bereich der KI, der sich mit der Verarbeitung und Analyse natürlicher Sprache (Text und Sprache) befasst, z. B. für Chatbots, Übersetzungsdienste oder Sprachassistenten wie Siri.

Siehe auch: Abschnitt 2.3

Neuronale Netze

Ein Modell im maschinellen Lernen, das von der Funktionsweise des menschlichen Gehirns inspiriert ist und aus Schichten von miteinander verbundenen Knoten (Neuronen) besteht, z. B. für Bild- oder Spracherkennung.

Siehe auch: Abschnitt 2.6

Nutzerrechte im Kontext von KI

Rechte, die sicherstellen, dass Nutzer Einfluss darauf haben, wie KI-Systeme eingesetzt werden und welche Auswirkungen sie auf individuelle Entscheidungen haben, z. B. Recht auf Erklärung.

Siehe auch: Abschnitt 4.5, Checkliste für technische Anforderungen; DSGVO Art. 22

P

Parameter-Effizienz

Ein Konzept zur Reduzierung des Speicher- und Rechenbedarfs von KI-Modellen ohne signifikanten Leistungsverlust, z. B. durch Techniken wie Pruning oder Quantisierung.

Siehe auch: Abschnitte 2.8 und 5.6

Post-Market Monitoring

Eine Phase gemäß AI Act, in der ein in Betrieb genommenes KI-System kontinuierlich beobachtet wird, um sicherzustellen, dass es die vorgeschriebenen Anforderungen erfüllt. Bei Abweichungen sind Korrekturmaßnahmen und Meldungen erforderlich.

Siehe auch: Abschnitt 3.7

Prompt Engineering

Die Kunst, Eingabeaufforderungen (Prompts) so zu gestalten, dass ein KI-Modell präzise und nützliche Antworten liefert, z. B. „Schreibe einen Bericht im Stil von...".

Siehe auch: Kapitel 8

R

Recht auf Erklärung

Ein Konzept, das sicherstellt, dass Nutzerinnen und Nutzer nachvollziehen können, wie Entscheidungen durch ein KI-System zustande gekommen sind, häufig im Kontext der DSGVO und des AI Act diskutiert.

Siehe auch: Kapitel 5; DSGVO Artikel 22

Reinforcement Learning (Verstärkendes Lernen)

Ein Lernansatz, bei dem ein Agent durch Trial-and-Error lernt und für richtige Ergebnisse belohnt wird, z. B. ein Roboter, der Bewegungen optimiert.

Reinforcement Learning from Human Feedback (RLHF)

Eine Variante des verstärkenden Lernens, bei der menschliche Bewertungen als Belohnungssignal dienen, um die Interaktion von KI-Modellen mit Menschen zu verbessern, z. B. in Chatbots.

Siehe auch: Abschnitt 2.5

Risikobewertung

Ein Prozess zur Identifizierung und Analyse potenzieller Risiken, die mit der Nutzung eines KI-Systems verbunden sind, gemäß AI Act zentral für Hochrisiko-Systeme.

Siehe auch: Abschnitt 5.8, Vorlage: Risikobewertung

Self-Supervised Learning

Eine Technik des maschinellen Lernens, bei der ein Modell aus ungelabelten Daten lernt, indem es sich selbst Labels generiert, z. B. Vorhersage des nächsten Wortes in einem Text.

Siehe auch: Abschnitt 2.5

Semi-Supervised Learning (Halbüberwachtes Lernen)

Ein Lernverfahren, bei dem nur ein Teil der Daten gelabelt ist, während der Rest unbeschriftet bleibt. Das Modell nutzt beide Datensätze, um seine Genauigkeit zu verbessern.

Siehe auch: Abschnitt 2.5

Shadow AI (Schatten-KI)

Von Fachabteilungen oder Einzelpersonen eingesetzte KI-Anwendungen außerhalb zentraler IT- oder Governance-Prozesse, die Compliance- und Sicherheitsrisiken bergen.

Siehe auch: Abschnitt 5.9

Synthetische Daten

Künstlich generierte Datensätze, die realen Daten ähneln, ohne personenbezogene Informationen preiszugeben, z. B. für Datenschutz oder Training bei Datenknappheit.

Siehe auch: Abschnitt 2.4

Training eines KI-Modells

Der Vorgang, bei dem ein KI-Modell anhand von Daten Muster erkennt und Parameter anpasst, um Vorhersagen oder Entscheidungen zu verbessern.

Siehe auch: Abschnitt 7.3

Transformer

Eine spezielle Art von neuronalem Netzwerk, das dank paralleler Verarbeitung und Attention-Mechanismen besonders für die Verarbeitung von natürlicher Sprache (Natural Language Processing) geeignet ist.

Siehe auch: Abschnitt 2.7

Transparenzanforderungen

Vorschriften, die sicherstellen, dass die Funktionsweise und Entscheidungsprozesse von KI-Systemen nachvollziehbar und offen gelegt werden.

Siehe auch: Abschnitt 3.3, Checkliste für technische Anforderungen

Turing-Test

Ein Test, um festzustellen, ob eine Maschine menschliches Verhalten so gut imitieren kann, dass ein Mensch den Unterschied nicht erkennt.

Siehe auch: Abschnitt 2.1; Turing, 1950, "Computing Machinery and Intelligence"

U

Überwachtes Lernen

Ein maschinelles Lernverfahren, bei dem das Modell mit gelabelten Daten trainiert wird, bei denen die gewünschten Ergebnisse bekannt sind (z. B. Betrugserkennung).

Unüberwachtes Lernen

Ein maschinelles Lernverfahren, bei dem das Modell Muster und Strukturen in ungelabelten Daten identifiziert (z. B. Kundensegmentierung).

Siehe auch: Abschnitt 2.5; Russell & Norvig, 2021.

V

Verantwortlicher für KI-Systeme

Eine natürliche oder juristische Person, die sicherstellt, dass ein KI-System den gesetzlichen Anforderungen entspricht, gemäß AI Act zentral für Compliance.

Siehe auch: Checkliste für organisatorische Anforderungen

Z

Zertifizierung von KI-Systemen

Ein Verfahren, bei dem KI-Systeme auf ihre Konformität mit gesetzlichen und ethischen Standards geprüft und zertifiziert werden, z. B. für Hochrisiko-Systeme im AI Act.

Siehe auch: Abschnitt 3.3, Vorlage: Auditbericht

ÜBER DEN AUTOR

Markus M. Kirchmair ist Berater und Interim Manager.

Seit mehr als 20 Jahren begleitet er Unternehmen bei
der Entwicklung und erfolgreichen Umsetzung von
Digitalisierungs-Strategien und Transformations-Projekten.
Er verbindet strategisches Management mit juristischem
Fachwissen und operativer Lösungskompetenz.

Markus M. Kirchmair verfügt über Abschlüsse in den
Bereichen Marketing & Kommunikationsmanagement (BA),
Digital Marketing (MA) und General Management (MBA),
sowie Digital Business & Tech Law (LL.M.).

WWW.MARKUSKIRCHMAIR.COM